基于多元视角的
英美文化研究

张抗抗 ◎著

中国戏剧出版社
CHINA THEATRE PRESS

图书在版编目（CIP）数据

基于多元视角的英美文化研究 / 张抗抗著. -- 北京：中国戏剧出版社，2024. 11. -- ISBN 978-7-104-05603-4

Ⅰ．G156.1；G171.2

中国国家版本馆 CIP 数据核字第 2024BX8584 号

基于多元视角的英美文化研究

责任编辑： 肖　楠
项目统筹： 康祎宁
责任印制： 冯志强

出版发行：	中国戏剧出版社
出 版 人：	樊国宾
社　　址：	北京市西城区天宁寺前街 2 号国家音乐产业基地 L 座
邮　　编：	100055
网　　址：	www.theatrebook.cn
电　　话：	010-63385980（总编室）　　010-63381560（发行部）
传　　真：	010-63381560

读者服务：010-63381560
邮购地址：北京市西城区天宁寺前街 2 号国家音乐产业基地 L 座

印　　刷：	廊坊市印艺阁数字科技有限公司
开　　本：	787mm×1092mm　1/16
印　　张：	12.25
字　　数：	220 千字
版　　次：	2024 年 11 月　北京第 1 版第 1 次印刷
书　　号：	ISBN 978-7-104-05603-4
定　　价：	72.00 元

版权专有，违者必究；如有质量问题，请与出版社联系调换。

前 言

从人类文明诞生伊始,区域与区域之间,各个文明之间,都在用探索的精神、不畏险阻的毅力,去将全世界连成一个不可分割的整体。当然,随着科技的发展、文明的进步,国家和国家之间、文明和文明之间的对话,变得简单而频繁。地理环境塑造文明,顺着文明发展的脉络,我们用审视的眼光去看待英国和美国的历史发展、政治制度、经济科技、教育体育、社会福利、文化传媒和文化名人,包括恬静的自然风光。

一般来说,文化(culture)分为两类。一类是在英语中以大写"C"开头的Culture,我们称之为"正式文化",包括文学艺术、哲学等社会科学及各种自然科学的成果,集中反映了人类的物质文明和精神文明;另一类是在英语中以小写"c"开头的culture,我们称之为"普通文化",即人类生活中一系列不同的特征,如风俗习惯、礼仪、禁忌、婚丧、庆典、节日等。两种文化在人们的交际中所起的作用不同,一个国家的正式文化对每个人固然有影响,但最有影响的还是普通文化。普通文化不仅影响着跨文化交际中的信息传递、交流和沟通,而且对人们能否迅速、有效地学习语言,提高外语能力也起着至关重要的作用。

世界各国文化,千姿百态;英美文化,既是世界文化大家庭中的一员,也有其自己的特点。随着英语的广泛使用,英美文化也在向全球各个角落渗透。可以说,哪里有人使用英语,哪里就有英美文化的影响。中国是使用英语和接触英美文化的大国。在我国十几亿国民中,学习英语人数的总和与其他任何国家相比都是惊人的。特别是我国打开国门以后,学习英语接触英美文化的人数与日俱增,学英语、讲英语、使用英语的人随处可见。带有英文文字的产品广告、对外宣传品及其他书面材料数量很多。进入21世纪,英美两国已经成为中国重要的经济贸易伙伴,中英、中美在政治、文化和科技等领域的交流也得到不断发展和加强,英语在我国得到了前所未有的普及和应用。

概括地讲，文化即人们所思、所言（言语和非言语）、所为、所觉的总和。在不同的生态或自然环境下，不同的民族创造了自己特有的文化，也被自己的文化所塑造。语言有丰富的文化内涵。众所周知，语言与文化的关系是密不可分的，学习任何一种语言，都必须了解使用该语言的那个民族的文化。英美两种文化方面差异巨大，如果缺乏这种了解，不仅会产生阅读方面的障碍，而且在交际过程中会造成语言的误解，从而遭遇尴尬和难堪。广泛深入地学习英美文化是跨文化交际中信息传递、交流和沟通的重要条件，同时也是学好英语的必要条件。但是，许多英语学习者对英美文化缺乏真正的了解，造成在跨文化交际中的言语行为和谐缺失，产生文化冲突，结果严重影响了跨文化交际的顺利进行。

英美文化的价值取向对世界文化的发展走向有重要影响，学习和研究英美文化能帮助我们区分英美文化中的精华和糟粕，丰富和发展中国文化。通过中西文化的对比，提高分析、鉴别能力，达到为我所用之目的。另外，学习和研究英美文化还能够促进人的基本素质的提高。

众所周知，语言是文化的载体，文化是语言的土壤。要想学好一门外语，就必须了解这种语言所具有的特定的文化背景，否则就不可能真正掌握这门语言。了解外国文化知识不仅有助于提高阅读水平，培养学生跨文化交际的能力，也可以使学生逐步提高个人的文化素质和修养。每个国家和民族都有自己独特的文化，语言学习的一个重要内容就是对文化的学习和理解。作为英语语言学习者，没有对英美文化的了解，就没有真正意义上地掌握英语语言，更谈不上对英美社会的真正认识。本书参考了《英国文化产业》《英美文化概况》《英美文化阅读》等书籍，虽然没有对英美文化教学方面的问题展开论述，但是重点介绍了英美文化的发展历程，通过多视角介绍了英美文化之间的差异及综合文化，从而让更多的人了解和认识英美文化。

在撰写本书的过程中，作者得到了许多专家学者的帮助和指导，参考了大量的学术文献，在此表示真诚的感谢。由于作者水平有限，书中难免会有疏漏之处，希望广大同行及时指正。

张抗抗

2022 年 12 月

目 录

前 言 ··· 001

第一章 文化综述 ··· 001
第一节 文化的定义 ··· 002
第二节 文化的本质与功能 ··· 005
第三节 多元文化及发展趋势 ·· 030

第二章 英美文化简述 ··· 039
第一节 英国文化简述 ·· 040
第二节 美国文化简述 ·· 054

第三章 多元视角下的英美文化进程 ································ 068
第一节 革命和复辟时期 ·· 069
第二节 工业化及资本主义时代 ···································· 072
第三节 现代主义时期 ·· 077

第四章 多元视角下的英美文化差异 ································ 084
第一节 英美文学与艺术 ·· 085
第二节 英美教育与体育 ·· 125
第三节 英美经济与科技 ·· 136
第四节 英美社会福利比较 ··· 149

第五章 多元视角下的英美综合文化 ································· 152
　第一节 英美综合文化之实用文化 ································· 153
　第二节 英美习语中的英美文化 ··································· 178

参考文献 ··· 186

第一章　文化综述

从哲学维度来说，文化就是人的自然化和自然的人化。本章为文化综述，主要从三个方面进行阐述，分别是文化的定义、文化的本质与功能、多元文化及发展趋势。

第一节 文化的定义

文化是一个使用极为广泛但含义极不确定的词。不管是普罗大众抑或是专家学者，要想给文化下一个确切定义是非常困难的，要想下一个大家都能够接受的定义更是难上加难。与其他词语一样，文化的含义不是先天确定的，而是在人们的日常生活中被赋予的。词语的用法不同，其含义就不同。正因为如此，我们需要对文化概念做一番语用和语义分析的工作。搞清楚人们是在什么层面上使用文化一词的，文化在不同层面具体有什么样的含义。

从某种意义上来说，理解就是交流。一个人对属于自己的思想观念不存在理解的问题，当需要理解什么东西时，就说明理解的对象是自己不熟悉的。理解某一对象就是认识主体将关于该对象的认识纳入自己的思想观念体系之中，或在自己的思想观念体系中建构关于该对象的认识。每个人都有自己的思想观念体系，在该观念体系之中又有诸多次一级的思想观念体系。不同的思想观念体系就是理解和交流得以进行的思想背景或语境。语境不同，对事物的理解就不同。例如，在不同的语境当中，人们对同一块石头的理解就不一样。农民认为石头影响了土地的耕种，建筑师则把它作为原料看待，艺术家考虑石头的艺术价值，普通老百姓只会把石头看作跟水、空气一样司空见惯的事物。与对石头的理解一样、对文化概念的理解也依赖于具体的语境。因此，在分析文化的含义之前，需要了解语境及语境与文化的关系。

对不同语境中的文化概念，能不能进行宏观层面的区分？当然，回答这个问题的前提是回答为什么要区分。按照分析哲学的传统，区分的目的是把混杂在一起的事物按照一定的标准区别开来，界定各自的适用范围和事物之间的细微差别。在这里，目的等同于任务或目标。在价值层面，目的就是满足人的某种需要。跟区分其他概念一样，区分文化概念的价值目的就是消除人们言谈方面的含混不清，保障思想表达和信息传递的有效性。可以说，思想表达不清晰和主体间交流不畅是制约社会发展的重要因素。而思想表达不清晰的根本原因是思想本身不清晰，思想是语言的意义，语言是思想的载体。思想产生于人的意识活动当中，因此，要确保思想的清晰明白，最直接和最根本的途径就是规范语言的使用。而规范语言使用的主要方面就是划清词语使用的具体范围，明确词语合理运用的语境。

人们在不同层面使用文化概念，概括起来讲，可以粗略划分为三类：一是微观具体层面的文化。例如，面条是中国人，特别是北方人的主要食品之一，但一碗简单的面条，不同地方有不同的做法，拥有不同的味道。兰州牛肉面、陕西臊子面、山西刀削面、北京炸酱面、武汉热干面、重庆小面等各有各的做法和味道，体现了不同地区独特的面食文化。二是中观层面的文化。例如，中国56个民族各有自己的文化，同时，共同构成"多元一体"的中华文化，这里的文化不再是具体事物体现出来的独特的工艺或价值，而是一类事物共同体现出来的思想。再比如，北京都城文化、上海都市文化、西安历史文化都包含极为丰富的内容，需要做理论层面的概括和抽象才能把握各自的主旨。三是宏观层面的文化。如果从中华文化、欧洲文化、中东文化、印度文化等概念继续往上抽象和概括，就会得到最一般层面的文化。这种最抽象层面的文化是相对自然界而言的，是人在生产实践活动中创造出来的。

这三类划分具有相对性和片面性。其相对性体现为，微观、中观、宏观层面的文化是相对而言的，因为没有一个可以被人们广泛接受的明确的划分方法和标准。例如，相比于一般意义上的人类文化，中华文化是中观文化，但相比于中华诗词文化、楹联文化、儒释道文化而言，中华文化又是宏观层面的文化；就清代湖南诗词文化而言，中华诗词文化又是宏观层面的文化。同样，如果在哲学层面研究文化，最一般层面的文化又成为哲学研究的具体内容。当然，从某种意义上来讲，哲学本身是人类文化的一个组成部分。这种划分的片面性表现为划分结果的单一性。实际上，人们可以在不同维度对文化进行划分。例如，从时间、地区、国家、民族、宗教、文化类型、文化内容等角度划分文化种类。这里给出的划分方法只是一种比较简单实用的方法而已。当人们在谈论文化时，要先搞清楚是在什么层面谈论文化，只有明确了谈论的层次，才能进入大家共同谈论的语境。

不管是微观层面还是中观层面的文化，其意义取决于宏观层面文化的含义。例如，要搞清楚兰州牛肉面所蕴含的文化，就必须先掌握文化的一般意义。如果不清楚文化的意义和规范文化概念的使用，那么，所谓的饮食文化、企业文化、旅游文化不过是对文化概念的误用或哗众取宠的产物。那么，什么是文化？《现代汉语词典（第7版）》给文化下了三层定义：一是人类创造的物质财富和精神财富的总和，特指包括哲学、宗教、艺术、教育和科学在内的精神财富；二是运用文字的能力及一般知识；三是考古学用语，指由同样的工具和制造技术所代表的文化类型。显然，第一层定义是宏观抽象层面的定义。《英汉双解大字典》给文化（culture）下的定义是人类智力成就的总和，包括艺术、风俗习惯、社会制度等。对比这两类定义，可以发现一般意义上的文化特指人类在生产实践活动中创造出来的精神财富。《现代汉语词典（第7版）》之所以认为文化包含物质财富，不是因为物质财富本身是文化，而是因为物质财富体现了人类智力活动。例如，一辆汽车本身不是文化产品，但汽车的生产体现了制造者的智力活动，因此，汽车是文化的载体。要进一步区分文化概念的内涵和外延，就必须搞清楚文化一词的属性。

文化不是像"天安门""故宫"一样有专门所指的专名，也不是像男人、汽车、飞机、马一样是对一类事物的统称。当然，文化也不同于"金山""孙悟空""玉皇大帝"等空名，因为文化有指代的对象，而且指代的对象不是人们纯粹思想活动的产物。按照罗素的摹状词理论，文化不是名称、而是非限定摹状词。

在抽象层面，文化与文明是人们很容易混淆的一对概念。但如果仔细考察，就会发现两者有明显区别。例如，中华文明近似于中华文化，但两者有各自的侧重点。中华文明是中华民族在漫长历史发展过程中创造的精神财富和物质财富的总和，中华文化侧重于精神财富，中华文明更突出物质财富。如果说中华文化是中华民族在认识自然和改造自然的过程中形成的思想观念和制度体系的总和的话，中华文明就是中华民族在历史发展过程中认识自然和改造自然能力与水平的集中体现。

正因为如此，农业文明不同于农业文化，工业文明不同于工业文化，文明古国不同于文化古国。从2020年开始，经过多年的艰苦奋斗，我国物质文明、政治文明、精神文明、社会文明、生态文明全面得到提升。显然，这里的文明不能代之以文化。就拿物质文明和政治文明来说，物质文明的含义是物质生产实践活动的先进程度，政治文明的含义是政治组织、政治活动、政治制度的先进程度。如果把"文明"代之以文化，那么，"物质文化"要么成为由物质和文化构成的并列词组，要么是"物质的文化"的缩写。为了进一步明确文明与文化之间的区别，我们可以举社会主义文化建设的例子。讲到社会主义文化建设，人们并不感到陌生，并且知道文化建设的内容。但如果讲社会主义文明建设，人们就会感到迷惑，不知道文明建设的具体含义与所指。只有在"文明"前面加上"物质""精神""政治""社会""生态"等词时，文明建设才能说得通。这里的文明不同于文化。尽管文明与文化有着明显的区别，但两者也有内在关联，文明和文化都是相对于人而言的，都是人类智力成就的体现。

第二节 文化的本质与功能

一、文化的本质

从语境的角度对文化进行分类，明确不同层次文化含义的区别、指出文化是人类智力成就的总和，似乎能够帮助人们较好地把握文化的含义。但实际上，文化的含义依然模糊。当然，这种模糊性是由两方面的原因导致的：一是文化概念内涵的笼统和外延的宽广；二是人们很难下一个确切的定义来刻画文化概念的含义。如果按照早期语言哲学的观点，含义模糊且无法界定清楚的概念就应该被人们抛弃，代之以含义明确的人工语言。但是，文化概念是不可能被抛弃或代替的，这是因为人们已经广泛接受了文化概念，而且文化概念的运用有不断扩展的趋势。

此外，从抽象层面特别是从哲学层面言说世界，是人类认识世界和改造世界的现实需要，也是人类思维的高贵之处。如此一来，文化概念含义的模糊性就不是缺点，而是一种正常态。但是，含义模糊的概念总是不利于人类认识世界的。因此，要想办法克服这种模糊性。对文化来说，消除模糊性的一个重要手段就是先多方位诠释其含义，然后综合不同维度的理解形成整体的认识。下面，从现实层面、本质层面和生成层面分析文化的意义。

（一）文化是人的生活样式

与文明一样，文化的自觉是建立在对其他文化认识的基础之上的。倘若生活在封闭的社会当中，接收不到外界的任何信息，一个人是不会对文明和文化有自觉意识的。近代以来，随着国门被打开，中外之间人员、物资、信息交流开始频繁起来，一些知识分子意识到内外之间的差别。除人种、器物、制度方面的明显区别外，还有文化方面的不同。那么，什么是文化？文化就是人们的生活方式。

如果从哲学层面来看，把文化定义为人们的生活方式或生活样法是很不准确的。原因有三：一是哲学层面的文化试图从理论层面把握人类创造出来的主要包括哲学、宗教、艺术、道德和各种制度在内的智力成就。而生活方式或生活样法则是具体的，是人们衣食住行的方式和建立其上的对外界的认识。显然，抽象的文化与具体的生活方式是不在一个层面的两个概念。二是哲学层面的文化包含人类诞生以来所创造的一切思想观念和制度体系，但生活方式或生活样法则是对当下人们现实生活的概括。人们虽然可以通过历史研究和考古发现推测古人的生活场景，但古人具体的生活方式则不可能复原。不同于具体的生活方式或样态，哲学层面的文化关注生活方式或样态蕴含的人们的思想观念、价值追求、伦理道德、宗教信仰等精神性的内容。三是生活方式的不同并不意味着文化的不同。在信息技术快速发展和社会结构剧烈变革的今天，一个家庭中长辈与晚辈、丈夫与妻子之间可能存在生活方式的巨大差异，但不能由此推出他们各自的文化不同。

既然如此，是不是意味着文化与生活方式截然不同呢？文化概念具有语境依赖性，如果从哲学层面来审视，就会发现文化与生活方式是不能等同的。但在现实生活层面，文化就是人们的生活方式或生活样态。这就是古人讲的"道不远人"。道虽然是抽象、玄远的，但道来自日用伦常，又必须回归日用伦常。唯有如此，道器才能统一。与之类似，哲学层面的文化概念是人们总结归纳自己的生产实践活动而形成的，这是文化产生的源头。同时，文化还要回归生产实践活动，通过以文化人、以文育人来提高人们认识自然和改造自然的主动性，提高人们从事生产实践活动的能力。在现实层面，文化不仅不能脱离人们的生活，而且渗透在生活的各个方面，并影响着人们的认识和行为。实际上，现实生活处处离不开思想观念的指导。具体来说，人的言行举止是有筹划的，是受一定思想观念支配的，并指向具体的目的。就拿简单的穿衣吃饭来说，人们总先有一个为什么穿衣吃饭、穿什么衣服、吃什么饭，以及怎么穿衣和吃饭的认识。在日复一日、按部就班的生活当中，人们似乎不再考虑这些问题，但实际上最初是考虑过的，只不过后来就遵照答案行事，除非有特别的情况发生。例如，突然变天了或要出席重要活动，就需要重新思考穿什么衣服和怎么穿衣服的问题，并形成指导行动的思想观念。如果把这些思想观念抽离出来，就成为理论层面的文化。如果运用这些思想观念指导人们的行为举止，文化就表现为人们具体的生活方式。

在现实层面，文化表现为人们的生活方式，但反过来不能说人们的生活方式就是文化，因为"人们的生活方式"也是一个非常笼统的概念。其中，人们指的是全体人类、一个民族、一个国家抑或是一个村社。对一个村民来说，其他村民可以概括为人们，但对国家而言，一个村社的人就不能称为人们。在谈论文化时，人们的范围就应该确定下来。例如，谈中西文化的差别时，人们或者指称中国人，或者指称西方人；谈论上海都市文化的时候，人们指的是在上海生活的人。当然，人们是一个概称，有些时候指言谈范围内所有的人，有些时候指大部分人。由于每个人的生活方式不同，对人们生活方式的概括始终存在概率问题。此外，生活方式也是很难界定的一个词。晚上工作、白天睡觉是不是一种生活方式？喜欢吃麻辣的川菜是不是一种生活方式？热衷于户外旅行是不是一种生活方式？如果这些不是生活方式，那么生活方式就离人们太远了。如果是生活方式，那么，文化就与生活习惯或生活爱好没有差别。人们直接用生活习俗或习惯就可以了，没有必要使用晦涩的文化概念。需要说明的是，当我们讲文化在现实层面是人们的生活方式的时候，人指的是言谈语境中的所有人或大部分，生活方式指的是具体的衣食住行，人们的生活方式就是大部分人的共同的生活方式，且这种生活方式与另一文化语境中人们的生活方式不同。如果不同文化语境中的大部分人都坚持晚上睡觉、白天工作，那么，在做文化研究时指出人们坚持晚上睡觉、白天工作，就没有学术价值。因为创新是研究的根本目的和动力，也是人类智力成就的重要体现。

（二）文化是人类本质的对象化和历史积淀

将文化界定为人们的生活方式，倒是便于人们接受，但要掌握文化的含义，就需要抛开具体的现象，捕捉生活背后的思想观念。文化是相对于人而言的，离开人和人类社会，就没有文化。这里所说的人是作为类的人，因为文化不是个体创造的产物，相反，个体是文化影响的产物。"水火有气而无生，草木有生而无知，禽兽有知而无义，人有气、有生、有知，亦且有义，故最为天下贵也。"[①]这句话把人与水火草木禽兽区别开来，指出人"最为天下贵"。人与禽兽的区别在于前者有知且有义，而禽兽只有知。站在认识论的角度，我们无法证明禽兽有知，禽兽之所以能够生存依靠的是本能。通过实践创造对象世界，改造无机界，人证明自己是有意识的类存在物，就是说是这样一种存在物，它把类看作自己的本质，或者说把自身看作类存在物。正因为如此，在本质层面，文化就是人的类本质的对象化和历史积淀。

人是具体的，是处于一定社会关系当中的存在物。因此，对人的类本质的理解必须把具体的社会关系作为逻辑前提。人是有意识的类存在物，因此，人的本质也就是人的类本质。人的类本质就是人是有意识的社会存在物。这里蕴含两层含义。第一，人是社会存在物。人之所以成为人，就是因为他处在一定的社会关系之中。脱离了社会，人就成为有意识的动物。他或许可以依靠自然界的馈赠生存下来，但绝不能享受人的正常社会生活。然而，古往今来的许多思想家脱离具

---

① 申笑梅、王凯旋：《诸子百家名言名典》，沈阳出版社2004年版，第182页。

体的社会关系来谈论人的属性、特征和本质，因此，都没有抓住人的具体的社会属性。他们对人的理解或许非常深刻，但与现实中的人总有一层隔膜。第二，人是有意识的动物。有意识是人与人结成社会组织的必要条件，也是人与其他动物最明显的区别。从某种意义上来说，人是社会存在物就内在包含着人是有意识的动物。但由人是有意识的动物并不能推出人是社会存在物。因此，在刻画人的类本质的时候，要在社会存在物之前加上"有意识的"作为限定。这里有一个问题，即能不能把"人是有意识的社会存在物"改为"人是处于一定社会关系中的理性动物"。从构成要素来看，两句话都包含了社会属性和理性两个条件。但是，前者强调的重点在社会存在物，后者强调的重点是理性动物。如果要刻画人与其他动物的区别，第二句话比较合理。但是，要刻画人的本质属性，第一句话就更有优势。

在强调人的社会属性和理性特征的同时，还要突出人是有欲望的动物。其他动物有需求，但人不仅有生存需求，还有欲望。借助于理性思维能力，欲望就成为推动社会发展的动力。正是在欲望的驱使和理性的引导下，人们结成一定的社会组织，按照一定的分工进行生产实践活动，在改造自然的过程中为自然界打上人的"印记"。这一过程就是人的类本质的对象化。在类本质对象化的过程中，人们创造了精神财富和物质财富来满足自己的需要。文化就体现在人的类本质对象化的一切活动当中。

随着人类社会不断向前发展，人的类本质对象化的产物不断积累，就形成了人类的文化传统。那么，在人的类本质对象化的过程中是什么东西转化成了文化？举例来说，在远古社会，人们为了捕杀一头跑得飞快的鹿，需要很多人协作打猎。人们被分为三列分别从三面进行围捕，将敞开的一面引向封闭的山口，当鹿被赶进山口之后，就可以合力捕杀了。在这一活动中，人们使用的简单工具、具体的捕杀场景、鹿的特征、人们排列的次序并不是文化的内容。相反，制造简单工具的方法、捕杀活动的组织、人与人之间的分工等才是文化学者关注的对象。工具的制造、捕杀活动的组织、人们的分工是人们思想观念对象化的产物。因此，人的类本质的对象化实际上就是人的思想观念的对象化。当然，这里的人指的是社会的人，思想观念的对象化发生在人们的生产实践活动当中，对象化的载体是经过人类改造的自然界。

（三）文化是自然的人化和人的自然化

从生成维度来看，在人类诞生之前，类人猿是大自然的一部分，整个世界就是自然界。随着人类的诞生，世界出现了分化。一方面，人类是自然界的一部分；另一方面，人类又构建了人类社会，开辟了人化自然。人类的文化创造包括两个过程：一个是人们把自身从自然界分离出来的过程，另一个是人自我发展和自我创造的过程。概括起来讲，文化的创造过程就是自然的人化和人的自然化。自然的人化就是人类在生产实践活动中改造自然以满足自身的物质文化需要，从而使自在的自然成为人化的自然。自在的自然和人化的自然的区别在于后者打上了人的"印记"，这个"印记"就是人的主观愿望和思想观念的自然化产物。可见，自然的人化和人的自然化是同一个活动的两种效果。但是，由于生产力水平不同，生产实践活动中自然的人化和人的自然化的程度也不一样。

一般来说，生产力水平比较低的时候，人的自然化程度就比较低。反之亦然。人的自然化的水平和层次反映了社会生产能力的高低和文化发展的层次。与类本质的对象化一样，自然的人化和人的自然化本身并不是文化，但反过来可以说文化就是自然的人化和人的自然化。这是因为文化是自然的人化和人的自然化过程中蕴含的思想观念与智力成就。这些思想观念和智力活动原本在人们的头脑中，它们要成为他人可以理解和传承的文化就必须借助于生产实践活动并附着在人化的自然上。因此，文化创造和文化发展发生在人与自然相互作用的过程当中。一方面，文化使人与自然相分离；另一方面，文化又在弥合人与自然的隔阂。需要注意的是，随着分工的细化和科学技术的发展，一部分文化产品的创作并不需要人们直接与自在的自然打交道，但不能完全脱离自然界，因为创作的主体和主体使用的工具都依赖于自然。实际上，自从人类社会诞生之后，人化的自然就日益成为自然界的重要组成部分，人们跟人化的自然打交道就是跟自然界打交道。

就文化而言，自然的人化和人的自然化表现为三个方面：一是生产方式的物质体现。生产方式包括生产力和生产关系，生产力表现为人类改造自然的能力和水平，其高低情况突出表现为生产工具的使用。生产关系直接表现为生产资料的占有关系，间接表现为产品的分配情况。在生产实践活动中，生产方式就表现为产品的生产和分配。因此，考古学家通过分析生产工具和产品质量来判断古代的生产力水平，通过产品的占有情况来判断古人的社会地位。二是思想观念的物质呈现。思想观念产生于大脑，可以通过语言传播，也可以通过器物、纸张呈现出来。在历史发展的长河中，人的生命极为短暂，而且人的记忆力有限，要想保留思想观念并且传承下去，就必须使其自然化，或书写在龟背、竹简、棉帛、纸上，或刻画在器物上。在文化研究中，集中承载思想观念的书籍、字画、雕刻、图片就成为主要对象。三是欲望和利益的物质实现。人之所以异于禽兽,生产实践活动之所以不断进行,人类社会之所以向前发展,都是由于人们被欲望和利益驱使。不同的价值追求和利益诉求就会导致人们对世界形成不同的认识方式和改造结果。例如,中国古人崇尚"天人合一""大同世界""和而不同""讲信修睦""居安思危""经世致用"等价值理念。这些理念深刻影响了中国古人对自然、社会和人自身的态度,深刻影响了中国古人的生产方式,塑造了中华民族的精神风貌,营造了独具特色且博大精深的中华传统文化。其他民族和国家亦是如此,因此,文化研究的一个重要方面就是研究人的价值观及其变迁。

文化是人们在具体的社会生产实践中产生的,而社会生产实践具有地区差异性,因此,文化也就具有区域性。实际上,文化的区域性也是自然的人化和人的自然化的现实表现。例如,生活在高原地区的人们创造的文化就不同于生活在平原地区人们所创造的文化。高原地区气温低,昼夜温差大,许多农作物不能种植,人们对畜牧业的依赖比较强。这种生存环境更容易使人们产生对大自然的敬畏和对生命的敬重。相反,平原地区通常土地肥沃、交通便利、人口稠密。这种生存环境很容易使人们对土地产生深厚的感情,有助于人们养成吃苦耐劳、勤劳节俭的良好习俗。同样,沿海地区的人们创造的文化不同于内陆地区人们创造的文化。沿海地区渔业和商贸业比较发达,受此影响,沿海地区的人们思想更加开放,经商意识更加浓厚。与之相反,内陆地区由于人员信息交流不便,人们生活在相对封闭的环境中,更容易固守传统。

需要说明的是,不同地区之间的文化差异具有相对性。就中国地域文化来说,北方文化不同于南方文化。但是,北方文化或南方文化自身也存在许多差异。例如,南方文化中,湖湘文化不同于吴越文化和岭南文化。人们将文化的地域差异归因于地理环境的不同。然而,地理环境对文化的影响是有限的、间接的。例如,湖南与江西、广东与广西单从地理环境上来说,差别不是很大,但是,文化之间的差异就大得多。尽管如此,在影响文化发展的诸多因素中,地理环境虽然不是决定因素,但也是一种重要因素。地理环境对文化的影响是间接的。地理环境必须通过生产实践活动这一中介对文化产生影响。相对来说,如果人们的生产活动对地理环境的依赖程度较低,那么,地理环境对文化的影响就较小;反之亦然。文化的区域性蕴含着文化的差异性,而文化的差异必然催生多元文化的共存与共融问题。在文化交流比较匮乏的古代,多元文化可以处于"老死不相往来"的共存状态。在信息技术飞速发展并深刻影响人们日常生活的今天,文化之间的相互影响越来越明显。这种影响会产生两种截然相反的后果：一是促进不同文化的交流和借鉴；二是导致不同文化之间的紧张甚至冲突。在这种情况下，多元文化之间的共存和共融问题就显得更加突出了。

二、文化的功能

人们虽然无法给文化下一个大家都普遍接受的定义，但学者们热衷于研究文化，普通老百姓甚至商家也愿意使用文化概念。之所以如此，原因有三：一是人们已经在非常宽泛的意义上使用文化概念，不管是把文化等同于知识、道德判断，还是在人类物质文明和精神文明的层面使用文化，文化一词都是简洁实用的，知识渊博的学者和目不识丁的文盲都可以在自己的言说语境中自如地使用文化概念，尽管两者所言的文化含义差别很大；二是文化概念含义的模糊性蕴含了概念诠释空间的宽广性，与学者们热衷于研究《老子》一样，人们总想对说不清道不明的文化概念说些什么，以图抓住文化概念的根本；三是文化具有重要功能，文化不仅是人与其他动物相区别的根本标志，也是人成为人和人更好地实现自身价值的前提。在论述了文化的含义和本质之后，有必要谈一谈文化的功能。实际上，对文化功能的分析是对文化内涵和本质探索的深化。言说的角度不同，文化的功能就不一样。下面，从个体、社会、民族和国家、人类四个层面分析文化的功能。

（一）文化对个体的功能

1. 培育认知模式

人的身体是由父母带到这个世界的，但人的心灵是由自己塑造的。人是被抛入这个世界的。"抛入"一词展现出了人在这个世界当中所处的被动境地，人要成为"在者"，就必须在无可奈何走向死亡的过程中跟畏惧、虚无、孤独做斗争。与之相对，中国传统哲学把人的成长视为成己成物的内在修养过程和治国平天下的过程，且这两个过程都是个体主动选择和积极作为的过程。不管是被动地适应还是主动地选择，人在成长过程中，首先面对的任务是认识自己和认识世界。就认识自己而言，要回答我是谁、我从哪里来、我到哪里去、我能干什么、我喜欢什么、我要成为什么等问题。就认识世界来说，要回答自己处在一个什么样的世界、我对这个世界能做些什么等问题。这就会产生一个价值问题，即认识自己和认识世界为什么非常重要。

如同一个在茫茫黑夜中行走的人需要确定自己的时空方位一样，一个人也需要在思想中确立自己的位置。两者的区别在于，空间位置的确定靠的是自己在空间坐标系中的三维坐标。在这个坐标系中，自己所处的世界中的具体事物具有相对确定的空间位置。但人的思想就很不相同，思想世界中自己的"位置"是由个体的人对自己和世界的认识所决定的。在基督教认识论中，宇宙万物都是由神创造的，个体所处的位置取决于自己对神的理解和信仰。在日常经验中，个体对世界的认识源于自己和他人的感觉经验。通常，人们不会对"太阳从东边升起""石头比羽毛下落的速度快"等观点产生疑问。在科学世界观中，个体对自己和世界的认识大不同于宗教世界观，与日常经验也有明显的区别。那么，处于相同或相似环境中的人们为什么会形成对自己和世界不一样的认识？人的认识活动是一个复杂的过程，在这个过程中，人的知识基础、感觉器官的敏感性、理性思维的能力，以及注意、兴趣、情绪等非理性因素都会发挥作用，从而影响认识过程和认识结果。

概括起来讲，人的认知模式决定着认知活动的开展和认知结果的获取。文化是影响认知模式形成的重要因素。需要说明的是，认知模式是一个系统，不仅包含基本的理论预设，还包括推理的规则、认识的方法和价值取向。因此，文化对个体认知模式的影响不是零碎的，而是整体的；不是短暂的，而是长期的；不是单一的，而是复杂的。整体性表现为文化影响着人们对基本理论的选取和对推理规则的遵守，引导人们的认识活动向一定方向推进；长期性表现为文化对人们认知模式的影响是持久的，人们对某些事物的认识很容易发生改变，但处于认识活动深层的认知模式很难发生大的改变；复杂性表现为文化对人们认知模式的影响不是单线条和均匀的，相反，会因时因地因人出现明显的差别。具体来说，处于同一文化背景中的不同个体，也可能拥有差别很大的认知模式。尽管如此，同一文化中不同个体认知模式的差异往往要小于不同文化中个体认知模式之间的差异。

2. 塑造价值取向

认识自己和认识世界并不是最终目的，而是为改造自己和改造世界服务的。改造自己和改造世界是为了满足人们的需求。那么这里的需求能不能换成欲望呢？需求和欲望之间有什么样的联系？在回答第一个问题之前，先分析需求和欲望之间的关联。欲望是人的本能愿望。不同于其他动物，人的欲望不仅包括衣食住行等生理需求，还包括追求舒适、愉悦、快乐、幸福等方面的精神需求。说欲望是人的本能愿望并不意味着任何人都有相同的欲望。实际上，人的欲望是打上文化烙印的愿望。

在不同文化当中，人们的欲望是不同的。文化对欲望的影响主要表现在两个方面。一方面，欲望的产生依赖于个体对自己和世界的认识。而这种认识是人们在一定文化背景下获得的，人们通过接受教育知道自己需要什么，什么东西能够满足自己的需要。例如，一个农民要想收获小麦，就需要知道小麦的种植方法。首先，他必须知道什么样的种子是合格的，其次，他要知道使用什么样的生产工具和在什么样的气候与土壤中进行种植，最后，麦子成熟后，他还需要知道如何从麦穗中剥离出麦粒。直观来看，种植小麦的人可以通过经验积累或向他人学习获得所需要的知识。但从宏观来看，这些知识都是人们在一定文化背景下获得的。另一方面，人的欲望受制于文化禁忌。虽然欲望受到文化的影响，但相比于需求和需要，欲望还是比较贴近人的本能。当然，"贴近人的本能"不是"欲望"这个词本身具有的含义，而是人们在使用语言的过程中赋予"欲望"一词的。相比于欲望，需求是经过人们理性审视的较为合理的欲望。或者说，需求是再次打上文化印记的欲望，需求就比欲望更符合人的自身利益和自然界的客观规律。

正因为如此，价值取向就是人的合理的需求。当然，在不同文化中、合理的含义是不相同的。即使在同一种文化中，不同历史时期，合理的标准也不一样。文化既不是存在于外在世界的独立客体，也不是思想当中的独立存在，而是人类智力活动的现实体现。文化蕴含于或承载于物质实体中，文化对个体价值取向的影响必须通过接受教育、人际交往和生产实践活动来实现，且文化施加影响的过程是潜移默化的。

3. 规范行为举止

一个人不仅要认识自己和世界，还要遵守规则和客观规律。世界是客观存在的，其存在状态不以人的喜恶为转移。同样，作为客观世界的组成部分，人的身体也是独立存在的。独立存在的事物有其产生和发展的规律，人们必须遵守这些规律，否则，会遭遇一系列挫折。例如身体有了疾病就要去医院诊治，不仅要找到疾病产生的原因，还要采取适当的医治措施。无视疾病的存在和罔顾医生的建议，最终遭受痛苦的是患者自己。人们在改造大自然的时候需要尊重自然规律，否则就会遭到大自然的报复。恩格斯早就警示人们："不要过分陶醉于我们人类对自然界的胜利。对于每一次这样的胜利，自然界都对我们进行报复。"[①] "我们决不像征服者统治异族人那样支配自然界，决不像站在自然界之外的人似的去支配自

[①] 中共中央编译局:《马克思、恩格斯、列宁哲学论述摘编：党员干部读本》，中央编译出版社2019年版，第72页。

然界——相反，我们连同我们的肉、血和头脑都是属于自然界和存在于自然界之中的；我们对自然界的整个支配作用，就在于我们比其他一切生物强，能够认识和正确运用自然规律。"① 与自然界一样，人与人组成的社会也有客观规律。但是，与自然规律不同，社会规律隐藏在纷繁复杂的社会现象当中，表现为人们具体的行为举止。

从哲学维度来说，社会规律就是人类社会在社会基本矛盾的推动下从低级向高级的发展。从现实层面来看，社会规律表现为维护社会正常运转的各种具体制度、体制、法律、规则等。就后者而言，社会规律既具有客观性，也具有约定性。就客观性而言，不管赞成与否，社会规律是不以个别人的意志为转移的。就约定性而言，社会规律是由人们提出来的符合理性精神且被大多数人乐于接受的共同约定。需要强调的是，社会规律具有的约定性不是主观性，更不是随意性。

此外，社会规律还具有约束性和相对性。就约束性而言，社会规律能够规范人们的行为举止，维护社会秩序的稳定。例如，人们非常熟悉的交通规则就是如此。如果站在人员稠密的十字路口，会发现每个人的行走状态都不同，但这不影响大家顺利通过十字路口。原因在于大家都遵守相同的交通规则。与交通规则一样，各种制度、体制、法律、规则都是规范和约束人们行为举止的手段。就相对性而言，社会规律的具体表现具有多样性。具言之，在不同地区、不同文化和不同民族中，社会规律的表现形式具有明显的差异性。这种差异性促成了社会规律表现形式的多样性。不同的文化包含着对自然规律和社会规律的不同认识。一个人在社会组织中成长的过程也就是他接受文化熏陶和影响的过程。在这一过程中，个体不仅获得关于自己和自然的知识，而且学习遵守自然规律和社会规律。当他的言行举止符合大众的要求时，他就成了独立的社会成员。

4. 形成归属认同感

文化的熏陶不仅可以帮助个体获得关于自己和世界的知识、塑造个体的价值取向、规范个体的行为举止，还可以帮助个体产生文化认同和社会归属。社会学意义上的个体不仅具有成熟的理性思维能力、明确的规则意识和健全的行为能力，还归属于一定的社会组织。从微观来看，一个人既是家庭成员，又是企事业单位或基层组织的一员。有些人在多个单位兼职，其社会身份就更为复杂。从中观来看，个体属于某一省市，有些信仰宗教者属于某一教派，有些人还属于一定的行

---

① 中共中央编译局：《马克思、恩格斯、列宁哲学论述摘编：党员干部读本》，中央编译出版社2019年版，第73页。

业协会。从宏观来看，个体属于某一民族和国家。

总之，在社会联系日益密切的今天，一个社会人具有多重社会身份，扮演多种社会角色。在一个社会组织当中，具有相同身份的人之间更容易产生亲近感，从而对该社会组织产生归属感和认同感。在诸多认同和归属当中，对文化的认同是最基本的认同，对国家和民族的归属是非常重要的归属。实际上，对国家和民族的归属也建立在文化认同的基础之上。因此，个体的归属感和认同感首先是对文化而言的。对文化的归属感和认同感产生于个体接受文化熏陶的过程当中，当个体主动接受并自觉遵守文化习俗时，对该文化的归属感和认同感就建立起来了。具体来说，文化的归属感和认同感表现为以下四个方面。

一是肯定一种文化的基本思想、主流价值和根本规范。对许多人来说，接受一种文化的熏陶和影响并不是自觉的选择，而是被动的过程。但是，当一个人深受一种文化的影响之后，就会自觉接受该文化蕴含的基本思想、主流价值和根本规范。在交流交往日益密切的今天，人们的穿着和饮食将逐渐趋同，但深层次的思想观念和价值理念依然是维护文化归属和认同的有力保障。

二是自觉选择一种文化所蕴含的生活方式。如前所述，文化在现实层面是人们的生活方式或生活样态。认同一种文化就意味着接受和选择该文化蕴含的生活方式。在全球化深入发展的今天，同一种文化内的人们的生活方式发生了巨大变化，有些人的生活方式甚至与其他文化当中的生活方式没有明显区别。在这种情况下，隐藏在显性生活方式背后的思想观念和价值取向就成为区分不同文化归属的根本标志。

三是萌生对所认同文化的自豪感。文化归属和认同不仅仅是接受和选择一种文化，还包含对该文化产生的自豪感。这种自豪感平常并不显现出来，只有遭遇不同文化的冲击时才会凸显出来。

四是捍卫自己认同的文化。当前，多元文化之间的相互影响不断深入，文化融合和文化冲突同时并存。当一个人接受的文化遭遇其他文化的冲击时，他就会为自己所坚持的思想观念和价值取向进行辩护。对于许多普通老百姓而言，理论辩护通常被简单的情绪宣泄所取代。虽然情绪宣泄不是维护文化归属和认同的有效手段，但它是文化归属和认同的一种现实表现。

（二）文化对社会的功能

从广义角度来看，文化与政治、经济、社会、生态文明密切相关，但又区别于后者。就本质而言,广义的文化是蕴含于政治、经济、社会和生态文明当中的人类的智力因素。与文化相类似,社会也有广义和狭义之分。狭义的社会就是"五位一体"总体布局中的社会,专指教育、就业、收入分配、社会保障、医疗卫生和社会管理等。广义的社会就是指由人构成的社会组织,在该组织中,最基本的活动是人类的生产实践活动。为了组织和保障生产实践活动的顺利开展、协调人与人之间的物质利益和社会关系,社会管理就被单独提出来,构成了社会的政治生活。

随着人类生产能力的不断提高,人与自然的关系变得尖锐起来。在这种情况下,生态文明建设成为社会组织的一项重要活动。经过概念的重新界定,文化和社会被置于同一层次,且文化属于精神层面,社会属于物质层面。需要强调的是,物质层面的社会不是静止不变的物质堆积,而是紧密联系的有机整体。打个比方来说,广义层面的社会就是电脑的硬件,文化就是软件。没有软件,电脑也会启动,但无法处理任务;没有社会硬件,文化就是无用的废物。文化对社会的功能就是电脑软件对硬件的作用。这里的电脑硬件是由显示器、处理器、存储设备等构成的作为整体的硬件。但是,社会可以细分为政治、经济、生态、军事、外交等。由于军事和外交是政治的延伸,因此,可以把它们纳入广义的政治当中。这样一来,文化对社会的功能就主要表现为文化对政治、经济和生态文明建设的功能。

1. 文化对政治的功能

在社会分工极其细化和人的需求不断提高的今天,孤立的个人或家庭是无法生存的。这就需要政府向全体人民提供个人或家庭无法提供的服务,其中,教育、卫生、安全、就业是最为基本的服务。万事万物都处于矛盾当中。人与人、人与社会组织、社会组织与社会组织之间不可避免地会发生矛盾和纠纷,为了裁决谁是谁非、化解矛盾纠纷,就需要独立的司法机关秉公执法。为了保证立法科学、执法严肃、司法公正,就要求立法机关、执法机关和司法机关相互独立、相互监督。为了维护社会秩序和人们的生命安全,就需要组建警察机关和军队。为了提供普惠性的公共服务,就需要向民众征税。为了确保政府代表人民的意愿和更好地为人民服务,就需要进行政治选举。相比于拥有强大力量的政府,个人处于弱势地位。为了保护个人的安全和合理诉求,就必须通过立法限制政府的权力和保护个人的权利。

从理论上来说,国家、政府、法律是人们为了过上幸福生活而设置的。因此,组成什么样的国家和政府,制定什么样的法律,最终是由人民说了算的。但是,国家、政治、法律、军队等政治要素是先于人民自觉的政治生活而存在的。因此，就有人民群众应该过什么样的政治生活和国家、政府、法律应该如何变革以适应人民政治需要的问题。回答这一问题的过程就是文化对政治施加影响的过程。具体来说，绝大多数人对应该过什么样的政治生活并不清楚，对在信息技术飞速发展的今天如何保护自己的利益和行使自己的权利并不是非常明白，这就需要专家学者进行深入研究。为了确保提出的政治理论和政治方案符合时代发展的需要、满足人民的意愿，就要求专家学者既要深入基层倾听人民的呼声，又要进行严密有效的逻辑推理。与之类似，国家、政府、法律和军队的变革也需要先进文化的指引。文化的力量融入政治力量、经济力量、社会力量之中，成为政治文明的"导航灯"、经济发展的"助推器"、社会和谐的"黏合剂"。文化对政治文明的"导航"突出表现为文化力量对政治制度和体制的导向引领。习近平总书记在《关于〈中共中央关于制定国民经济和社会发展第十三个五年规划的建议〉的说明》中指出："发展理念是发展行动的先导、是管全局、管根本、管方向、管长远的东西，是发展思路、发展方向、发展着力点的集中体现。发展理念搞对了，目标任务就好定了，政策举措也就跟着好定了。"① 与新发展理念对经济社会科学发展的引领类似，先进政治理念对政治制度和体制改革也发挥着导向作用。

如果说立法、执法、司法、选举、征税、治安是宏观层面的政治的话，那么，乡村和社区层面的治理就是微政治。宏观层面的政治活动有比较成熟的运作模式和有效手段，相比之下，乡村和社区治理只能依靠契约、道德和爱心。因此，营造良好的文化对乡村和社区治理非常重要。积极健康的文化可以教化和引导社区成员遵守契约、培育良好的道德、树立友爱互助的意识。当人与人、人与社会之间产生矛盾之后，文化能引导人们采取合理的手段和渠道解决矛盾。在社区治理中，文化扮演着柔性规章制度的作用。这些柔性规章制度不是写在纸上，而是铭刻在心中。在日常生活中，人们通常按照柔性规章制度来行事，只有当柔性规章制度不起作用的时候，人们才会诉诸法律。

2. 文化对经济的功能

人的经济活动主要指物质财富和精神财富的创造活动。与生产实践活动一样，经济活动包含三个基本要素：经济活动主体、从事经济活动的手段或工具、经济活动的对象。从历史的角度来看、影响人类经济活动发展的关键因素是人们采取

---

① 习近平：《关于〈中共中央关于制定国民经济和社会发展第十三个五年规划的建议〉的说明》，《理论学习》2015年第12期，第20—26页。

的手段或工具。生产工具的改进能够极大地推进经济发展。例如，使用机器就能比使用人力或畜力有效地推动生产，而使用人工智能就会比使用简单机器有效提高生产水平。但是，新的生产工具和生产手段是由人创造出来的。因此，决定经济发展水平的最终因素是人。可以说有什么样的人，就会有什么样的经济发展状况。在当今时代，人与人之间生理差别的影响越来越低，相反，智力差别的影响越来越大。假如一名熟练技工一天可能生产合格零件 100 件，那么一名人工智能设备的操控者可以指挥 N 个高级机器人生产完全符合标准和要求的大量零件。其中，N 取决于市场的需要和企业家的投入。人与人之间的生理差别可以通过体育锻炼和营养摄入来缩小，但是智力差别只能通过接受先进文化来缩小。

按照马克思主义的相关主张，狭义的文化属于上层建筑中的思想观念，而经济活动类似于经济基础。文化与经济活动之间的关系类似于上层建筑与经济基础之间的关系。经济决定文化，文化可以反作用于经济。文化对经济的反作用主要有两种表现：一是先进文化促进经济发展；二是落后文化制约经济发展。虽然两种表现的结果不同，但文化影响经济的机制是一样的。以先进文化为例，文化对经济的促进作用表现在三个层面：一是先进文化能够提高劳动力的素质。劳动力是生产力中最活跃的因素，劳动力素质，特别是智力素质的提高能有效扩展经济对象的广度和深度，能够创造先进的生产工具和手段，从而有力推动经济发展。二是先进文化能够提高经济活动的组织效能。经济发展一方面取决于物质财富和精神财富的创造，另一方面取决于资源能源节约使用。如果说前者是人类的收入的话，后者就是人类经济活动的成本。先进文化在提高生产能力的同时，能够协调生产单位内部之间的关系，降低资源能源的使用，减少资本消耗。三是先进文化能够提高经济发展的质量和效益。在人类生产水平大为提高的今天，经济发展不能再靠规模速度的粗放型增长来实现，而是要赋予经济发展以深厚的人文价值。人文价值不仅体现为较高的技术含量，而且表现为高尚的价值追求和深厚的人文关怀。

3. 文化对生态文明建设的功能

人要生活就必须融入社会，社会要存在就必须保护自然环境。在生产能力比较低的农业社会或狩猎社会，人与自然之间的矛盾主要表现为人的改造能力太低，无法有效利用自然资源以满足人的物质需要。与此同时，各种自然灾害加剧了人类对自然的畏惧。随着科学技术的发展和生产能力的提高，人与自然之间的矛盾转变为人对自然的破坏，而受到破坏和污染的自然界反过来影响人的生活质量。

在这种情况下,建设生态文明就成为今天人类面对的重要工作。

要建设生态文明,首先要分析生态问题产生的原因。直观来看,导致生态破坏的直接原因是各种废液废渣废气的任意排放,以及人类对自然资源的过度开发和利用。从政治经济学的角度来看,使人与自然关系紧张化的真正根源是追求成本最小化、利润最大化的资本逻辑横行的结果。从经济全球化的角度来看,生态危机产生的重要原因是资本主义生产方式和消费方式的蔓延,发达国家逃避环境责任,以及人与人之间的不平等。从文化的角度来看,生态问题产生的根本原因是人类对自然环境重要性的认识不足,对幸福和快乐的理解过度依赖于物质财富的获得,对保护共同生活环境的责任承担不够。在这些原因当中,文化是影响和制约生态文明建设的深层次因素。因此,建设生态文明,就应该发挥先进文化的推动作用。

具体来说,文化对生态文明建设的推动作用主要表现在以下三个方面:一是有助于生态文明思想内化于心、外化为行。生态文明建设事关人类的生存和发展,因此,所有人都要参与进来。"要我干"不同于"我要干"。要引导人民群众把生态文明建设从"要我干"转变为"我要干",就需要文化的熏陶和引导。先进文化能帮助人们把生态文明的理念内化于心外化为行,把外在的要求转化为内在的自觉。二是有助于践行绿色发展理念。生态环境保护和经济社会发展既相互矛盾,又辩证统一,要想在保护生态环境的前提下发展经济,就必须践行绿色发展理念,转变发展思路,创新发展模式,增强发展动力。先进文化内在要求经济社会绿色发展。因此,学习和接受先进文化必将有助于践行绿色发展理念。三是有助于推动形成绿色发展方式和生活方式。先进文化要对生态文明建设产生现实影响力,就必须改变人们的生产方式和生活方式。当人们自觉选择绿色生活方式之后,绿色生产方式也就成为必然选择。因为在生产力水平大为提高的今天,需求总是引领生产的。改变生产方式比较简单,但改变生活方式则艰难得多,这就需要接受先进文化的长期滋润和熏陶。

需要说明的是,我们诠释文化对生态文明建设的重要作用,并不意味着文化是解决生态危机的唯一手段。相反,建设生态文明需要多措并举和全社会共同参与。但是,从根本上讲,如果不转变发展理念、不树立人与自然是生命共同体的观念、不增强人类保护自然的意识,任何保护措施都不可能长久,更不可能取得实质性成效。建设生态文明,最根本的措施就是树立生态文明理念,倡导绿色生活方式。

(三)文化对民族和国家的功能

当今世界,民族和国家相互交织在一起,有些国家是由单一民族构成的,如法国、英国等。有些国家则是由多民族构成的,如俄罗斯、中国、印度等。在我国,有些民族是跨国民族,如朝鲜族、蒙古族、俄罗斯族、哈萨克族等。可以说,民族和国家是当今世界的两大社会存在。不同于民族,国家是国际政治的重要主体,是保护本国公民合法利益的责任主体。对一个人来说,他既有民族身份,又有国籍身份。但在国际交往中,国籍身份比民族身份更重要。在物质财富极大丰富和人的精神境界极大提高的共产主义社会,民族和国家将蜕变成为这样一个联合体,在那里,每个人的自由发展是一切人的自由发展的条件。当然,共产主义社会的实现还需要人类社会经历很长的发展阶段,需要全人类付出艰辛努力。在可预见的将来,民族和国家可能会发生如下变化。

一是民族的政治意义将大大降低,文化意义则会凸显出来。在人员、物资、信息交往极为封闭的古代,不同地区的人生活在具有各自特点的地理环境当中,形成对自己和世界的独特认识、创造了语言文字、发展了与地理环境和认识水平相适应的生产方式,塑造了具有鲜明特色的风俗习惯,从而形成了不同的民族。在现代政治制度建立之前,民族更多的是一种身份象征,借助于民族身份,人们相互区别开来,形成不同的利益共同体和价值共同体。随着民族国家的出现,民族被赋予政治意义,成为维护和发展成员利益的主体。对单一民族国家而言,民族成员和国家公民是相同的,民族与国家之间没有明显的矛盾。但是,在多民族国家、单个民族的利益不完全等同于民族联合体的利益。因此,就存在民族利益和国家利益不一致的问题。当民族意识不断高涨时,这种不一致就有可能演化为民族矛盾甚至民族冲突。在国际社会的干预下,民族冲突往往导致国家分裂并形成越来越小的民族国家。现代政治制度不仅催生了民族国家,而且促进了国与国之间的交往。经济全球化是国际交往深化的产物,它一方面把不同民族和国家的利益捆绑在一起,另一方面促进不同文化之间的交流与融合。未来,虽然文化多元化是一种常态,但文化之间的融合将不断加强。民族所承载的政治意义将不断减弱,相反,民族身份将成为独特文化的一种标识。

二是所有人的政治权利和诉求将会趋同。民族之所以会承载政治意义、是因为不同民族成员享受的政治权利和拥有的政治诉求不同、民族成员借助民族共同体来汇聚力量、表达诉求、争取利益。随着人们政治素质的提升和国家保护公民政治权利能力的增强,民族成员之间的矛盾将会转化为公民之间的矛盾,民族之间的矛盾将会转化为公民群众之间的矛盾。在民族政治意义减弱的同时，国家的政治意义将会得到凸显。在国家政治当中，民族身份将会淡化，公民身份将会强化。需要说明的是，民族政治意义的淡化并不表明民族差异的消失。但是，民族差异的存在不能成为获取政治特权和特殊利益的理由。政府应该尊重民族差异，保护各民族平等的政治权利，但不能纵容借助民族身份和民族差异以获得特殊利益的行为。可以预见，自由、平等、公平、公正等价值理念将会成为越来越多的人的共识。基于以上对民族和国家概念及发展趋势的分析，就可以进一步探究文化对它们的作用。

1. 文化对民族的功能

文化是民族的灵魂。对不同民族的区分可以借助于民族赖以生存的地理环境、人的体质特征、经济发展水平等，但最根本的区分标准是文化。在经济全球化深入推进的今天，许多民族从外表来看差别不大，区别在于思想观念、宗教信仰和生活习惯的不同。因此可以说，文化是一个民族的灵魂。文化的"灵魂"地位体现在以下两个方面：一是文化是影响人的行为举止的根本因素。接受儒家文化的人会把"修身、齐家、治国、平天下"作为自己的人生抱负，把"仁、智、勇"和"仁、义、礼、智、信"作为自己的行为准则，把"立德、立功、立言"作为毕生追求的事业。与之不同，接受佛教文化的人会把追求自身的解脱和拯救他人作为修行的目的，把消除贪嗔痴作为修行的根本，把戒定慧作为行为的准则。由此可见，接受的文化不同，所坚持的价值追求就不一样，行为处世的方式也就差别很大了。二是在社会构成的诸因素当中，文化是最难以改变的因素。文化是人们在生产实践活动中积淀而形成的，相对于生产实践活动，文化具有滞后性。生产方式比较容易改变，文化的改变则困难得多。就此而言，近代中国就是一个明证。面对列强的入侵，中国人可以比较轻松地更换手中的武器，制造较为先进的火枪火炮，甚至照搬日本和西洋的政治制度，但要让老百姓改变思想观念就困难多了。文化之所以难以改变，就是因为它渗透于人们的言行举止和思想观念当中。

（1）文化是维系民族团结的精神纽带

民族是由诸多成员构成的，成员之间除具有共同的利益之外，还有相同的文化认同。在传统社会，由于地理环境的限制，物质利益的联系是维系民族认同的重要手段。但是，在人员、物资、信息交流极为便捷的今天，物质利益的联系大为减弱，取而代之的是精神联系，这也就是浓浓乡愁得以产生的根本原因。我们经常会遇到这样的场景,两个互不相识的陌生人在谈到共同的思想观念、宗教信仰和生活习惯时,亲切感会油然而生。在同一个民族当中,共同的文化塑造了人们相同或相似的生活习惯,增强了族员之间的情感联系。

当遭遇其他民族或文化时,一个人已经接受的文化就会强化他对自己民族身份的认同。当然,文化不同于民族。不同的民族可以有共同的文化,而一个民族也可能有不同的文化。同样,一个民族内部也可能有明显的区别。同一个民族内部可能因为种种问题产生矛盾,矛盾尖锐化就会导致民族分裂。当矛盾发生时,共同的文化就能发挥协调利益关系、增强精神联系和促进情感沟通的作用,成为维护民族团结统一的最后也是最重要的屏障。

(2)文化是民族发展的重要推手

发展不仅体现为数量的增加,还表现为质量的提高。对民族而言,发展不仅表现为成员的物质生活水平得到提高,还表现为精神需求得到较好满足,人们的文化素质不断提升。相对而言,物质生活水平的提高要容易得多。只要有和平稳定的发展环境、宽松积极的发展政策,再加上人们的勤劳节俭,一个民族就可以在经济全球化的今天获得不菲的财富。世界经济发展的历史显示,一个民族或国家从低收入阶段进入中等收入阶段比较容易,但是,要从人均国内生产总值 3000 美元左右的中等收入阶段进入人均国民收入超过 1 万美元的高收入阶段则困难得多。很多国家由于无法迈进高收入阶段而陷入"中等收入陷阱"。"中等收入陷阱"揭示了一个很重要的道理,这就是仅凭工人的低工资和传统的发展模式是不可能实现经济长期稳定发展的,要想经济长期稳定发展就必须依靠智力投入和科技创新,这也就意味着文化是推动民族和国家长期平稳发展的重要动力。

当今的发达国家无一例外都是凭借文化支撑经济发展的。就拿我们的近邻日本来说,20 世纪 90 年代以来,虽然日本经济长期陷入滞胀,经济增长速度非常低,但是经济总量依然很大,科技创新能力仍然很强,生产能力和水平位居世界前列。支撑日本经济的不是低工资,也不是丰富的资源。相反,在高工资和资源贫瘠的不利条件下,日本主要依靠对教育的重视、对科技研发的投入和经久不衰的敬业精神。显然,后者是日本文化促进经济发展的具体表现。由此可见,民族的发展可以依靠其占有的优势自然资源,也可以依靠廉价的人力资本,但最终要依靠文化。

2. 文化对国家的功能

从历史逻辑和理论逻辑的角度来看,国家是由民族发展而来的。因此,文化对民族的功能同样适用于国家。随着国际政治和经济的发展以及人类社会的进步，民族的政治意义将逐渐减弱，文化意义将不断凸显。对于单一民族国家来说，民族文化基本等同于国家文化。但多民族国家就不同了，不仅存在各个民族的文化，还有各民族共同的文化，即国家文化。就中国而言，56个民族有各自的文化，同时，56个民族共同构成中华民族，56个民族的文化共同构成中华文化。中华文化也就是国家文化。前面讲到，民族的文化意义将会凸显，这并不意味着共同的文化将遭到削弱。在多民族国家，各个民族的文化在具有特殊性的同时也具有一般共性。因此，在强调民族文化特殊性和差异性的同时，一定要突出各民族文化的共同特质。而且，随着人类社会的发展，民族文化的独特性会越来越少，独特性存在的范围会越来越窄。可以肯定的是，民族文化的独特性不会完全消失，世界多元文化不会演变为单一文化。此外，需要说明的是，民族文化虽然与国家文化密切相关，但不完全一样。这是因为民族是社会实体，国家是政治实体；民族是由族员构成的，国家是由公民构成的；民族是由精神纽带联系的群体，国家是有完整组织架构的社会组织。对国家来说，文化具有以下三重意义。

（1）文化是国家政治治理的重要工具

政府管理社会的手段有法律、道德、暴力机构等。在非常时期，动用暴力机构或许能维护社会稳定，但要维护社会的长久稳定，必须依靠法治。而要营造积极向善的社会风尚、开拓创新的进取精神与和善友好的人际关系，必须依靠先进的文化。

严刑峻法和道德规范都能实现社会治理，但对民众的影响是不一样的。依靠严苛的政令和刑法虽然能够使人民不敢犯罪，但人民并不以犯罪为耻。与之不同，运用道德和礼法不仅能减少人民犯罪，而且使人民以遵纪守法为荣。对屡教不改的顽固分子不可能用道德和礼法使其改过自新，在陌生人社会运用法治治理社会不失为一种有效手段。当然，仅仅有法律、道德还不够，因为社会要发展，就需要人们敢于打破常规，进行制度、文化、理论、科技等方面的创新。因此，还需要先进文化的熏陶和引导。需要说明的是，这里的先进文化是狭义的，是指比道德更加虚无缥缈的思想观念和价值理念。从广义来说，法律、道德、思想观念甚至政治制度等都是文化的组成部分。但不管是狭义还是广义，国家的政治治理需要文化参与其中。

（2）文化是国家生命力、创造力和凝聚力的集中体现

国家是一个有机体，它不仅有生命力，还具有创造力和凝聚力。生命力主要

表现为国家政治秩序稳定、经济发展充满活力、文化事业和文化产业欣向荣、人民群众展现出积极进取的精神状态。

创造力表现为人们具有理性批判精神和开拓创新能力、社会对新事物、新思想、新观念比较包容、政府鼓励各领域的改革和创新、新产品、新技术、新作品、新思想不断被创造出来。

凝聚力表现为政府具有较强的号召力，民众具有理性的爱国情怀，分布在各个领域的社会组织能有效汇聚民众力量。当国家和民众遭遇重大困难时，国家和社会能够团结起来攻克难关。

国家生命力、创造力和凝聚力并不是截然分开的，而是相互联系、相互影响的。生命力本身就蕴含着创造力和凝聚力，而创造力和凝聚力本身就展示了生命力。国家的生命力、创造力和凝聚力借助于物质载体表现为财富的增加、军事实力的增强、地位的提高等。但从根本上讲，它们都是国家文化的现实表现。没有先进的国家文化，何谈国家的生命力、创造力和凝聚力。

（3）文化是国家竞争力的重要组成部分

当今世界、国与国之间的竞争日益激烈。在冷兵器时代，国与国之间的竞争主要靠军事实力。谁的军事力量强，谁就能称霸一方。在热兵器时代，国与国之间的竞争靠的是由军事力量、经济力量、人口数量和国民素质构成的综合国力。谁的综合国力强，谁就能成为世界强者。在核武器时代，国与国之间的竞争主要靠科技创新能力。

科技创新依赖于高素质人才的集聚、先进技术的研发和高科技产品的制造，这一切都离不开先进文化创造的软环境。试想，在一片文化荒漠，如何能培养和吸引一大批高精尖人才？没有鼓励质疑和批判的软环境，新思想、新观念、新想法如何能被提出来？没有精益求精的工匠精神和高度负责的敬业精神，高品质的产品如何被制造出来？正因为文化如此重要，有学者提出了"软实力"概念，指出综合国力既包括军事、经济、科技等表现出来的"硬实力"，也包括以文化和意识形态吸引力为主的"软实力"。

将文化的力量称作文化软实力，把文化上升到生产力的高度并作为社会生产力的重要组成部分。经济全球化迅速发展，人员、资本、服务、信息流动日益频繁，人们的思想观念、价值观念和行为方式激烈碰撞。如果不能迅速建立自己的文化优势，就难以在激烈的国际竞争中捍卫自己的战略利益。一个国家要发展壮大，不仅需要增强经济实力、军事实力等硬实力，还要提高文化软实力。中国是如此，其他国家亦是如此。只有不断增强文化软实力，硬实力才能有持续增强的动力，国家在日益激烈的竞争中才能立于不败之地。

（四）文化对人类的功能

文化是人类在生产实践活动中创造出来的智力成果，表现为不同时代人们的生活方式，集中表现为人类的思想观念、价值取向、宗教信仰和行动模式。可以说，文化是人类社会发展的产物，反过来又影响着人类社会的发展。如果说人与动物的根本区别在于人有理性思维能力，那么，人类社会与动物群体的根本区别在于人类社会是由文化纽带联系起来的庞大组织。文化使人类的政治活动区别于动物的本能活动，使人类的经济活动区别于动物的谋生行为，使人类对自然界的改造区别于动物对自然界的依赖。简单来说，人有精神生活，而其他动物只有物质生活。文化不仅使人类区别于其他动物，而且从以下3个方面促进人类社会不断发展。

1. 引导人类认识自己和认识世界

人类要生存就必须知道自己需要什么，哪些东西能够满足人们的需要，以及如何获得这些东西。要回答这些问题就必须认识自己和认识世界。人类社会发展到今天已经积累了非常丰富的知识，表明人类对自己和世界的认识达到了比较高的水平。当然，这与人类对认识活动的期待还有很大的距离。认识自己和认识世界并不是截然分开的，人本身就是自然界的组成部分。因此，认识自己也可以归入认识世界之中。但人们为什么又要把自己和世界区分开来，这是因为人类认识活动和实践活动的基本要素是意向性活动，而意向性活动必然有意识指向的对象，从而把意识活动与意识对象、主体与客体区别开来。此外，认识自己和认识世界的难度不同。包括人的肉体在内的客观世界有其内在规律，这种规律表现为在相同或相似条件下，客观事物会呈现出相同或相似的关系。例如，太阳照射的地面温度会升高，扁桃体发炎通常会导致发烧，耳膜受损会导致听觉障碍，等等。但是，人的思想、情感、欲望、情绪很难准确把握，当人的主观因素和客观因素混杂在一起并处于历史发展过程中时，要准确认识自己就变得非常困难。虽然人们把认识自己和认识世界区分开来，但认识世界的最终目的是人类的生存和发展。

人类的认识活动对自身的生存和发展起着非常重要的作用。可以说，有什么样的认识，就有什么样的生活状态。当人类把自己看作诸神的子民，把山川草木视为诸神的显现，把取悦神灵作为人生的重要工作时，人类只能匍匐在大地上过着苟且的生活。当理性的光芒照射自己和客观世界的时候，人们逐渐意识到自己存在的价值，也能够利用大自然以满足自己的生存需要。但是，理性认识有层次的高低之分和过程的长短之别。如果人们对自己和外在世界的认识处于笼统的经验常识层面，那么，人的活动范围必然局限于人力所能及的领域，人的生存质量将更多依赖于自己的生理条件和环境状况。当人的认识活动深入精细的科学层面并经过一定时期的积累，那么，人对自己和外在世界的认识必然更为深入和系统。深入而科学的认识不仅帮助人们有效利用自然资源，而且引导人们创造新事物来满足自己的需要。从人类发展的历程来看，不同历史时期人的认识能力和水平存在明显差别。如果把历史比作一条长河的话，人类的认识活动就是一条由低到高的上升曲线。从人类历史的某一片段来审视全人类，就会发现处于不同文化当中的人的认识能力和水平是很不一样的。就拿当前来说，有些人把高山大湖作为神山圣湖来膜拜，有些人则把高山大湖作为旅游景点，有些人把高山大湖作为重要资源来开采。显然，人们的不同做法源于不同的认识，而不同的认识又导致不同的生活状况。

那么，不同时代的人们为什么对同一对象会有不同的认识？直观来看，这是因为人们的认识能力和水平不同。但从根本上来说，是不同时期、不同地域的文化不同。或许有人认为，认识能力和水平的高低取决于认识主体自身，而不是外在的文化。中国人很早知道利用一硫二硝三木炭就可以制造炸药，但遗憾的是搞不清硝石、硫黄和木炭的化学成分，更不知道三者混合在一起发生了什么化学反应。如果这种经验层面的粗浅认识不能深化为科学层面的理论认识，那么科技革命就不可能产生，更遑论工业革命。由此可见，认识能力的提高表面上看依赖于认识主体，从根本上说依赖于文化的熏陶和滋养。新技术新产品的研发无一不是发生在先进文化营造的良好环境当中。随着科学技术的快速发展和人类知识的不断积累，要想在前人成就的基础上再进一步就必须接受高质量的系统教育和先进文化的熏陶。这也揭示了人类认识自己和认识世界的活动越发依赖于先进文化的引导。

2. 促进人类改造自己和改造世界

认识与实践紧密相连，认识指导实践，实践深化认识。认识不同于实践，认识主要解决是什么的问题，实践主要解决物质需求和精神需求的满足问题。认识服务于实践，实践服务于人的需求。实践活动包括人类改造自己和改造世界两大部分。这里的"改造"不是改过自新的意思，而是按照人的意图改变原有状况以满足人的需要。改造世界就是化自在的自然为人化的自然。改造自己包括两个方面：一是改造自己的主观世界；二是改造自己的身体。改造自己的身体就是人为干预身体的成长和新陈代谢。例如，合理搭配膳食以满足身体成长的需要，使用药品治疗身体的疾病，移植器官以延续生命，等等。改造主观世界就是改变人的思想观念、理想信念、价值取向等。人类社会的发展不仅需要改造客观世界和改造人类自己，还需要保持两方面改造活动的协调性。在物质生活极为艰难的条件下，人们也可能拥有很高的幸福感。但是，这种幸福感是有欠缺的，因为它忽视了身体的正常需求和高质量精神生活对物质生产的依赖。同样，在物质生活比较富裕的情况下，人们也可能拥有很低的幸福感。这就说明人们改造自然以满足生理需求的能力很强，但改造自己特别是主观世界的能力相对较弱，人们的精神需求得不到有效满足。因此，只有把改造自己和改造世界协调好，人们才能过上健康的生活。

从人类发展的历史过程来看，人类改造世界和改造自己的能力与水平总体处于不断提高的过程。但相对而言，人类改造世界的能力始终处于提高状态，特别是科技革命和工业革命之后，改造世界的能力得到了飞速提高。20世纪以来，在科学技术的推动下，人类改造自然的能力有了进一步的提高，然而人类改造自己特别是主观世界的能力提高不大，而且参差不齐、差别很大。有些人通过长期学习和立德修身，成为学识涵养深厚、道德品行高尚、服务他人和造福人类的人；有的人浑浑噩噩，沉沦于追逐物质享受的快乐当中；有的人利用各种手段违法乱纪，扰乱社会秩序，损害他人利益。科技的发展不会必然带来精神境界的提高，相反，可能会使一些人产生精神空虚。这也就是西方哲学在19世纪末20世纪初出现人本主义和科学主义分化的原因。科学技术不是导致精神空虚和迷茫的根本原因，人们对主观世界改造的忽视和不断增加的社会生活压力才是导致精神空虚的根本原因。因此，解决主观世界存在的问题仅仅靠人本主义思想还不行，还需要社会层面的压力纾解和科学层面的深入研究。

人类改造自己和改造世界能力的提高是多种原因综合作用的结果。其中，文化发挥了很重要的作用。先进的文化给人们提供了关于人类和世界的基本知识，引导人们理性思考和解决面临的问题，指引人们在前人的基础上不断开拓创新。或许有人会说，近代以来人类改造自然能力的提高源于科学技术的快速发展。但科学技术的发展又源于文艺复兴运动和启蒙运动，正是文艺复兴运动和启蒙运动释放了人们创新、创造的活力，发挥了理性思维的作用，推动人们对新事物、新技术产生了持续不断的渴求。纵观人类发展的历程和当今世界，生产能力比较强的国家都是拥有先进文化的国家。当然，文化的先进与否是相对而言的。因此，文化在推动人类改造自然能力提升的同时，也有一个自身发展的问题。只有不断与时俱进，开拓创新，切实回应人类生存和发展遇到的挑战，文化才能不断发展，也才能提高人类改造自然的能力。需要说明的是，人类改造自己和改造世界的能力需要提高，但是，提高到什么程度为止？在人类改造自然能力极为强大的今天，如何提高人类改造主观世界的能力？这些都是需要人类深入思考的问题，也是文化对生产活动进行自觉反思的现实需要。

3. 推动人类社会不断向前发展

人类社会在社会基本矛盾的推动下不断向前发展，虽然在发展过程中会遇到曲折甚至倒退，但向前发展的总体趋势是不变的。那么，人类社会在进入共产主义社会之后会不会再向前发展？如果会，共产主义社会之后的社会形态是什么？如果不会，就意味着人类社会停止向前发展。人类社会是不断进步的，这是生产能力不断提高和人类理性反思不断深入的必然结果。马克思主义运用生产力和生产关系的对立统一关系来分析人类社会的发展，当社会化大生产与生产资料公有制相统一时，阶级分析法就不起作用了。这并不意味着共产主义社会就是静止不动的，相反，共产主义社会有低级和高级之分。如何分析共产主义社会从低级发展到高级，还需要新的范式作为分析工具。

需要说明的是，人类社会是一个复杂的综合体，人类社会的进步既可以表现为整体的发展，也可以表现为局部甚至微小环节的发展。因此，在可以预见的将来，人类社会将不断发展进步。当然，总体的进步并不能排除局部的倒退。在热核时代和互联网时代，这种倒退的可能性大大增加了。这就需要在文化层面认真思考人类面临的各种挑战，在现实层面提出化解挑战的方案。维护人类的生存和发展，所有人都有责任。

在20世纪之前，人类面临的突出问题是生存问题。吃饱、穿暖、健康、有房住是广大老百姓的真切愿望。但是，限于人类认识自然和改造自然能力的低下，这些愿望无法彻底实现。再加上战争消耗、重大传染疾病和自然灾害，以及人为浪费等原因，有限的物质产品根本无法保障所有人的需求。解决这个难题的根本办法不是推动生产，而是完善分配方案。这涉及各方利益的协调、人类摒弃狭隘思想、落后国家的自力更生。但是，就人类整体发展而言，如今是历史上最好的时期。继续回到之前的分析，20世纪之后，世界进入相对和平和稳定的发展时期，人类的生产能力快速提高，随着物质产品的不断丰富，人类面临的突出问题转变为发展问题，这就是在追求更好的物质生活的同时，期盼有更好的生活软环境。其中包括良好的治安、高质量的教育和医疗、优美的生态环境、廉洁的政府，以及更好地实现自己的人生价值等。总的发展趋势是人们的需求会由外向内、由物质向精神转变，人的智力提升和价值实现将成为发展的重要内容。

在人类社会发展的过程当中，文化始终发挥着重要作用。前面提到的对人类认识能力和生产能力的提高就是具体表现。当人类由解决生存问题转向解决发展问题之后，文化对人类社会发展的推动作用就更加明显。具体表现在以下三个方面。

一是当前世界发展不充分不平衡问题的解决和地区冲突的化解都需要借助于先进文化。发达国家和贫穷国家处于发展水平的两极，从世界整体来看，人类的生产能力很强，但是，贫穷国家的生产水平很低，甚至沦落为发达国家的资源来源地和商品倾销地。发达国家创造了丰富的产品，但落后国家依然很难解决人民的温饱问题。还有地区冲突问题，在传统社会，战争或许是解决矛盾的重要手段，但在今天，战争只能制造仇恨和灾难。解决这些问题需要人类开动脑筋，打破陈规，大胆创新，提出新方案。

二是良好社会环境的营造、优质教育和医疗的供给、高品质生活的创造需要借助先进文化。在社会发展中，人是决定性的因素。这是因为发展的最终动力是人，发展的根本目的也是人，发展的过程由人控制。因此，人的素质决定了发展的质量。要实现高质量的发展，满足人们更高水平的生活需要，就必须用先进文化教育人、塑造人。

三是人的精神需求的满足和自我价值的实现需要借助于先进文化。一个人有什么样的精神需求，他的自我价值是什么，回答这些问题离不开具体的文化。深受农业文化影响的人通常不会希望自己成为大企业家或银行家，深受商业文化影响的人通常不会欣赏康德的道德义务论。文化就像无形的磁场，潜移默化地引导着人们的思维活动和言行举止，虽然人不是磁针，但无人不受文化的影响，正如磁针必受磁场的吸引。而且，随着人类发展水平的不断提高，人们更加需要接受先进文化的熏陶来提高自己的素质，利用先进文化满足自己的精神需要和实现自己的人生价值。

第三节 多元文化及发展趋势

从哲学维度来看，文化是人的类本质的对象化和历史积累，是自然的人化和人的自然化，是人类在历史发展过程中智力活动的成就。这是就文化的本质而言的，在现实层面，文化表现为具体的形态。从历史维度来说，有古代文化、近代文化、现代文化、当代文化之分；从国别或地区角度来说，有中国文化、美国文化、英国文化、印度文化、俄罗斯文化、法国文化、德国文化等；从涵盖领域来说，有物质文化和精神文化之别。其中，物质文化可以细分为生产文化、制造文化、消费文化等。精神文化可以分为宗教文化、哲学思想、政治文化、法律文化、经济文化等。随着市场经济的快速发展，诸多行业形成各具特色的行业文化，进一步丰富了文化的内涵和外延，如饮食文化、娱乐文化、旅游文化、网络文化、服饰文化等。

一、多元文化

抽象的文化概念与具体的文化形态之间的关系不是柏拉图所谓的理念与现实之间的关系。在现实当中，存在的只是具体的文化，抽象的文化概念是对具体文化的概括。如果细究起来，就会发现抽象的文化和具体的文化都是人类创造出来概括和指代具体现象的概念。文化是对渗透在人们实践活动和行为举止中的思想观念、价值取向、规范准则、理想信念、宗教信仰等因素的总括。因此，具体文化是相对于抽象文化而言的，严格来说，文化都是抽象的，用一个词来形象地表述就是虚的。抽象的概念尽管是虚的，但有助于人们把握纷繁复杂的社会现象。具体的文化指代的不是个别的社会现象，而是一类社会现象蕴含的人的智力活动及其成就。人类社会发展历史悠久，人类生产实践活动复杂多样，人的思想观念丰富多变，人的社会活动丰富多彩，从不同维度刻画人类的智力活动，就会得到不同的文化形态。那么，不同的文化形态是不是多元文化？多元文化是否等同于多样文化？回答这些问题是进一步研究多元文化的前提。

（一）多元文化的概念使用

在界定多元文化概念的具体含义之前，应该先分析人们对多元文化概念的使用。随着全球贸易的扩张和国际交往的日益频繁，多元文化成为人们普遍关注和广泛使用的一个词。多元文化有三个层面的所指：一是内陆文化与海洋文化，二是吴越文化与中原文化，三是中国文化与西方文化。内陆文化与海洋文化是从地理环境来区分的，吴越文化与中原文化是从历史和地域的角度来区分的，中国文化与西方文化是从国别来区分的。

多元文化中的多元指的是同一个层面的文化有多种，不同层次的文化堆在一起构不成多元文化。例如，内陆文化、中国文化、吴越文化放在一起构不成多元文化。因为这些文化不在同一个层次，各自的文化特征不同，两两之间并没有形成相对互补的关系。有些文化虽然在同一个层面，但也不能称为多元文化。例如，儒家文化包括先秦儒家文化、两汉儒家文化、隋唐儒家文化、宋明儒家文化等。但是，这些文化不是不同的文化，而是同一种文化在不同历史时期的具体表现。

对多元文化概念用法的分析来看，如果深入分析习近平总书记关于浙江文化特点的论述，可以挖掘出以下三层理论预设。

一是肯定了多种文化的同时并存。顾名思义，内陆文化存在于内陆地区，由于远离海洋，关于远洋贸易和海洋捕捞方面的文化内容比较缺乏，相反，关于利用土地资源从事生产的文化内容比较丰富。海洋文化诞生于沿海地区和海岛，是人们在利用海洋资源的过程中形成的富有海洋色彩的文化。内陆文化和海洋文化并不是截然独立的文化，随着人口迁移和贸易往来，内陆文化和海洋文化会向其他地区蔓延。中原文化与吴越文化、中国文化与西方文化亦是如此。

二是认为文化具有传承性。文化是历史积淀的产物，都具有鲜明的历史继承性。借助于现代技术，一群人可能在一个荒无人烟的地方很快建立一座工厂从事生产，但不可能在同一过程中很快创造出文化来。一般意义上的文化是人类智力活动的产物，具体的文化是一个地区的人或一个族群在漫长历史发展过程中创造出来的。文化具有传承性并不意味着文化是一成不变的，在文化传承的过程中，文化发生着变化甚至新旧更替。

三是同一层面的文化之间能够相互影响。"兼具""融合""反映"三个词表明了不同文化之间的相互影响和相互融合。浙江地处江南，西部与江西、安徽等省份相连，东部临海。早在春秋战国时期，浙江、江苏等地就产生了独具特色的吴越文化。后来，随着北方游牧民族的南侵，中原士人不断南迁，特别是南宋迁都杭州之后，带来了浓厚的中原文化。近代以来，舟山、宁波、温州等浙江沿海城市成为西方文化进入中国的重要跳板，新中国成立以来，特别是改革开放之后，西方文化不断由沿海城市蔓延至内陆地区。历史与现实造就了多元文化融合发展的浙江，而多元文化的融合发展表明了不同文化之间相互作用、相互影响的关系。

（二）多元文化的定义

"多元文化"从字面来看就是指多种文化或多样文化。但人们为什么不用"多种文化"或"多样文化"代替"多元文化"呢？这里除使用便利和使用习惯等因素之外，应该还有更深层次的区别。从历史发展的维度来看，不同地区的人们创造了不同的文化，可以说，有多少族群，就有多少种文化。在国际交流和交往变得频繁之前，人们平静地生活在自己的文化当中，对其他文化的存在状况既不知情也不关心。尽管有少数商人、传教士、远征士兵了解异质文化，但不同文化的碰撞和融合只发生在少数人身上，并没有形成普遍现象。

近代以来，随着国际交往的日益频繁和信息技术的飞速发展，不同国家和民族的人们可以轻松地走出国门领略异域文化，也可以通过互联网、电影、音乐、书籍等途径了解不同文化。在这种情况下，如何看待和处理异质文化就成了普通大众面对的问题，不同文化之间的相互影响成为许多国家关注的国际问题。正因为如此，多元文化不仅成为人们审慎思考和处理的重要话题，而且成为一个广泛使用的词。

多元文化是人们在日常生活中遇到的多种相互作用的文化。其中，多种相互作用的文化既可以是两种文化，也可以是两种以上的文化。相互作用既可以是相互借鉴、相互融合，也可以是相互排斥、相互敌视。对于这一定义，还需要强调以下3点。

1. 多元文化与多元族群相对应

文化不能凭空存在，必须借助于一群人的思想活动和行为活动体现出来。一个族群原则上只能有一种文化。这是因为文化表达了人们对自己和世界的认识，反映了人们的思想观念、价值取向、伦理道德和宗教信仰。同一个人不可能对同一个对象形成两种不同的认识和评价。同样，一个族群也不可能对自己和世界形成两种不同的思想认识与价值评判。或许有人会讲，处于交通枢纽和繁华都市的人们接受不同文化的影响，因此，他们的文化不是单一而纯粹的文化，而是多元的文化。例如，新加坡人的文化应该是多元的，既包含中华文化也包含西方文化，甚至还包含东南亚文化。新加坡人接受了多种文化的影响，但这不能说明新加坡人的文化是多元的。长期深受多元文化的影响造就了新加坡文化的开放性和复杂性，但新加坡文化只有一种，只不过其中包含着中华文化、西方文化、印度文化、马来文化的因素，这些不同文化长期相互作用的结果就形成了体现在新加坡人思想观念和行为举止当中的新加坡文化。这一点也可以从新加坡人的基本价值观中得到窥视。新加坡政府在1991年提出了国家至上、社会为先；家庭为根、社会为本；社会关怀、尊重个人；协商共识、避免冲突；种族和谐、宗教宽容的共同价值观。其中，国家至上、家庭为根、协商共识是中华文化的重要价值理念，尊重个人、宗教宽容是西方文化的基本价值主张，种族和谐、宗教宽容是新加坡多元宗教并存和不同种族共处的现实需要。

既然一种文化对应一个族群，那么多元文化就对应多种族群。多元文化之间的相互作用只能体现在与多元文化相对应的多元族群中的一些人身上。不同于物理学中作用力和反作用力始终相等，多元文化之间的相互作用是不对等的。其中，强势文化对弱势文化的影响比较大，而强势文化受弱势文化的影响要小得多。一般来说，强势文化对应着强势族群或国家，弱势文化对应弱势族群或国家。强势文化与弱势文化之间的相互作用最终要体现在强势族群（国家）与弱势族群（国家）身上。作为政治实体，国家之间的相互关系虽然受各自文化相互作用的影响，但并不取决于文化因素，其他诸如经济利益、政治制度、国际形势等都会产生重要影响。相对来说，族群是感受多元文化影响最为明显的主体。以美国为例，美国的主流族群是盎格鲁-撒克逊移民，在200多年的发展过程中通过移民又形成了拉美裔、非洲裔、亚裔。作为典型的族群大熔炉，少数族群在很短时间内就被主流群体所同化。虽然少数族群接受并认同美国主流文化，但这并不意味着它们放弃了自己的特有文化。此后，多元文化主义成为研究民族关系的重要理论之一。多元文化主义通过承认文化的多样性来肯定处于同一政治体系当中的不同群体的正当权利，主张保护少数群体的自我认同。多元文化主义揭示了文化与族群之间的密切关系，对我们深入把握多元文化的丰富内涵具有一定的启示。

2. 共时性的异质文化

多元文化之所以成为人们关注的对象，是由于人们在现实生活中真切感受到了异质文化的影响。为了说明这一点，我们做一个思想实验。假设有一个孤立海外的岛屿，岛上的人民生活在纯粹单一的文化氛围当中。大家对自己和他人的绝大多数行为感到合乎情理，即使有些言行举止违背了传统，人们也很容易运用本岛传统进行解释和评判。当岛上出现一些新事物新情况新现象时，人们就会在传统思想的基础上提出一些新观点进行解释，从而对岛上的传统做出完善和发展。

假如岛上的一个人突然捡到一个漂流瓶，里面装有用谁也看不懂的文字写成的心愿卡。岛民可能会把漂流瓶当作圣物供奉在他们的圣坛上，也可能当作魔咒狠狠地毁坏。同时，他们的文化当中就会有一个关于漂流瓶和天书或魔咒的小插曲。假如有一天一名来自陌生地方的船员泅渡到岛上，人们首先就会对这名船员的"奇异"长相评头论足。如果时机恰当和人们的心情比较好，船员可能会得到礼遇。如果岛民把海员和其他灾难挂起钩来，那么，他可能下场悲惨。在之后的日子中，当岛民看到他奇异的生活习惯时，船员就可能成为人们排斥甚至宣泄愤怒的对象。

如果船员无力反抗，那么，他就会像黑夜中的烛火一样很快被"吹灭"，他在岛民中引起的"风波"很快也就会像他的生命一样被岛民遗忘。小岛又恢复了往日的宁静，人们过着平和而单纯的生活。假如面对岛民的欺辱，船员掏出岛民从来没有见过的火枪，当众打死一头强壮的牛以儆效尤。岛民们最初可能会被火枪的威力吓懵，但清醒之后在岛长的带领下或趁着船员熟睡之际放火烧死他，或赠送一只独木舟礼送船员出境。火枪造成的恐慌很快也就烟消云散了。再假如，该船员的大批队友为了搜救他，纷纷赶到岛上，并且发现这个岛屿地理位置很好，可以开辟为远洋贸易的中转港口。这批船员决定定居该岛，那么，接下来的情景就是大家非常熟悉的近代西方殖民者的惯用伎俩。他们先用火枪、火炮征服岛民，然后征用岛民建造港口、公路、商店、住宅和市政办公大楼，开办船只修理和制造厂。在这一过程中，岛民实现了身份的彻底转变，即由农民、渔民、贩夫变成了现代意义上的工人、商人、士兵，由原来不自觉的岛的主人变成了被殖民者。在开始的时候，殖民者和岛民分别住在不同区域，从而避免在日常生活中发生接触，殖民者的文化与岛民的文化之间的冲突并不明显。后来，因为一些岛民通过自己的努力进入上层社会，一些殖民者因为堕落进入社会底层，以及两个族群之间不可避免地通婚，船员和岛民有了更广泛而深入的接触，两种文化也就发生了激烈冲突。文化冲突的结果有两种，一种是岛民集聚在民族主义的大旗下，合力推翻殖民政府，取得政治独立，捍卫自己的文化尊严。但是，独立之后的文化已经不同于最初的文化，而是打上异质文化烙印的文化。另一种是岛民力量太弱，无法推翻殖民者。随着时间的流逝，殖民者成为岛真正的主人，原来的岛民则成为少数族裔存在下来。岛民虽然有自己独特的传统，但在基本价值观和生活方式上已经融入由船员带来并演变为主流的文化当中。

在上述思想实验中，真正意义上的文化相互作用发生在殖民者和岛民相互融合的过程中。在融合过程中，殖民者居于优势地位，岛民处于弱势地位，融合主要指的是岛民文化向外来文化的融合。但是，殖民者本身也在发生变化，即由外来的船员和殖民统治者变成岛的主体族群。外来文化与岛民文化的相互作用渗透在船员后代与岛民后代的相互交往中。对船员后代来说，他们要面对异于自己文化的岛民文化。对岛民后代来说，他们则要面对异于自己文化的外来文化。当然，随着历史的发展和族群交往的深化，外来文化和岛民文化始终处在发展过程之中，外来文化与岛民文化的相互作用也处在不断发展的过程之中。

3. 不同文化之间的相互作用

当人们在讨论多元文化的时候，不是在述说不同文化的存在，而是关注不同文化之间的相互作用，特别是不同文化之间的冲突。例如，对一个生活在单纯儒家文化圈里的人来说，他可能通过互联网、电影、书籍等获知基督教文化、伊斯兰文化，但如果他没有深入接触过信仰这些宗教的人，那么，他只是知道有基督教文化和伊斯兰文化，而不可能感受到这些文化与儒家文化的相互作用，因为基督教文化、伊斯兰文化与儒家文化在他那里没有发生相互作用。对这一个人来说，有多种文化共存的问题，但没有多元文化的问题。

此外，人们更关注多元文化之间的冲突。不同文化之间的相互作用非常复杂，在相互作用之中，有一种是不同文化之间的冲突。人们愿意接受自己喜欢或对自己有明显好处的新事物，反感与自己的习惯和爱好不同的新事物。对于异质文化当中自己喜欢或对自己明显有利的内容，人们会主动接受。相反，当人们遭遇到自己不喜欢或对自己不利的异质文化内容时，就会产生疑虑、关注、憎恶、愤怒等情绪。当产生这些情绪的人越来越多，不同文化之间的相互作用就成为社会问题并进一步上升为政治问题，多种文化或多样文化也就由表述事实态的概念转变为多元文化这一表述社会问题和政治问题的概念。

二、多元文化的发展趋势

随着经济全球化的不断深入，世界范围内的人员、物资、资本、信息流通变得越来越频繁，由此造成的不同文化之间的相互作用越来越广泛和深入。整体来看，在信息技术的推动下，多元文化互动越来越频繁和深入。文化互动的过程极为复杂且受多种因素的影响，随着文化互动逐渐由外围深入文化的内核。多民族国家也应该认真对待少数民族文化，积极引导各民族文化向维护国家统一和构建新时代国家文化转变。

(一)多元文化互动日趋频繁

多元文化互动不仅发生在国与国之间，也发生在多民族国家内部。虽然世界上有很多单一民族国家，但随着移民人数的增加和国际交往的深化，主要的世界大国都存在少数族群。国际层面的多元文化互动和一国之内的多元文化互动有相同之处，也有明显的区别。相同之处表现为都是不同文化之间的相互作用。区别在于国际层面的多元文化分属不同国家，文化之间的良性互动有助于增进国家间的联系，恶性互动会破坏国家间的关系；一国之内的多元文化分属不同的民族或族群，这些民族或族群是由同一个国家的公民构成，不同的民族或族群不仅有自己的文化，还有全体国民共同的文化。不管是国际层面的多元文化互动还是国内的多元文化互动，都有更加频繁和深入的趋势，形成这种趋势的原因主要有以下三个方面。

一是人与人之间的交往更加频繁和深入。在传统社会，虽然可以借助于信件、口信、传话等方式，但人与人之间的交往主要依靠面对面的交流。限于交通不便，人与人之间的交往很难广泛而深入地开展。相比之下，现代化的沟通工具极为丰富多样且快速便捷，借助于信息技术，人与人之间的直接交流和间接交流变得越来越广泛、越来越深入。在这种情况下，没有见过面的人们可能借助网络开展多元文化的互动。不管是网上的点赞还是对骂，都包含着多元文化互动的成分。人们在频繁交流的同时，交流的内容也在不断深化。在粗浅的交流中，人们更关心彼此在衣食住行上的异同。随着交流的深入，人们会更在乎彼此思想观念和价值观的相同与差异。

二是民族或族群之间的文化交流更加频繁和深入。随着人与人之间交流的日益密切，不同民族或族群之间的联系更加密切。在很长一段时期，民族或族群之间的联系主要表现为经济往来和小范围内的文化交流。没有接受多少教育的普通老百姓就连自己民族或族群的历史与文化都搞不清楚，更遑论与其他民族或族群的人开展文化交流。因此，经济水平的提高和受教育程度的提高为各民族加强文化认同和开展文化交流提供了现实条件。伴随着公民政治意识的增强，维护和提高少数民族的政治地位成为民族成员的自觉行动。但是，过高的政治诉求将会导致民族之间的紧张关系，不利于国家的统一。在法治比较健全的国家，民族认同和民族意识主要体现在文化方面，不断增强的民族文化认同将会促使人们争取不同文化的平等生存空间。而民族文化生存空间的扩大和人们民族文化意识的增强必将推动多元文化之间的互动。

三是国与国之间的文化交流更加频繁和深入。如果国与国之间的交流仅仅局限于经济交流，那么，国家之间将只有利益联系，这种利益关系是极为脆弱的。跟人与人的交流一样，国家间的交流也需要在各领域展开，只有开展广泛、深入的文化交流，国与国才能深化理解、增加共识、增进友谊。而经济全球化为国与国之间的文化交流提供了便利条件，国际政治和经济利益格局的调整为国与国之间的文化交流提出了现实需要，国家间牢固关系的建立需要更加频繁和深入的文化交流。未来，借助发达的交通和先进的信息技术，地球将越来越像一个内部联系紧密的村落，国与国之间的文化交流将更加频繁和深入。

（二）共生互补是多元文化互动的价值追求

多元文化之间如果只有相互借鉴和吸收，没有对各自文化核心内容的坚持，多元文化终将成为一元文化。世界文化要发展成为一元文化不仅在现实层面缺乏可能性，而且在功效层面不利于人们多样化精神需求的满足。同样，多元文化之间的彻底对抗和冲突，也不利于人类的生存和发展。多元文化互动的合理方向是实现不同文化的共生互补。只有坚持平等相待的原则处理不同文化之间的关系，在相互尊重的基础上相互借鉴，才能创造出多样文化和而不同、多元文化有序互动的良好局面。多元文化之间的这种互动关系可以称为共生互补。其中，"共生"是指应该允许不同文化的合理存在，一方面反对强势文化排挤和同化弱势文化的霸权主义做法，另一方面反对一味捍卫落后文化合法性的极端保守主义做法。"互补"是指多元文化要有相互借鉴的价值和吸纳异质文化的雅量。"共生"并不意味着所有的文化都具有相同的生命力，文化之间的平等相待也不意味着不同文化的地位是一样的。同样，强势文化对弱势文化的"互补"空间大，而弱势文化很难对强势文化产生"互补"作用。尽管如此，共生互补是多元文化互动的最佳方案，原因有以下三个方面。

一是共生互补维护了不同文化存在的合法性。许多先进文化和具有悠久历史传统的文化拥有很强的生命力，不需要人们刻意去维护它们的存在合法性。但是，对许多弱小且被边缘化的民族或族群文化来说，在强势文化的巨大冲击之下不被同化或瓦解掉是很难的事情。然而，弱势文化并不代表落后文化。因此，需要给弱势文化一定的生存空间。共生互补旨在维护不同文化的合理生存空间，有利于保存文化多样性。

二是共生互补强调不同文化之间的积极相互作用。共生是互补的根本前提，互补是共生的必要条件。共生互补主张不能为了共生而共生,共生的目的是形成多元文化相互补充的局面,而且,相互之间的补充应该是积极的、向善的。例如,有一些人有低级或落后的文化需求,多元文化的互补就不能以满足这样的文化需求为目的。

三是共生互补是符合绝大多数人根本利益的方案。如果多样文化通过彻底同化形成一元文化,人们将会有单一的思想观念、价值取向和行为模式,多样化的文化需求将得不到满足,没有竞争压力的一元文化将故步自封,人类社会将停滞不前。相反,如果不同民族或族群固守自己的文化,反对任何程度的改变,那么,文化之间的对抗、冲突将不可避免,仇恨和偏执将随之增加,经济交往将会减少甚至停止,更为严重的是有可能引发大规模冲突。显然,这会破坏世界的和平与发展,从而制约人类的生存与进步。相比之下,共生互补是既符合客观实际又符合人类发展需要的可行方案。

多元文化共生互补是多样性和统一性的有机结合。其中,多样性是共生互补的前提,没有多样文化,就没有共生和互补的问题。统一性不是同一性,共生和互补是历史的发展过程,体现了多样文化的相融和相长。其中,统一性完全不同于一致性,它不是基于消除各种差别,而是基于使这种差别在一个和谐的整体中整合。自然界证明了这种整合的可能性和必要性。没有整合就不可能有最深远意义上的生长、进化和发展。共生互补不是在一个遥远的时刻才能实现的目标,而是在不同发展阶段都能够实现的目标。只不过不同阶段共生互补的程度不一样。多元文化之间的相互作用始终处在动态变化过程之中,共生互补不仅是文化相互作用要实现的理想状态,而且是随着时代发展要求不断调整的人类价值理念。需要强调的是,共生互补不是保护落后文化或反对文化革新的借口,是以文化的共生与互补为目标引导多样文化自我革新和发展。

第二章 英美文化简述

英国文化和美国文化之间存在不小的差异,并且英美文化对世界的影响很大,本章为英美文化简述,主要从英国文化简述与美国文化简述两个方面进行详细的阐述。

第一节 英国文化简述

英国是由大不列颠岛和北爱尔兰岛合并组成的国家，全名为大不列颠及北爱尔兰联合王国（The United Kingdom of Great Britain and Northern Ireland），也常常被称为联合王国（The United Kingdom）。英国在 1688 年经历了光荣革命，在各方努力下，正式确立了君主立宪制度，而且于 18 世纪末至 19 世纪初正式开启并完成了世界上的第一次工业革命，成为第一个实现工业化的国家，国家实力迅速获得强大提升。18 世纪到 20 世纪的前期，英国成功控制了全球七大洲的部分领土，成为当时实力最强的国家，自称"日不落帝国"。

英国是一个西欧岛国，由内陆和海域组成，面积达到 24.41 万平方千米。它由位于大不列颠岛上的英格兰、苏格兰、威尔士，以及爱尔兰岛东北部的北爱尔兰和一些附属岛屿组成。英国本土处在欧洲大陆西北面的不列颠群岛，周围有北海、英吉利海峡、凯尔特海、爱尔兰海和大西洋。其外还拥有 14 个海外领地，总人口超过 6700 万，国家主要由英格兰人组成。

米字旗是英国的国旗，它的形状是横长方形，长和宽的比例为 2∶1。它由红色和白色组成的"米"字图案，以及深蓝色的背景构成（图 2-1）。红色的正十字中央带有白色边，象征着英格兰的守护神——圣乔治；白色的十字呈交叉形，代表苏格兰的守护神——圣安德鲁；而红色的十字也呈交叉形，代表着爱尔兰的守护神——圣帕特里克。这面旗帜诞生于 1801 年，由英格兰传统的白底红色正十字旗、苏格兰的蓝底白色交叉十字旗，以及北爱尔兰的白底红色交叉十字旗组合而成，形成了一个"米"字的形状。英国国旗并没有融合威尔士的旗帜，威尔士的旗帜由绿色和白色等分的底部及一个红色的火龙组成。

图 2-1 英国国旗

在英国的国徽(图2-2)中,中心的图案是一个盾徽,上面分别象征着英格兰、苏格兰和北爱尔兰,左上和右下角各有三只金狮,右上角是半站立的红狮,左下角则是一把金黄色竖琴。在盾徽两侧,分别有代表英格兰的一头狮子和一只代表苏格兰的独角兽,其中狮子戴着王冠,独角兽长着金色独角,它们在守护着盾徽。嘉德勋章环绕着盾徽,盾徽上方是镶嵌着珠宝的金银色头盔,以及戴着帝国王冠金色狮子图案。

图 2-2 英国国徽

在英国,玫瑰被尊为国花。存在于英国历史中的玫瑰战争期间,红玫瑰象征着兰开斯特家族,而白玫瑰则象征着约克家族。当时约克家族的统治被兰开斯特家族终结,随后两个皇室通过家族联姻消弭了纷争。在这一过程中,二者的象征物也随之合并,演变成了既有红色的花瓣,也有白色的花蕊的玫瑰。因此,这种形式的玫瑰渐渐地成了英格兰的标志,也变成了英国的代表。

伦敦位于英格兰东南部平原上,横跨着泰晤士河,是英国的首都,距离泰晤士河的入海口仅有88千米。3000多年前,伦敦地区已经是当时英国人的居住区。公元前54年,罗马帝国攻打大不列颠岛。直到公元前43年,伦敦成为罗马人的主要军事基地,并建造了大不列颠岛上第一座跨越泰晤士河的木桥。当时,伦敦被叫作"伦底纽姆"。

虽然英国没有明确规定官方语言,但英语是实际上主要使用的语言。除了英格兰,其他地区也拥有其官方语言,例如威尔士北部使用威尔士语,苏格兰西北高地和北爱尔兰的一些地区时至今日还在说盖尔语。英国境内,来自世界各地的移民会使用自己的家乡语言，例如孟加拉语、汉语、印地语等。除印度外，英国是拥有最多使用印地语的人口的国家。

在19世纪和20世纪早期，英国曾是全球最强大的国家。然而，两次世界大战以及20世纪后半叶大英帝国统治的瓦解，导致其昔日的辉煌已成历史。然而，直至如今英国在全球仍具有较大的影响力，是一个较为重要的强国，而其首都伦敦则被誉为欧洲最大也是最具国际特色的都市。

一、历史发展

（一）早期文明

不列颠群岛在很多年之前就已经有了人类活动出现，公元前13世纪左右，伊比利亚人自欧洲大陆上迁徙并在大不列颠岛东南部定居下来。从公元前700年后开始，欧洲西部的克尔特人陆续向不列颠群岛迁移，其中包括以不列吞人为代表的一群人。因此，不列颠这个名称可能就是由此而来。克尔特人已经掌握铁器技术，也在不断改进耕犁，并且开始使用货币。随着生产力的进步，克尔特社会开始出现了分阶层的趋势。

（二）罗马时期

在公元前55年和公元前54年，恺撒两次领导罗马军团攻打不列颠，但都受到了不列颠人的顽强抵抗，最终无奈退兵。在公元43年，克劳狄一世亲自率领军队进军不列颠，成功征服该地并将其作为罗马帝国的一个省份来管理。直至公元407年，罗马驻军撤出不列颠，这标志着罗马对不列颠的统治告终。

（三）中古时期

在罗马人离开不列颠之后，易北河口附近和丹麦南部的盎格鲁-撒克逊人及诸多日耳曼部落相继涌入不列颠群岛，并创立了自己的国家。到了公元7世纪初，这些部落先后建立了七个强国。因而，这段时间被命名为"七国时代"。

在盎格鲁-撒克逊人入侵时期，他们凭借着氏族部落的组织形式进行迁徙和扩张。随着入侵的发生，氏族组织逐渐崩溃，随着生产力的提高，土地逐渐变为私有财产，贵族、大土地占有者、奴隶等也相继出现。村社属于氏族公社土地所有制向封建制过渡的中间形式，是英国社会开始封建化发展的标志。在公元6世纪末，英国开始接触基督教并开始接受它。

自公元 8 世纪末，纳维亚人数次侵袭英国。在 879 年，阿尔弗烈德大王与丹麦人签署条约，将英格兰东北部划归为丹麦的领土，成了所谓的丹麦区。在 10 世纪初，接替阿尔弗烈德大王的君主逐渐夺回了丹麦地区。在 11 世纪早期，丹麦人再次入侵。在丹麦人占领期间，英国的封建化进程有了明显增快。

1066 年，英国国王爱德华去世后，因无法找到接班人，法国诺曼底公爵威廉率军入侵英国。当年 10 月，威廉入主伦敦，并在同年加冕为英王威廉一世。历史上将他称为"征服者威廉"。建立强有力的王权并进一步巩固了封建秩序，这是威廉征服英国后的一个积极影响。1215 年 6 月，约翰妥协并接受《大宪章》，以此来达成与封建主的协议。虽然《大宪章》的本质是为了维护封建领主的权益，但其中也存在一些具有先进意义的条款，例如保障市民的贸易自由。不过不久之后，约翰公开否认宪章的合法性，导致国家发生了一系列的内战，使得君臣之间的冲突不断加剧。在 1380 年，英王理查二世为筹集英法百年战争所需的军费，增加了人头税，这直接导致了 1381 年 5 月的起义的爆发，而这场起义也被称为"瓦特·泰勒起义"。

尽管起义未能成功，但它对英国的封建农奴制度造成了深刻的冲击。在 14 世纪末，英国的农奴制已经实质性地废除。在 15 世纪期间，许多农奴通过赎身而获得人身自由，并成为自耕农。根据法律，他们被分为自由领有农和公簿持有农。货币地租成为主要的地租形式，并且封建主阶级发生了明显的变化。新的贵族阶层开始使用资本主义的经营方式，这些人是由富裕农民、占有土地的商人、中小贵族等群体组成的。封建时期的老贵族统治面临着危机，骑士制度逐渐崩解，经过 1455 年到 1485 年的玫瑰战争，老贵族的实力大幅度减弱。这为资本主义的发展创造了良好的条件。亨利七世在得到新贵族和资产阶级的支持后登基，他的在位期间是 1485 年到 1509 年，而这期间也正式开启了都铎王朝的统治。

（四）现代时期

1. 资本原始积累与英国君主立宪制的发展

资本原始积累是英国经济发展的重要因素之一，其中圈地运动对于推动英国的资本原始积累起到了重要的作用。此期间，英国的纺织业成为民族主要工业，对羊毛的需求不断增加。1536 年，英格兰和威尔士实现了统一。地主将农场转化为牧场，并且通过圈地围田或占用公共土地，将小片地产集中，获得了大片土地。由此导致很多自耕农失去土地，最终破产，不得不成为流浪人。但是自 1530 年开始，国王出台了一系列残酷的法令，强制流浪人被新兴贵族和资本家雇佣。

海外掠夺和贸易是资本主义最早的积累方式之一。从16世纪开始，英国建立了许多贸易公司，他们通过海盗行为进行掠夺。这些掠夺者包括码头官员、海关人员、海军官兵及地方高层官员，他们与海盗相互勾结。在伊丽莎白一世的支持下，弗朗西斯·德雷克对西班牙的美洲殖民地进行了抢劫，同时还进行了一次惊人的环球航行，时间跨度为1577年至1580年，震惊了整个欧洲。1588年，英国打败了西班牙无敌舰队，这标志着英国开始在全球海洋霸权争夺中迈出了成功的第一步。

在1603年，伊丽莎白女王去世后，因为没有合适的继承人，于是苏格兰国王詹姆斯六世继承了英国王位，成了詹姆斯一世（1603—1625在位），并开始了斯图亚特王朝的统治（1603—1649，1660—1714）。从16世纪后期到17世纪前期，随着资本主义经济的迅猛发展，资产阶级和新贵族的经济实力日益强大，对封建王权的专制统治愈发难以容忍。詹姆斯一世和查理一世并没有重视这些变化，坚持认为君王权力来自神的授予，这加剧了矛盾。1641年11月，国会向君主呈递《大抗议书》。次年的1月，国王试图逮捕议会反对派领袖的行动失败，不得已逃离首都。8月，国王在诺丁汉向议会宣战。

在1645年6月的纳斯比战役中，克伦威尔的骑兵部队由信奉清教的自耕农和手工业者组成，他们组成的新式军队成功地击败了王党军队。次年，国王被捕。在1647年的年末，查理国王却成功逃出监禁。1648年2月，王党派别的势力借机掀起又一轮内战，但随着独立派和平等派联合反击，王党势力再次被击溃，第二次内战结束。在1648年12月，克伦威尔肃清了议会内的长老派。1649年1月30日，查理一世被处决。在1653年4月，克伦威尔解散了剩余的议会，随后于12月成立了护国政府，实行了一种军事独裁统治。1660年2月，斯图亚特王朝重新执掌政权。在1689年2月爆发的光荣革命中，颁布了《权利法案》，它的目的是限制君权，增强议会的权力，而这也为英国奠定了君主立宪制的基础。随着时间的推移，英国议会君主制逐渐诞生并得到完善。1707年，英格兰和苏格兰实现了合并统一。

2. 工业革命与殖民扩张

工业革命，又称产业革命，是资本主义工业化的早期历程。它标志着工业生产逐渐开始由手工生产向机器大生产转变，大规模工厂化生产逐步代替了个体工场手工生产。这场生产与科技革命开始于机器生产逐步取代手工劳动，并逐步扩展到其他行业。

某些学者声称工业革命始于 1750 年左右，但真正的蓬勃发展直至 1830 年才开始。一般认为，英国中部地区是工业革命的发源地。珍妮纺纱机在 1765 年问世，这一事件标志着英国乃至全球工业革命的开始。在 18 世纪中叶，由于英国人瓦特对蒸汽机的改进，引发了一系列技术革新，促使人们从手工劳动转向使用动力机器进行生产的重大进步。接着，这种潮流蔓延到英格兰，接着遍及整个欧洲大陆，并在 19 世纪传播至北美。最终，工业革命波及全球各国。

19 世纪，英国的殖民领土迅速扩张。1801 年将爱尔兰并入后，英国正式更名为大不列颠及爱尔兰联合王国，之后又继续扩大对亚洲的侵略。在 19 世纪中叶，悍然发动了两次侵略中国的鸦片战争，并参与镇压中国太平天国运动。通过镇压 1857—1859 年印度民族大起义，加强了对印度的控制。1876 年，英国保守党政府领袖本杰明·迪斯累里（Benjamin Disraeli）为女王维多利亚进行了加冕仪式，宣布她为印度女皇。接下来，英国被正式称作大英帝国（或英帝国）。此外，英国在伊朗、缅甸、南非、埃及、新西兰、澳大利亚等地也不断开展侵略活动，扩张自己的影响力，逐渐深入南美洲市场，并成为该地区最大的投资者。加拿大在 1867 年获得自治地位，成为英国历史上第一个自治领地。

从 19 世纪 70 年代开始，英国渐渐失去了它的工业垄断地位。随着时间的推移，美国逐步追赶并超越英国，这导致两者之间的矛盾不断激化到前所未有的程度。在 20 世纪初期，德国崛起并与英国展开了竞争。英国政府在面对严峻形势时，采取积极措施扩充军备，特别是海军。

为了应对德国的威胁，英国放弃了 19 世纪以来一直坚持的"光荣孤立"外交政策。从 1907 年开始，英国、法国和俄罗斯三个国家之间形成了实际上的"三国协约"。1914 年 8 月，第一次世界大战爆发。在 1917 年，英国成功地打败了德国的"无限制潜艇战"，并巩固了其制海权。在战争中，英国参战人员的死亡总数超过了 50 万人，最终德国等同盟国被击败。

随着德国对波兰的进攻，1939 年 9 月，第二次世界大战（以下简称"二战"）正式爆发，随后英国向德国宣战。1940 年 4 月份，丘吉尔成立了战时联合内阁。他迅速采取行动，组织敦刻尔克撤退，将国民经济调整到了战时模式，并迅速增强了军备。从 1940 年 7 月到 9 月，德国挑起了不列颠空战，但英国空军成功地对敌进行了有力打击。1944 年 6 月，英美军队开展了一次在法国诺曼底的登陆行动。德国在 1945 年 5 月 8 日宣布投降。

3. 当代英国

1947年，英国参与拟定并接受了马歇尔计划，获得了美国的诸多援助，这帮助了英国逐渐恢复了经济。

同时，工党政府采取了一系列措施以改善劳动人民的境况，如由工党和保守党轮流执政等，由工党执政，克莱门特·艾德礼（Janet Attlee）在1945年7月26日—1951年10月26日期间任首相；由保守党执政，温斯顿·丘吉尔（Winston Churchill）在1951年10月26日—1955年4月6日期间任首相；由保守党执政，安东尼·艾登（Anthony Eden）在1955年4月6日—1957年1月1日期间任首相；由保守党执政，哈罗德·麦克米伦（Harold Macmillan）在1957年1月10日—1963年10月19日期间任首相；由工党执政，哈罗德·威尔逊（Harold Wilson）在1964年10月16日—1970年6月19日期间任首相；由保守党执政，爱德华·希思（Edward Heath）在1970年6月19日—1974年3月4日期间任首相；由工党执政哈罗德·威尔逊（Harold Wilson）在1974年3月4日—1976年4月5日期间任首相；由工党执政，詹姆斯·卡拉汉（James Callaghan）在1976年4月5日—1979年5月4日期间任首相；由保守党执政，玛格利特·撒切尔（Margaret Thatcher）在1979年5月4日—1990年11月28日期间任首相；由保守党执政，约翰·梅杰（John Major）在1990年11月28日—1997年5月2日期间任首相；由工党执政，托尼·布莱尔（Tony Blair）在1997年5月2日—2007年6月27日期间任首相。

在1979年大选结束后，保守党掌握政权，撒切尔夫人就成为了英国历史上首位女性首相。她连任了两届，分别是在1982年和1987年。撒切尔政府进行了国有企业私有化的政策改革，这一政策在激发经济活力方面取得了令人瞩目的成就。为了促使英国的经济焕发新的活力，撒切尔政府着手进行部分企业的私有化。

4. 脱欧公投

脱欧公投是英国举行的一次关于英国是否退出欧盟的问题的公民投票。

戴维·卡梅伦（David Cameron）在2013年1月23日首次提及脱欧公投，后于2015年1月4日暗示可能提前于原计划的2017年开展公投。在2015年5月29日，英国政府在下议院提交并公开了一份关于脱欧公投的议案，其中包括了公投问题的措辞，并承诺会在2017年底之前进行投票。2016年2月，欧洲理事会主席图斯克提出了一系列向英国让步的计划，旨在说服英国继续保持欧盟成员资格。这些提议涵盖：实施"紧急刹车"以限制欧盟移民的福利，保障使用欧元成员国的利益，建立"红卡"机制，增加成员国国会的权力等。在2016年6月23日，英国进行了一次决定是否脱离欧盟的民意投票。

在2016年6月24日公布的英国"脱欧"公投结果中，51.9%的英国居民投票支持脱离欧盟。这使得英国成为欧盟成立以来第一个选择退出的成员国。在英国宣布脱欧的消息后，卡梅伦发表了一份声明，宣布自己将辞去领导职务。随后，在英国议会网站上，有一些民众发起了请愿书，要求举行第二次公投。英国脱欧公投后的2016年7月2日，伦敦市中心举行了大规模抗议活动，参加者众多，表达了他们反对英国脱离欧盟的立场。根据组织者的说法，此次游行有超过4万名示威者参与。400多万人签署了请求英国就是否脱离欧洲联盟再次进行公投的请愿书，但英国政府于2016年7月9日正式驳回了这一请求。2016年9月，英国多个城市发生了示威游行，游行者要求加强英国与欧洲之间的联系，这是针对英国公投决定退出欧洲联盟之后的举措。名为欧洲游行的抗议示威活动在伦敦、爱丁堡和伯明翰等地举行，旨在敦促英国政府延迟正式启动英国脱欧程序，并促进英国与欧洲其他地区在经济、文化和社会等方面的联系与合作。

2016年12月7日，英国下议院表决通过了政府提出的脱欧时间表议案，表示支持该计划。2017年3月，英国政府以符合《里斯本条约》第50条的要求，向欧盟提交了正式的脱欧申请。

只有了解欧盟的历史才能够透彻地理解英国与欧盟之间的关系。欧洲在第二次世界大战后遭受了重大损失，急需恢复和重建。因此，欧洲政治家——让·莫内（Jean Monnet），在1951年创建欧洲煤钢共同体时，强调了欧洲统一的重要性。后来，法国、德国、意大利、荷兰、比利时和卢森堡在1967年签署了《布鲁塞尔条约》，这一事件标志着欧洲共同体的正式成立。随着时间的推移，欧洲一体化不断向外扩展和向内深化，其中包括了1992年欧盟的成立，以及1999年欧元的发行。欧盟作为经济一体化最高层次的区域性组织之一，也是全球最大的单一市场之一。然而，英国则一直以首鼠两端的方式参与欧洲一体化进程。

在最初申请加入欧盟的时候，英国曾两次遭到拒绝，因为戴高乐认为英国在政策和态度上并不完全符合欧洲的标准。英国之所以希望加入欧盟，并不是出于为建设"欧洲人的欧洲"贡献力量的真诚愿望，而是想要成为美国在欧洲的桥头堡。直到1973年，英国才被欧共体接纳为成员国，但并没有正式加入欧元区。英国长久以来都试图在维护主权和主权让渡的灵活处理之间找到一种平衡方式，因此在与欧盟的关系中时而完全融入，时而保持一定的距离。在欧债危机之后，欧盟需要通过建立统一的财政政策来促进政治的一体化，从而挽救欧元。这也意味着欧盟机构需要转型，变为欧元区的联邦式治理机构。欧洲国家积极寻求集体解决欧债危机并加速走向欧洲合众国目标，英国却对此持反对态度。英国主张欧洲应保持多样性和灵活性的发展方向，而非仅考虑欧元区国家的利益而忽视非欧元区国家的需求。因此，英国反对欧盟的制度深化并拒绝加速政治联合。英国对于欧盟的归属感不强，它的成员国身份更多是考虑到了自身的利益，而非内心的认同。全球经济在近年来不断进行着深刻调整，美国和英国首先实现复苏，英国转而认为欧盟对其经济造成了负面影响，想要摆脱这一"拖累"。

自19世纪末期，英国因为其历史和地理背景，一直选择不涉足欧洲大陆事务的政策，被人称为"光荣孤立"。英国不隶属于欧元区，有权发行独立的货币，这使其能够保持出口竞争力，并且能自主决定财政政策。然而，这也使得英国在参与欧洲大陆事务处理方面面临一定困难。在欧债危机关键时期，由于存在明显的利益诉求的差异，英国逐渐失去了其在欧盟中的地位和影响力。

在英国保守党内部存在一些质疑欧洲的派别，他们认为欧盟的政策不利于欧盟的发展，未来可能会导致一些对英国的利益造成损害的政策出现。欧债危机的扩散不仅促进了英国脱欧的步伐，亦进一步推动了英国脱欧的呼声。相反的是，其他欧盟国家的民众对英国越来越失望，认为英国在加入欧盟后没有积极融入欧盟，反而一直"拖后腿"。英国拒绝加入欧元区、反对任何金融监管政策、不参与欧盟危机救助方案等行为让其他成员国备感困扰。因此，对于欧盟的整体发展而言，英国"脱欧"反而有益，因为其他成员国在整合过程中将更少地受到阻碍。双方之间的信任已经达到了历史上的最低点。

民调显示，英国保守党的支持度一蹶不振，卡梅伦的"脱欧公投"言论或有助于其重新获得部分流向支持脱欧的独立党的选票。卡梅伦还希望能利用这一策略向欧盟施加压力，争取获得更有利于英国的成员国条件，最终在欧盟内分得更多的利益。

毫无疑问，英国退出欧盟在短期内英国是受益的。英国可以立即减少每年需要支付给欧盟财政的80亿英镑。据支持英国脱离欧盟的人称，虽然英国与欧盟的贸易关系只占英国经济的10%，但英国仍然受到欧盟规章的限制。如果英国脱离欧盟，许多中小企业将不受欧盟规章制度的限制，这将可能导致就业机会增加。

但考虑到长期影响，如果英国失去了欧盟成员身份，那么英国在欧洲和世界事务中的地位和影响将受到严重削弱，无法再依靠欧盟在这方面发挥重要作用。

英国与欧洲一直密不可分,特别是在贸易方面,约有一半的贸易额来自欧洲其他国家。英国退出欧盟可能对其与欧盟的贸易关系造成负面影响,并可能影响伦敦作为国际金融中心和资金避风港的地位。此外,大量投资从英国撤出可能导致经济前景恶化。英国国内商界领袖,包括英国首富、维珍集团主席布兰森(Richard Branson)已发出警告,指英国试图与欧盟重新谈判两者关系,可能构成不明朗前景,有损商界利益。另外,失去在布鲁塞尔、柏林和巴黎的影响力,英国将面临来自华盛顿更多的冷漠和忽视,同时在涉及环境、安全、贸易等诸多跨国议题上逐渐被排挤至边缘。美国及其他盟友希望英国继续保持在欧盟内部,一旦离开欧盟,英国将有可能成为一个孤立的国家。中国与英国的经贸关系也将受到影响。

二、自然地理环境

英国包括内陆水域在内的面积达 24.41 万平方千米,根据其地理轮廓可将英国地域分成高地和低地。高地主要位于英国的北部和西部,低地主要位于英国南部与东部。

(一)位置境域

英国是位于西欧的一个联邦制岛国,由大不列颠岛上的英格兰、苏格兰、威尔士及爱尔兰岛东北部的北爱尔兰共同组成。在地球的北纬 50 度到 58 度、东经 2 度到西经 7 度位置上,被北海、英吉利海峡、凯尔特海、爱尔兰海和大西洋包围。东临北海,面对比利时、荷兰、德国、丹麦和挪威等国家,西邻爱尔兰,横隔大西洋与美国、加拿大遥遥相对,北过大西洋可达冰岛,南穿英吉利海峡行 33 千米即为法国。

英格兰是英国最大的组成部分,划分为 43 个郡,都市郡有 8 个,其余为非都市郡并且拥有最多的人口,是主要的低地地带。英格兰拥有伟大的作家,如莎士比亚、狄更斯、简·奥斯丁等,主要运动项目是足球,主要的使用语言是英文。

苏格兰位于英国的北部,目前下设 32 个区,包括 3 个特别管辖区。苏格兰主要的人口分布在首府爱丁堡和第一大城市格拉斯哥。苏格兰拥有繁荣的旅游产业,英语是苏格兰人的母语。

威尔士位于英国的西部,是个高地部落,下设 22 个区,它在西欧有着最有名的城堡,也有很强的音乐和文化传统。英语是威尔士的主要语言,但是威尔士许多学校教的是威尔士语，大约有 20% 的人说威尔士语。

北爱尔兰坐落于爱尔兰岛，下设 26 个区，英语是北爱尔兰人的母语。

（二）气候与水文

英国属温带海洋性气候，受盛行西风控制，终年受西风和海洋的影响，全年气候温和湿润，四季寒暑变化不大，适合植物生长。通常最高气温不超过 32 摄氏度，英国虽然气候温和，但天气多变，一日之内时晴时雨，多雨雾，秋冬尤甚，还有俗语调侃道英国"没有季节，只有天气"。

英国年平均降水量约 1000 毫米。北部和西部山区的年降水量超过 2000 毫米，中部和东部则少于 800 毫米。每年 2 月至 3 月最为干燥，10 月至来年 1 月最为湿润。植被覆盖则主要是温带落叶阔叶林。

英国河川多年平均径流总量约为 1590 亿立方米。英国西北部多低山高原，主要河流有塞文河（Severn River）和泰晤士河（Thames River）。东南部平原上的泰晤士河是国内最大的河流，流域面积 1.14 万平方千米。塞文河全长 338 千米，是英国最长的河流，发源于威尔士中部，河道呈半圆形，流经英格兰中西部，注入布里斯托海峡。北爱尔兰讷湖的流域面积居全国之首，有 396 平方千米。

英国得天独厚的地理位置和自然气候为英国的发展提供了许多的便利。

（三）自然资源

英国最基本的自然资源是石油、气体、核能和煤，最重要的第二资源是电，大量能源生产始于 1980 年对海边石油和气体的开采。但英国的自然资源有限，所以现在在大力发展风能，核能的开发也有几十年的历史，目前拥有供发电的核电站 14 座，保证了国家的正常发展。英国的非能源资源不丰富，主要工业原料依赖进口。

在英国，主要的矿产资源包括煤炭、铁矿石、石油和天然气。据估计，硬煤的总储量达到 1700 亿吨，而铁矿石储量约为 38 亿吨。锡矿位于英国西南部康沃尔半岛，柴郡和达勒姆郡拥有大量石盐储备，康沃尔半岛出产白黏土，奔宁山脉的东坡可开采优质白云石，而兰开夏西南部施尔德利丘陵附近则储藏着石英矿。

英国的森林覆盖率较低，木材 90% 以上需要进口。英国在 15 世纪以前曾是一个森林资源丰富、木材足以自给自足的国家，但在工业发展的过程中过度开发，造成了木材缺乏的境况。所以，英国现在的森林计划宗旨是保护森林资源和自然环境，使其成为野生动植物和再生资源的家园以及公众娱乐休息的场所，目标则是要在21世纪中叶使英格兰的绿化面积增加一倍，并使威尔士的林地面积增加50%。

英国的动植物资源丰富。在2007年时，英国有1149种濒临灭绝的野生动植物，于是英国政府开始.实施野生动植物保护计划，刺猬、收割鼠、大西洋鲑和麻雀首次被列入其中。英国政府的野生动植物保护计划名为《生物多样性行动计划》，其中收录了那些需要保护的哺乳动物、鸟类、昆虫、无脊椎动物、植物、鱼类、海洋生物和菌类的名单。

三、五大文化符号

（一）伊利莎白塔

伊利莎白塔，俗称大本钟，是伦敦市的标志以及英国的象征，大本钟（见图2-3）巨大而华丽，重13.5吨。

图2-3 大本钟

大本钟从1859年就为伦敦城报时，至今将近一个半世纪，尽管这期间大本钟曾两度裂开而重筹。现在大本钟的钟声仍然清晰、动听。

（二）牛津大学

牛津大学（见图2-4）满载着英格兰近900年的历史，这里曾经培养出53任总统首相及47位诺贝尔奖得主。几个世纪以来，牛津大学一直在英国社会和高等教育领域占据崇高地位。

图 2-4　牛津大学

作为一所世界闻名学府,牛津大学不仅因其卓越的科研成就和培养出的杰出人才而蜚声全球,更因那代代相传、不离不弃的人文精神而璀璨夺目。

(三)莎士比亚

1564 年 4 月 23 日,莎士比亚(见图 2-5)出生于英国沃里克郡斯特拉福镇。1571—1579 年,进入斯特拉福文法学校读书。1587 年,开始演员生涯,并开始尝试写剧本。

图 2-5　莎士比亚

1591 年,创作的戏剧《亨利六世中篇》《亨利六世下篇》首演。

1592 年,创作的戏剧《理查三世》首演。

1595 年,创作的戏剧《罗密欧与朱丽叶》《仲夏夜之梦》首演。

1596 年,创作的戏剧《威尼斯商人》首演。

1601 年,创作的戏剧《哈姆雷特》首演,引起文坛关注。

1603年，创作的戏剧《奥赛罗》首演。

1605年，创作的戏剧《李尔王》首演。

1606年，创作的戏剧《麦克白》首演。

1614年，离开伦敦，返回故乡。

（四）白金汉宫

白金汉宫（见图2-6）是英国君主位于伦敦的主要寝宫及办公处。

图2-6　白金汉宫

宫殿坐落在威斯敏斯特，是国家庆典和王室欢迎礼举行场地之一，也是一处重要的旅游景点。

（五）伦敦塔桥

伦敦塔桥（见图2-7）是一座上开悬索桥，位于英国伦敦，横跨泰晤士河，因在伦敦塔附近而得名，是从泰晤士河口算起的第一座桥，也是伦敦的象征。

图2-7　伦敦塔桥

参观塔桥可从北边的塔桥乘电梯上去，观看大桥的结构工程，然后从大桥的高空通道上走过泰晤士河，饱览泰晤士河及两岸的秀丽景色。

第二节 美国文化简述

美利坚合众国（The United States of America）简称美国（U.S.A，U.S.，The United States，The States 或者 America），美国因洲名美洲而得名。在英语中，亚美利加和美利坚为同一词 America，只是汉译不同，前者指全美洲，后者指美国。

美国由华盛顿哥伦比亚特区、50 个州和关岛等众多海外领土组成。美国主体部分位于北美洲中部，国土总面积 963 万平方千米，包括五大湖中美国主权部分和河口、港湾、内海等沿海水域面积在内，通用语言为英语。美国是一个移民国家，原为印第安人的聚居地，15 世纪末，西班牙、荷兰、英国等国开始向北美移民。1775 年，爆发北美人民反抗英国殖民者的独立战争；1776 年 7 月 4 日，第二次大陆会议在费城召开，正式宣布美利坚合众国的成立。1788 年，独立战争结束，乔治·华盛顿（George Washington）当选为美国第一任总统。19 世纪初，美国开始对外扩张，两次世界大战后，美国国力大增，是当今世界上唯一的"霸权"超级大国。2016 年 2 月，全球军力指数公布，美国、俄罗斯和中国在世界大国军力中稳居前三。

美国国旗别称星条旗（The Stars and Stripes）（见图 2-8），呈横长方形，长与宽之比为 19∶10。主体由 13 道红、白相间的宽条组成，7 道红条，6 道白条；旗面左上角为蓝色长方形，其中分 9 排横列着 50 颗白色五角星。在整个旗面的色彩语言中，红色象征勇气，白色象征自由，蓝色象征正义；13 道宽条代表最早发动独立战争并取得胜利的 13 个州；50 颗五角星代表美利坚合众国的州数。1818 年美国国会通过法案，国旗上的红白宽条固定为 13 道，五角星数目应与合众国州数一致。每增加一个州，国旗上就增加一颗星，一般在新州加入后的第二年 7 月 4 日执行。每年 6 月 14 日为美国国旗制定纪念日，在这一天美国各地举行纪念活动，以示对国旗的敬重和对合众国的热爱。

图 2-8 美国国旗

美国国徽（见图 2-9）的主体为一只胸前带有盾形图案的白头海雕，白头海雕是美国的国鸟，它是力量、勇气、自由和不朽的象征。盾面上半部为蓝色横长方形，下半部为红、白相间的竖条，其寓意同国旗。鹰之上的顶冠象征在世界的主权国家中又诞生一个新的独立国家——美利坚合众国；顶冠内有 13 颗白色五角星，代表美国最初的 13 个州；鹰的两爪分别抓着橄榄枝和十三支箭，象征着和平和武力；鹰嘴叼着的黄色绶带上用拉丁文写着"合众为一"，意为美利坚合众国由很多州组成，是一个完整的联邦国家。

图 2-9 美国国徽

美国国徽实际上是美国官方大纹章（Great Seal of the United States）上的图案，印章存在美国国务院，第一次用于 1782 年。美国国徽上的白头海雕标志着登峰造极的统治权；橄榄枝和箭标志决议平和与战役的权利；白头海雕上方的群星图画则标志着具有主权的重生共和国。事实上，美国并未指定一个国徽图案，但纹章正面的图像实际上已经成为美国的象征，且经常出现在官方文件上，如美国护照。

美国国歌《星条旗》诞生在巴尔的摩，该歌曲的英文原写为《The Star-Spangled Banner》曾译《星条旗永不落》，虽然这种译法使该歌曲与美国国家进行曲《The Stars and Stripes Forever》重名，并且与英文原意不符，但该译法的使用依然相当广泛。流传有言巴尔的摩市东南的麦克亨利堡，曾在第二次英美战争期间作为前哨阵地抗击英军，它建在一个小半岛上，是个平面呈五角星状的要塞，扼进港要道。1814年，英国舰队直扑麦克亨利堡，昼夜连续猛轰此堡。那时，有一位叫作弗朗西斯·斯科特·基的美国律师乘船去谈判，要求英国释放被扣留的美国平民。他亲眼看到了英国军队轰炸麦克亨利堡的情景，深感不安。第二天早上，他透过浓烟看到星条旗仍在要塞上高高飘扬，十分感慨。于是，他充满激情地写下了《星条旗》这篇诗歌。诗歌很快不胫而走，后被配上曲谱并流传全国。1931年，美国国会正式将《星条旗》定为国歌。

《星条旗》的曲子是"进行曲之王"苏萨著名的代表作，这首管乐合奏曲创作于1897年，这首进行曲充分发挥铜管乐队的表现功能，以磅礴的气势和热烈的情绪歌颂自己的国家和军队，颇有鼓动力。

一、历史源起

17世纪以前，北美广大原野仅有印第安人和因纽特人居住，但经过百余年的移民，这里已成为欧洲国家人民的新家园，而其中最主要的是英国人所建立的13州殖民地，这13州殖民地在18世纪70年代宣布脱离英国而独立，几经协商与改革，联邦体制的美国于法国大革命前夕，正式登上世界舞台。早期的美国很欢迎外来的移民，这些移民使其迅速地成长，美国人口在1776年只有300万人，而现在则超过3亿，在人口迅速增加的过程中，新的生存空间也跟着不断开拓，而方向则由东向西，拓疆的先驱们不但从事农耕畜牧，也寻找矿产及其他资源。到了20世纪，美国不但已成为世界强国，并且也是科学、技术、医药及军事力量的先进国家。

（一）早期文明

在4万多年前，印第安人的祖先经由北美洲到达中美洲和南美洲，当哥伦布到达他认为的新大陆时，居住在美洲的印第安人，约有3000万。而居住在今天美国、加拿大地区的印第安人约有150万，这些土著人种的构成，在遗传、语言、社会等方面有着很大的差异。

据估计，15世纪时在格兰德河以北至少存在着400种互不关联、各具特色的文化形态，有着多种多样的人体类型和语系。大约1万年前，又有另一批亚洲人，移居到北美北部，即后来的因纽特人。而最早到美洲的白种人大概是维京人，有人认为他们在1000年前曾到过北美东海岸。

（二）殖民时期

1607年，一个约100人的殖民团体在乞沙比克海滩建立了詹姆士镇，这是英国在北美所建的第一个永久性殖民地。在以后的150年中，陆续涌来了许多的殖民者，定居于沿岸地区，其中多来自英国，也有一部分来自法国、德国、荷兰、爱尔兰、意大利和其他国家。

欧洲移民大规模屠杀印第安人，抢夺其财物，并大规模占领印第安人的土地。18世纪中叶，13个英国殖民地逐渐形成，他们在英国的最高主权下有各自的政府和议会，这13个殖民区因气候和地理环境的差异，造成了各地经济形态、政治制度与观念上的差别。

（三）独立战争

18世纪中叶，英属美洲殖民地与英国之间已有了裂痕，并且随着殖民地的不断扩张渐渐也萌生了独立的念头，英国逐渐意识到事态发展的严重性。

1773年的波士顿倾茶事件，是美洲殖民地人民反英国殖民者倾销的开始。1774年，来自13州的代表聚集在费城，召开了第一次大陆会议，希望能与英国和平解决问题，然而英王却坚持殖民地必须无条件臣服于英王，并接受处分。1775年，战火在马萨诸塞州的莱克星顿点燃，北美独立战争爆发。

1776年5月，美洲人民在费城召开第二次大陆会议，坚定了战争与独立的决心并于7月4日签署著名的《独立宣言》。由此，《独立宣言》被认为是美国建立的开端，7月4日也被美国定为国庆日。

1778年2月，本杰明·富兰克林（Benjamin Franklin）成功说服了波旁王朝，法国与美国签订军事同盟条约，法国正式承认美国的独立地位，随后法国、西班牙、荷兰相继参加美国脱离英国的独立战争。1781年，约克敦战役大捷，美军赢得决定性的胜利。约克敦战役后，除了海上尚有几次交战和陆上的零星战斗外，北美大陆战事已基本停止。

1787年，在费城举行了联邦会议，华盛顿被推为主席。会议决定实行一般性的中央权力，中央权力的运作必须有审慎的规定和说明，全国性政府必须有税收、铸造货币、调整商业、宣战及缔结条约的权力。此外，为了防止中央权力过大，而采取孟德斯鸠的均权政治学说，即政府中设置三个平等合作与制衡的部门，即立法、行政、司法三种权力相互调和制衡，而不使任何一权占控制地位，俗称三权分立。

1812年，英国再度入侵刚成立的美国，史称第二次独立战争，战后美国各州更加团结。

（四）西进运动

1783年起，美国开始不断扩张其领土。首先获得了密西西比河东岸的土地，之后在1803年从拿破仑手中收购了路易斯安那，1819年又夺取了佛罗里达领地，随后在1845年至1853年期间通过美墨战争，开拓了德克萨斯、新墨西哥、俄勒冈和加利福尼亚领土。1867年，美国又从俄罗斯帝国手中购买了阿拉斯加领地，并在1898年吞并夏威夷群岛。

19世纪初以来，美国通过领土扩张吸引了大量移民涌入，其中数千人穿越阿巴拉契亚山脉向西迁徙来到美国西海岸，参与交通运输建设、发展农牧业等，进而推动了美国工业化进程。一些先驱者迁移到了美国边境，甚至深入墨西哥领土和俄勒冈（位于阿拉斯加和加利福尼亚之间）的地区。美国殖民者的贪欲和利益追求导致他们开始逐步占领周边地区，这给邻近国家造成了极大的痛苦和无法愈合的伤痕。他们所进行的西进运动驱逐和消灭了当地的印第安人，这被人们称为"血泪之路"。

（五）南北战争

南北战争爆发的根源在于美国工业资产阶级和南方种植园奴隶主之间的矛盾。南北战争的诱因，不仅涉及经济、政治、军事等方面，同时也涵盖了思想上的分歧。

南北之间因奴隶制度而产生分歧，焦点在于是否废除奴隶制度。北方的经济发展受到奴隶制度的限制，而南方种植园主的利益受到北方的经济政策所制约。南方的主要政治方针是维护和扩大"棉花和奴隶"制度所代表的利益；而北部各州希望大力发展制造业、商业和金融业，这些产业无需依赖奴隶来维持生产。反过来，奴隶制度的存在严重限制了劳动力在不同地区的自由流动，导致北方各州的工商业部门在迫切需要大量劳动力时受到了严重的限制。

这种经济和政治的矛盾已经存在很久了。在1860年早期，11个南方的州退出联邦，建立了南部邦联。北方方面则宣称，为了维护统一大局，愿意不惜一切代价。1861年，南方种植园主以亚伯拉罕·林肯（Abraham Lincoln）就任美国总统为由挑起内战，内战爆发了，这是一场美国人面对面的流血战争。1863年1月1日，全体奴隶欢呼，纷纷加入北方军队，北方得到雄厚的兵源，扭转了不利的局面，其原因是林肯颁布了《解放黑人奴隶宣言》和《宅地法》。

1865年4月9日，南方政府以失败告终，这项胜利不但使美国恢复了统一，而且从此全国各地不再施行奴隶制度。但遗憾的是，在1865年4月15日，总统亚伯拉罕·林肯（Abraham Lincoln）在福特剧院遇刺身亡，这位为美国统一和历史作出贡献的领导人，没能继续带领美国人民建设美国。

（六）转型发展

19世纪初，美国开始工业化，内战之后步入成熟阶段。在从内战至第一次世界大战的不到50年的时间里，美国从一个农村化的共和国变成了城市化的国家，从1890到1917年的近30年间被称为进步时期。1914年，第一次世界大战爆发，1917年，美国被卷入大战漩涡中，并且在世界上尝试扮演新的角色。

1929年发生了资本主义大萧条，大萧条影响的不只是美国，世界各国都受到了牵连。经济大恐慌使上百万的工人失业，大批的农民被迫放弃耕地，工厂商店关门，银行倒闭，一片萧条。1932年，富兰克林·罗斯福（Franklin Roosevelt）当选总统，全面推行以政府干预市场为主要手段的"罗斯福新政"，他主张政府应拿出行动来结束经济大恐慌，随后推出一系列政策暂时缓解和解决了许多困难，但美国的经济还是要到第二次世界大战后才苏醒过来。

20世纪30年代末，第二次世界大战爆发。1941年12月7日，日本偷袭珍珠港后美国参战。"二战"后，随着轴心国的战败、英法实力的衰退，美国和苏联成了超级大国，世界被分成了东西方两大阵营。美苏及其各自阵营分别在军事、政治、经济、宣传各方面全面对抗，史称冷战。

1950年，朝鲜战争爆发，美军参战并与刚刚成立的中华人民共和国志愿军进行了交战，战争双方以三八线为界签署停战协议告终。战后，以反共为主要宗旨的麦卡锡主义左右了美国外交政策，冷战逐步升级。1962年，古巴导弹危机使冷战带来的恐慌达到最高峰。

70年代中期，美国经济渐渐复苏，但70年代末期又出现了通货膨胀。1976年，美国建国200周年，全国举行各项庆祝活动。由于拥有全球政治、经济、科技等方面的全面优势，美国在冷战中最终拖垮苏联，1991年，随着苏联解体，美国赢得了冷战的最终胜利，成为世界上唯一的超级大国。

（七）冷战后的美国

在冷战之后，美国成为全球唯一一个拥有超级大国地位的国家。由此形成的局面进一步加剧了美国政府对于全球掌控的渴望，因而美国采取了更加强硬的霸权主义和单边主义对外政策。同时，由于现有平衡已被打破，建立新的平衡变得十分艰难。然而，由于两极格局的解体留下了空间，这为多极化趋势的发展提供了客观的有利条件。在过去的冷战时期，敌对国家之间的模式和大国之间的相互关系正在发生着根本性的变化。各个国家与美国的众多盟国纷纷要求美国尊重彼此之间的平等地位，并通过对话和合作来推动共同的繁荣与发展。这种趋势加大了美国推行单边扩张政策的难度。

目前，世界形势已经进入了"一超多强"的格局，其中美国成为唯一的超级大国，而日本、中国和俄罗斯等国则构成了"多强"的力量阵营。

自冷战以来，欧洲正在以惊人的速度实现统一，并变得更加自主和自强。欧洲逐步实现了马斯特里赫特条约的内容，包括扩大共同市场、引入欧元、建立货币联盟等。同时，欧盟和北约的扩张也让欧洲在多元世界中成为一个重要的成员。它们通过发声和表达观点，形成了一个具有集体力量形象的组织。

目前，世界多极化是针对国际局势走势的一种新提法，但仅为走势，而并非多极化状态。超级大国受到全面制衡，使得各方皆有充分的话语权。而现在，对美国的四大功能，中、俄、欧盟三方合力尚未实现一半程度的替代，因此，从很多方面看，不是有无充分话语权的问题，而是有无话语权的问题，只不过美国近年来自乱重重，自我束缚，使得各方的话语权看似有所提升而已。在未来，世界走向制衡的关键在于中俄的崛起，但其时间仍须待至近21世纪中叶。

2021年1月20日，美国总统就职典礼在华盛顿国会山举行，约瑟夫·拜登（Joseph Biden）宣誓就任美国第46任总统

二、自然地理环境

（一）位置境域

美国位于北美洲中部，是美洲在加拿大之后的第二大国家，领土还包括北美洲西北部的阿拉斯加和太平洋中部的夏威夷群岛。

美国的海岸线延伸22680千米，本土东西长4500千米，南北长2700千米。美国领土面积非常广阔，在世界各国中，其领土面积排名第四，约为937万平方公里，略少于中国面积，但人口只有3亿多，远远少于中国人口。[①]

（二）地形地貌

美国的地形变化很丰富，特别是在西部，地势呈现高低不平的特点，西边的地势要略高于东边。涵盖了平原、山脉、湖泊等多种地形类型，其中三分之一是山地，三分之二则是丘陵和平原。落基山东麓是东部和西部的分界线，自然条件和气候在两侧存在巨大差异，这也是美国大西洋和太平洋水系的分界线。海岸平原是东海岸沿海地区的显著地貌特征，该平原南北分布不均，宽度逐渐减小，延绵至新泽西州，在长岛等地还可以看到一些由冰川沉积形成的平原。从海岸平原向内陆延伸，便是地形有所波动的山麓区，一直延伸至高达1830米的阿巴拉契亚山脉。

美国水系分为三大类别，涵盖了众多的河流和湖泊，因此水系的结构也较为复杂。首先，所有流入大西洋的河流，只要位于落基山以东地区，均属于大西洋水系。主要的河流包括密西西比河、康涅狄格河和哈得森河。其次，被称为太平洋水系的河流，是指注入太平洋的河流，包括科罗拉多河、哥伦比亚河、育空河等。再次，北美洲中东部的大湖群有苏必利尔湖、密歇根湖、休伦湖、伊利湖、安大略湖，总面积达到24.5万平方千米，是全球最大的淡水水域，被称为"北美地中海"，其中密歇根湖归美国管辖，另外的湖泊则属于美加两国共管。世界第二大湖泊是苏必利尔湖，它是世界上最大的淡水湖。五大湖的水经过圣劳伦斯河汇入大西洋。

---

① 朱清广、顾向晨：《中医药在美国》，世界图书出版公司2020年版，第3页。

（三）气候

美国本土位于北温带，介于北纬 25 度至 49 度之间，大部分地区属温带和亚热带，有着温和而又能取得足够降雨量的气温，降水与地下水均十分丰富，少有严重的干旱发生，洪水泛滥也并不常见，有利于工农业生产的发展。美国大部分地区属于温带大陆性气候，冬季寒冷，夏季炎热，气温较高，湿度大，中央平原南部的年降水量受大西洋及墨西哥湾的影响高达 1500 毫米，此地的平均气温虽然很高，但常受来自北方的寒流侵袭，使得这一地区每年的无霜期在 160 到 200 天左右。太平洋沿岸北部属温带海洋性气候区，冬暖夏凉，雨量充沛，1 月份平均气温在 4 摄氏度以上，8 月份平均气温不超过 22 摄氏度，年平均降水量为 1300 毫米～1500 毫米。太平洋沿岸的南端属于亚热带地中海式气候，夏季炎热干旱，冬季温和多雨。南部佛罗里达半岛南端属热带，夏威夷州位于北回归线以南，属亚热带季风性湿润气候，因受墨西哥湾暖流的影响，温暖湿润，1 月份平均温度在 9 摄氏度左右，7 月份为 24～27 摄氏度；北部阿拉斯加州位于北纬 60 度至 70 度之间，属北极圈内的寒冷气候区。

美国幅员辽阔，地跨寒、温、热三带，本土处于温带，因此几乎有着世界上所有的气候类型，而且地形复杂，并受不同气流的影响，各地的气候差别很大。当佛罗里达半岛已是百花齐放的季节时，北部的五大湖区还处于寒冷之中；干燥的西部高原的年温差高达 25 摄氏度，山岳地区山势越高气温越低。东北部沿海和五大湖地区属温带大陆性气候，因受拉布拉多寒流和来自北方冷空气的影响，冬季寒冷的季节较长，1 月份平均温度为零下 16 摄氏度左右，年平均降水量为 1000 毫米。

纬度的差异对平均气温的影响也很大，从哥伦比亚高原到科罗拉多高原，冬季平均气温高出 10 摄氏度，夏季则更明显，年平均降水量在 500 毫米以下，高原荒漠地带降水量不到 250 毫米。中北部平原温差很大，芝加哥 1 月平均气温零下 3 摄氏度，7 月平均气温 24 摄氏度；墨西哥湾沿岸 1 月平均气温 11 摄氏度，7 月平均气温 28 摄氏度。

（四）自然资源

美国有超过 1.7 万种本土的植物和物种，同时，数千种非本土的外来物种有时也会影响到本土的动植物。美国本土有超过 400 种哺乳类、700 种鸟类、500 种爬虫类和两栖类，以及 9 万种已经被发现的昆虫。美国也是世界上最早开始重视环境保护的国家之一,在1872年联邦政府建立了黄石国家公园以保护当地环境,这是世界上第一个国家公园。

美国的森林资源主要分布在三个地区。从西部的落基山脉到太平洋沿岸,以针叶林为主,主要树种有北美黄杉、西黄松、加州山松、恩氏云杉和科罗拉多冷杉;在南大西洋和海湾沿岸各州,以长叶松、火炬松、萌芽松和湿地松为主;美国25%的木材产自以阔叶林为主的密西西比河东部地区,主要树种包括栎属、胡桃属、北美鹅掌楸和糖槭等。

历史上,美国的森林资源颇为丰富,1600年以来,已有1.24亿公顷的森林转为农用,到1920年,大规模的弃林耕农活动才被终止。20世纪60年代以来,美国的森林资源状况才得以改善,从1963年起扭转了森林面积的下降趋势。1987年以来,森林面积有所增长,林木质量也有明显改善。

美国河流大都为南北走向,主要的三大水系包含了众多的河流、湖泊等水利资源。根据降水量的自然分布,美国水资源特点可以概括为东多西少、人均丰富,美国水资源总量为29702亿立方米、人均水资源量接近1.2万立方米,是水资源较为丰富的国家之一。全美多年平均降水量在760毫米左右,以西经95度为界,可将美国本土化分成两个不同区域。西部17个州为干旱和半干旱区,年降水量在500毫米以下,西部内陆地区只有250毫米左右,科罗拉多河下游地区不足90毫米,是全美水资源较为紧缺的地区;东部年降水量为800~1000毫米左右,是湿润与半湿润地区。

美国已经花费近一个世纪的时间来建设水资源开发利用工程,这些工程已经形成一个基本的体系。该体系在控制局部洪水和合理配置西部水资源方面已经达到了较高水平。尽管在深入开发利用水资源方面,生态和环境方面面临强力制约,但现在美国水资源工作的重点已经正式开始高效率地管理。其主要目标是提高水的利用效率并进一步防治水污染。

三、五大文化符号

(一)山姆大叔

美国的文化产业非常发达,产值占GDP的20%左右,其总体竞争力位居世界首位。20世纪30年代到第二次世界大战前,美国初步形成了文化产业的基础和框架。20世纪中期,美国文化产业进入快速发展时期。80年代以后,随着文化商品化程度的加深，美国凭借经济、技术和知识等方面的优势，开始向世界其他国家，特别是发展中国家进行文化产品的倾销。进入 90 年代，随着经济全球化的不断深入，各国文化产业壁垒不断被打破，企业兼并重组浪潮汹涌澎湃。美国形象的绰号叫山姆大叔（见图 2-10）。传说 1812 年英美战争期间，美国纽约特洛伊城商人山姆·威尔逊（1766—1854）在供应军队牛肉的桶上写有"u.s."，表示这是美国的财产，这恰与他的昵称山姆大叔（Uncle Sam）的缩写 U.S. 相同，于是人们便戏称这些带有 u.s. 标记的物资都是山姆大叔的，后来山姆大叔就逐渐成了美国的绰号。

图 2-10　山姆大叔

19 世纪 30 年代，一位美国漫画家将山姆大叔塑造成一个长着白头发，蓄着山羊胡子，头戴星条高帽，身穿红、白、蓝三色燕尾服和条纹长裤（美国星条旗图案）的瘦弱高个子老人。

（二）自由女神像

自由女神像（见图 2-11）是法国在 1876 年赠送给美国的独立 100 周年的礼物，坐落于美国纽约州纽约市附近的自由岛，是美国重要的观光景点。女神像穿着古希腊风格服装，头戴光芒四射冠冕，七道尖芒象征七大洲；右手高举象征自由的火炬，左手捧着《独立宣言》；脚下是打碎的手铐、脚镣和锁链，象征着挣脱暴政的约束和自由。自从 1886 年起屹立于纽约湾，它便成为美国的象征，是美法人民友谊的象征，表达美国人民争取民主、自由的崇高理想，也成为美国对新到达的移民美国梦的许诺。

图 2-11　自由女神像

自由女神像全称为"自由女神像国家纪念碑",高 46 米,底座高 45 米,总重量达 225 吨。法国著名雕塑家巴托尔迪以法国巴黎卢森堡公园的自由女神像作为蓝本,历时 10 年完成雕塑工作,铜像内部的钢铁支架是由建筑师约维雷勃杜克(Jovirebduk)和以建造巴黎埃菲尔铁塔闻名于世的法国工程师艾菲尔(Eiffel)设计制作的。

(三)芭比娃娃

芭比娃娃(见图 2-12)是源于美国、生于美国、长于美国的土生土长的"美国丽人",再加之她历经风雨岁月始终风行于潮头浪尖及世界各地,毫无疑问是"美国人的骄傲"。这位土生土长的美国姑娘现在已经深入世界各国人民的心中,成了全世界小朋友们的共同财富和兴趣。她的设计灵感多数都来自美国社会的女性,无论是白人还是黑人女性,表现了她们的身份、职业,从小陪伴她们一起长大。她所展现的气质也是美国人心目中的理想女性,自信、独立、优雅、高贵、美丽、坚强、阳光等,这些使很多女孩子从小即以芭比娃娃为理想。

图 2-12　芭比娃娃

芭比娃娃的出现迅速地占领市场,上升为美国娃娃的首席代言,所以只要一提到黄金比例、天使脸孔、迷人微笑、无限时尚的娃娃,人们心中的第一个念头,就是芭比娃娃。

(四)《美国哥特式》

《美国哥特式》(见图 2-13)也许不那么出名,但画像中老屋上的哥特式窗户,和那个农夫庄重的表情,还有那个长脖子的妻子,使画家格兰特·伍德(Grant Wood)于 1930 年一夜成名。这幅画是新教传统的体现,而新教传统是美国社会文化很重要的基础,主张以具象的风格描绘美国的乡村素材,此画也成了美国大众文化的重要组成部分。画家初衷没有讽刺的意思,而是真诚地刻画他觉得骄傲的中西部的传统。但在后来它变成了一个文化符号,当然也就免不了被拿来作为自嘲的工具,而且中西部农业传统和美国的保守文化往往被联系起来,所以遭到了自由派的嘲讽也不奇怪。

图 2-13 《美国哥特式》

有人认为伍德用这幅画来讽刺中西部文化的狭隘和压抑,但伍德本人否定了这种说法;也有人把这幅画理解为对美国乡村道德品质的颂扬;还有人认为这部作品的主题非常暧昧,既有赞扬的肯定,又不乏讽刺的意味。

(五)野牛镍币

野牛镍币(见图 2-14)正反面雕刻的是在美国西进运动中遭到严重破坏的美

国野牛和土著印第安人，以示纪念和感激，但以往的硬币上刻画的都是美国政府的杰出人物，并且绝大多数都是著名的历届总统。

图 2-14　野牛镍币

野牛镍币由美国著名艺术家詹姆斯·厄尔·弗雷泽（James Earl Fraser）于 1911 年开始设计，1913—1938 年间正式投入生产和流通。弗雷泽以真实的原型进行创作，在创作野牛画像的过程中，由于当时大草原上已不再有四处闲散漫步的野牛，只好到纽约中央公园的动物园里素描一只年迈的野牛。两年后，这只野牛仅以 100 美元出售，然后被宰杀，牛角也被制成了墙饰品。

第三章　多元视角下的英美文化进程

英美文化经过长久的发展获得了长足的发展。本章为多元视角下的英美文化进程，主要包括三个部分，分别是革命和复辟时期、工业化及资本主义时代、现代主义时期。

第一节 革命和复辟时期

一、英国的工业革命

工业革命以前,英国已经在农业领域有所创新,以此为工业化提供了可能,圈地运动使小农的处境变得艰难,却在另一方面提高了农业的生产效率。所谓圈地是指富裕的领主用篱笆把公地围圈起来,合并成一块面积较大的土地。耕作技术的改进提高了作物产出和农业收入,技术的进步也促进了农业工具和器械的改良,如铁犁和收割机。

18世纪中期,英国国内外的变革为其工业化创造了条件。人口的增长不但为工业化提供了所需的劳动力,且还创造了一个巨大的消费市场。良好的财政状况提供了投资所需的过剩资本。几十年的和平为经济增长创造了良好的环境,而国家政策也促进了经济的进一步扩张。在国内取消关税使商品可以方便地在全英国流通,而英国攫取的殖民地使英国商人可以获得原材料和新的海外市场。

工业产生的必要条件还包括三种新出现的经济变革:机器生产取代了手工劳动;新的能源如水力和蒸气动力取代了畜力和人力(1769年瓦特改良了蒸汽机,这改变了动力来源);大量新原材料开始应用到工业领域,如铁矿石和煤等。

棉纺织工业的变化证明了工业革命的巨大影响。英国本地的羊毛织品生产商遭到棉织品的巨大竞争威胁,他们甚至劝说议会禁止从印度进口廉价的棉织品,但是英国对棉织品的需求不断增长。英国国内纺织业试图通过采用"散工制"来满足这种需求,这是一种由工人在自己家里加工纺织品的手工生产形式,但这种中世纪的方法早就被证明过时了。因此,工厂主开始建立工厂来加快生产,在这种工厂中飞梭和机器织机被安装在厂房里,为了给驱动巨大机器的蒸汽发动机提供水源,这样的厂房一般都坐落于水流湍急的河流旁。工人不得不使自己的全部生活符合工厂制需要。大多数农村劳动者再也不能待在家里按照自己的步调进行纺织了,工厂附近的城镇迅速膨胀。在这些城镇中,工人们聚居在生活设施不尽完善、条件异常恶劣的生活区。

与工厂相伴而来的是"工人阶级"。在重新组合的阶级体系中,资本家居于一个极端,而工人居于另一个极端,这一体系变革了社会秩序,催生了财富与成功的新指数，确立了不同阶级的行为模式。以前贵族和小农之间的合作状态被工厂主和工人阶级之间不断加剧的紧张关系所代替。

二、美国的政治革命

欧洲君主政体和陈旧的社会制度在《巴黎条约》（Treaty of Paris，1763 年）和滑铁卢战役（Battle of Waterloo，1815 年）之间大约 50 年时间里逐渐衰落。到 1830 年，欧洲政治版图分裂为保守的东欧和进步的西欧，这种二元结构一直持续到了 20 世纪。

虽然英国开辟了工业化道路，但它也深受过时的赋税结构和因七年战争所负的巨额债务的困扰，英国官员开始尝试各种方法和税收方案使美洲殖民地分担帝国的重负。殖民地人民认为英国政府新近征收的糖税、印花税和茶税是违反宪法的，他们宣称因为殖民地在英国议会中没有代表，所以帝国不应该向他们征税。

在争取废除议会税法的过程中，抗议和暴力活动接踵而至，这同时也使整个殖民地人民团结起来。1774 年殖民地人民在费城召开大陆会议（Continental Congress）为美洲人民申辩，反对英国的"外部强权"。1775 年 4 月，英国军队和殖民地之间在马萨诸塞的冲突触发了一场战争。1776 年 7 月 4 日，大陆会议签署《独立宣言》（Declaration of Independence），宣布了美洲殖民地的奋斗目标：建立符合被统治者意愿的政府，保护人民的生命权、自由权和追求幸福的权利。美洲革命一直持续到 1783 年，最终以殖民地的胜利和独立而告终。

美国人为了实现自己的民主目标进行了两项活动，一是召开制宪会议，二是颁布了一部成文宪法。1787 年在费城起草美国宪法的人们对集权十分警惕，他们创立了三个相互协作的政府机构，分别赋予它们立法、司法和行政的具体权力，而这种权力制衡的思想来自英国政治理论家洛克以及法国启蒙思想家孟德斯鸠的著作。中央政府可以征税、调控商业贸易、制定和执行法律，宪法制定者还通过把尊重人权确定为最高国家目标来限制政府在日常生活中的作用。

立法者们没有把这些权力赋予奴隶，他们的存在很少被注意，同时妇女也不享有选举权。尽管如此，这部宪法依然使美国成了那个时代最民主的国家，也是自公元前 5 世纪雅典民主政治以后，第一个成功的民主国家。作为一个典型的民主国家，美国使受压迫者看到了希望，它争取独立的成功，也为未来的革命活动树立了榜样。

三、革命和复辟时代的文化反应

在这个革命和复辟的时代，西方社会和以往彻底决裂，随之消亡的是君主政体、由地主统治的等级社会、社会发展的停滞不前，以及由社会、教会和政治精英把持的艺术赞助制度。特别是工业革命、美洲革命和法国大革命这三个事件，为近代世界打上了无法磨灭的烙印。至今仍在继续的工业革命使人类逐渐主宰了地球及其资源，与此同时，它加快了生活节奏，创造出了两个主要现代社会群体，即资产阶级和无产阶级。工业革命还造就了古典经济学，它为至今仍被奉为最佳资本主义模式的自由放任经济和持续工业增长进行了辩护。这条经济原则也改变了艺术赞助制度，使近代画家、作家、音乐家和人文主义者的创作必须遵循市场法则。

美洲革命缔造了第一个成功的现代民主国家。法国大革命带来了思想的大动荡，也创造了以社会公平与正义为特点、摆脱了宗教影响的新秩序。虽然有些人以悲观的态度看待法国大革命，但对大多数人来说，这场革命的指导思想成了一种源远流长的信念。法国大革命还催生了不应以种族和宗教为理由剥夺人们选举权的思想，这反映了它所强调的"四海之内皆兄弟"的思想。法国大革命的另外一个成果是至今仍在法语国家使用的《拿破仑法典》。

法国革命和美国革命共同造就了某些现在已经成为西方政治生活中基本信条的理念，如宪法必须以成文的形式公布、必须表明基本人权等，确实，将自然权利和公民权利扩展到全社会是这两大革命的伟大成果。

18 世纪末到 19 世纪初的其他不朽遗产，还有美国华盛顿特区和大多数州政府的新古典主义建筑、浪漫主义作曲家的音乐作品以及新古典主义和早期古典主义画派的绘画作品。还有一个遗产的作用模棱两可，那就是为自己的国家和人民独辟的民族主义，从好的方面来说，民族主义是一个崇高的概念，因为它鼓励人民探究自己的根源，并且保护他们的集体身份与遗产；而从坏的方面来说，民族主义确实引发了一些暴行，它使一个国家的人民分裂成了彼此斗争的集团，造成许多国家解体。民族主义的这两个方面在当今世界上仍然有着巨大的影响力。

从一个更为个人化的层面讲，西方革命与复辟阶段还产生了浪漫主义的生活观，这是一种强调随心适意、认同普通大众、重视感觉和想象、享受简单快乐的人生态度。与这一时期的其他各种遗产相比，浪漫主义的生活观帮助塑造了当代大多数西方人的生活方式。

第二节　工业化及资本主义时代

在19世纪欧洲历史的发展过程中,这些希望大多没有变为现实。只有一个群体获得了这些好处,这就是资产阶级,尤其是其中最富裕的那部分人。

工业化造就的另一个新社会群体——无产阶级或者说是工人阶级,却被社会发展抛在后面。这些城市工人通过政治暴动和社会运动来表达自己的失望,那些要求普遍选举和更公平地分配权力与财富的中产阶级下层也常常和他们并肩作战,其中一些工人建立了空想社会主义组织来对抗资产阶级的自由主义。但这些改革大多是有限的,而且随之而来的革命斗争浪潮也没有带来显著进步。

这些变迁也反映在文化领域。浪漫主义在19世纪20年代达到巅峰后开始衰落,最后逐渐退出历史舞台。浪漫主义被资产阶级接受后大行其道,却逐渐失去了创意激情。到19世纪中叶,一种新的风格逐渐呈现,它反映了变化中的政治和社会状态,被称为现实主义。现实主义关注普通人物,试图通过展现"生活中的英雄主义"的真实方式来描绘作品主题。与此同时,工业化继续推进,从达尔文的进化论到照相机的发明等,所有事物都挑战着人们关于自身和世界的认知理念。

一、政治和经济背景

自由主义和民族主义的强大力量推动了许多19世纪历史事件的发展。自由主义的基本观念认为个人不应该受到外部的约束,这一观点是和美国、法国革命,以及资产阶级从贵族社会中解放自己的要求相一致的。自由主义政治进程主要指,通过立宪保证资产拥有者包括言论自由、宗教宽容及选举权等政治和公民权利。也许最重要的是,可能自由主义吸纳了自由放任的市场经济理念,它使富裕资产阶级得以在工商业领域追求利润最大化。自由主义思想在英国、法国和比利时最成功,但却没有在意大利、中欧和东欧生根发芽。

这个时代的另一个推动力是民族主义,它强调在具有共同语言和传统的一个国家内部,所有人民彼此合作。民族主义者忽略了阶级界限,鼓吹人道主义价值观,强调一个国家内的所有成员都是兄弟姐妹。随着民族主义的扩展,自由理念、共和原则甚至是民主思想又渗透其中。民族主义成了推动中欧、南欧和东欧历史发展的核心力量,并逐渐聚合成德国和意大利的民族冲动性。1848年后,民族主义变得越来越好战。

（一）1830 年革命和 1848 年革命

1830 年法国七月革命爆发，波旁王朝被推翻，路易·菲利普（Louis Philippe，1830—1848 年在位）上台，他承诺要实行自由宪法，随后的一系列起义对 1815 年维也纳会议强加给法国的压制政策构成了挑战。路易·菲利普的政权逐渐变成了富裕资产阶级牺牲工人利益的工具，选举权仅限于富裕的男性有产者，不受约束的经济扩张受到了法律保护，资产阶级获得政治统治地位后企图在政治自由的进程中为自己攫取更多的经济利益。

欧洲其他地方随后也爆发了自由革命，如比利时和中南欧地区，但都没有成功。在中欧，当地保守势力在奥地利部队的支持下很快扑灭了 1830 年自由主义起义的火焰，严厉惩处起义者，强行颁布戒严令，重新确立了书报检查制度，并控制了学校教育。虽然自由主义者不断期望进行温和的改革，但保守势力却使之举步维艰。在整个中、东欧，强调民族身份和共同文化传承的民族主义成了唯一号召。

以 1848 年 2 月巴黎的示威和暴乱为起点，日益积累起来的失望和挫折情绪终于在 1848 年爆发成一系列席卷欧洲的起义。虽然起义是在自由主义思想和民族主义目标推动下发生的，但其爆发的直接原因是生产衰退、失业率上升和农产品价格的不断下跌。1848 年春，革命运动从巴黎开始，经柏林一直蔓延到维也纳，运动中资产阶级、知识分子、工人、学生和民族主义者推翻了王侯的统治。由自由主义者和改革者领导的临时政府赶走了外国部队，建立了立宪君主制、共和制或是民主制国家，在这些政权中所有成年男性都拥有选举权。在新社会主义运动的影响下，有些政府还制定了各种法律来刺激生产，改善劳动条件以及通过救济或就业计划帮助穷人。

到 1848 年秋，由军队、贵族和教会组成的保守派联合起来打败了组织松散的革命运动，1849 年 1 月，许多以前的统治者重新上台执政。1848 年后，一种以积极使用武力为手段、不带感情色彩的政治和外交观念取代了自由主义者、改革派和民族主义者的理想主义思维，这种思想被称作 "real politik"，是德语 "现实政治" 的意思，它又被委婉地叫作 "权力政治"。

（二）现实政治主导下的欧洲事务

从 1850 到 1871 年，这些保守政权开始转而依靠强大高效的军队、短暂猛烈的战争，以及模棱两可的成文条约，来解决 1848 年起义中出现的各种问题，现实政治主导了欧洲国家的政策。普鲁士首相、未来德国统一的设计师俾斯麦（Otto von Bismarck）嘲笑自由主义议会改革的失败，认为普鲁士的命运不能靠演讲，而只能依靠"铁和血"来决定。被奥地利占领后，意大利民族主义者认识到，意大利的统一只能依靠军队和灵活的外交。俄国沙皇是比较少见的支持所有改革的人，但他也越来越意识到，任何改革都应该从社会上层而不是从社会底层开始。

1. 英国的有限改革

1832年，英国地主和工商业资本家的自由主义联盟排除保守派的阻挠，推动议会通过了一项改革法案。这项新法律重新描绘了英国的政治地图，反映了工业革命带来的人口结构变迁，它通过降低选举权的财产界限使成千上万刚刚成年的男子获得了公民权利，尽管此时仍然有几百万英国公民没有投票权。1867年通过的第二个改革法案使工人阶级成年男子获得了选举权，随着维多利亚女王（Queen Victoria，1837—1901年在位）登基和自由派与保守派势力的最终平衡，英国的经济实力和国家声望达到了顶峰。

2. 中欧的战争和统一

1861年威廉一世（William Ⅰ）继位普鲁士国王后，任命俾斯麦为首相，在此后若干年里，俾斯麦把普鲁士军队打造成了一架残酷的战争机器，同时他根本不理睬自由主义异议者、普鲁士议会，以及他通过的法律。民族主义取代自由主义成了普鲁士的号召，俾斯麦利用这一时机将德意志人团结到普鲁士周围，以此来对付法国和奥地利。

俾斯麦通过灵活的外交手腕和武力征服，使普鲁士的潜在敌人保持中立，借此实现了自己的目标。1866年，他把德意志诸邦联合成了一个把奥地利排除在外的联盟——北德意志邦联（North German Confederation），1870年又制造了一场外交危机，迫使法国向普鲁士宣战。战争中法国惨败，使普法战争在1870年末突然结束，这也导致了拿破仑三世的法兰西第二帝国最后覆灭，并使法国在1871年于凡尔赛签订的和约中备受屈辱，这个和约还宣告了德意志帝国的成立。这个重要的历史转折点为第一次世界大战的爆发埋下了隐患。

意大利半岛大部分为奥地利君主统治，那里的自由主义和民族主义也是动荡之源。在18世纪30年代，受到朱塞佩·马志尼（Giuseppe Mazzini）著作的影响，意大利自由主义者联合起来，形成了民族主义的"青年意大利运动"（Young Italy），而自由主义者的目标则是建立由独立的皮埃蒙特－撒丁王国（Piedmont-Sardinia）领导的意大利国家。撒丁王国是一个君主立宪国家，它以国民享有充分的公民权和政治权利而闻名。撒丁王国在经济上平衡发展农业和贸易，在首相加富尔（Count Camillo Benso di Caxour）的领导下，大多数撒丁王国人民尤其是中产阶级商人和手工业者的生活水平得到了提高。

1859 到 1871 年间，撒丁王国赶走了意大利半岛的大部分奥地利人。在法国拿破仑三世的鼓励下，撒丁王国吞并了意大利半岛的中南部地区，这成为加富尔宏大的意大利统"一战"略中的一个重要部分。勇敢的意大利爱国者加里波第（Giuseppe Garibaldi）率领一千名"红衫军"（Red Shirts）突入西西里王国（Kingdom of the Two Sicilies）并把它从西班牙波旁王室统治者的手中解放出来。1860 年西西里经投票表决以压倒性多数同意与皮埃蒙特一道组成意大利王国（Kingdom of Italy），此后不久，四分五裂的意大利终于完成了统一。1866 年奥地利放弃对威尼斯的统治，1870 年罗马被民族主义部队攻破并成为意大利的首都。

（三）美国内战

在意大利和德国疾风暴雨式地统一活动的同时，美国也经历了一个领土扩张和中央集权的过程，不过这个过程也埋下了冲突的种子。所谓美国经济不过是一个地域上分裂的经济混合体。一方面是商业、贸易和金融领袖聚集，工厂制度兴起的东北部经济区，另一方面是有着许多由黑奴耕种的巨大棉花种植园的南部经济区。未开发的西部是第三个经济区。

1830 年后，奴隶制问题使北部和南部的经济矛盾不断激化。随着垦殖者向西进发，奴隶制是否向西部地区和西部州扩展的问题触及各方切身利益，1861 年，南部各州决定脱离联邦，终于引发了内战。

同时代的欧洲战争时间短暂、伤亡较小，而美国内战则持续了四年，交战双方伤亡惨重。1865 年，北方在林肯总统的领导下取得胜利，挽救了联邦，并且保证给奴隶自由。不过在被称为重建时期的战后阶段，北方和南方间的敌意依然不断表现出来，尤其是在种族问题上，双方的紧张关系竟然持续了一个多世纪。

（四）工业化和技术

在 19 世纪政治动荡的表象之下，是工业化、技术和战争方式的迅速变革。这 3 个方面在欧洲和大西洋两岸扩展时相互交织，影响到了每个社会阶层人民的日常生活。

1. 工业化

18 世纪工业化首先在英国出现后，19 世纪 30 年代开始在法国兴起，很快比利时也进入了工业化时代。在接下来的 40 年里，比利时和法国是欧洲大陆主要的经济强国,到1871年,工厂和铁路网开始从巴黎和布鲁塞尔向维也纳和米兰辐射。铁路线的扩展意味着工厂不必靠近煤矿或拥挤的市区。电报等通信技术的发明使工厂主可以更容易地利用遥远地区的资源和市场,1866年工程师们铺设了一条跨大西洋的电报电缆,将欧洲和美洲连接起来。英国首开先河,在1839年建立了世界上第一个收取标准邮资的邮政服务系统,国家邮政系统的建立使全球联系更加紧密。瑞士和德国很快也建立了他们的邮政体系,到1878年,各种各样相互竞争的邮费导致了万国邮政联盟(Universal Postal Union)的形成,在不到10年的时间里,万国邮联就有了55个会员。

2. 新技术

技术的飞快进步证明工业化时代是一个革命时代。1769年改良的蒸汽机被运用到如下交通和制造业中:使用桨轮推进器的汽船,1816—1870年汽船的使用在俄亥俄河和密西西比河上达到全盛;蒸汽机车的发明使用,铁路时代是1830—1945年;水轮机被用于锯木厂和纺织厂,1882年后还被用于建造水电站。

19世纪早期使用煤气的瓦斯灯开始在英国投入使用,它被用于街道和家庭照明。到1870年,大部分欧洲城市都安装了瓦斯路灯。1859年在宾夕法尼亚发现了石油,主要用来制作点灯用的煤油,而作为副产品的汽油则被认为是无用的废品。

新的军事技术包括可以用来运输部队、马匹和辎重的蒸汽船、火车及"撞针枪"(needle gun),这是一种后膛装填、发射子弹的步枪,而不是以前那种前膛装药、发射弹丸的滑膛枪,包括武器制作和政府订货监督在内的军工综合体继续发展。到1870年,围绕普鲁士统一起来的德国在军事战略和武器系统上开始在欧洲大陆国家中占据领先地位。

3. 工业化的扩展

1830年,英国进入了工业革命的第二阶段,英国不断造船、建工厂、铺设铁路,到1850年,英国的铁路网把所有的大城市都连接起来了。在英国和欧洲大陆,新的煤矿和铁矿的开采,以及纺织品和其他原料进口的增加,使工厂里的机器日夜不停地运转。英国金融家和大陆银行家贷款给新兴公司去建造新的工厂、货栈、船只和铁路,从而为那些有剩余资金投资的资本家创造了更多的财富。

二、19世纪的思想

1830—1870年是知识繁荣的时代。由洛克、孟德斯鸠、卢梭和伏尔泰建立,并经过美国和法国革命检验的自由主义这时被重新解释。诞生于对工业化和自由经济理论反思基础上的社会主义在工人阶级中激起了变革。科学和思想上的突破挑战了人们理解世界和历史的传统方式。

生活在现代世界的我们仍然可以感受到资本主义时代的影响。1830年和1848年的革命表明，起义可以带来变革，却并不总能得到期望的结果，反而使未来可能更激烈的社会变革成了必然。这些失败的革命造就了非道德的现实政治思想，它至今仍然是大部分政治活动的指导性原则。现实政治也促使德国在1871年走向统一，它打破了欧洲大陆的势力均衡，引发了德国的军国主义，使法国对德国的怨恨不断积聚。这些事件都埋下了两次世界大战的种子。

在自由主义思想的支配下，努力工作、节俭、体面生活成了资产阶级至高无上的价值观，个人重于集体的思想也为资产阶级所推崇。空想社会主义者和马克思主义的社会主义者在批判自由主义和工业化的同时为社会和经济问题提供了其他的解决方案，他们的方案预示着诸如工会、大众政党和国家计划等手段的出现。

对这一时期的知识和艺术成就产生了深远的影响。虽然全球共产主义失败了，但仍然有人对马克思备受争议的历史分析方法感兴趣；达尔文的进化论虽然至今仍备受争议，但它对现代思想至关重要；巴斯德对消毒学和微生物学的贡献使这个世界更加安全；挑战希伯来圣经和《新约》的高等批判，削弱了宗教神启思想的影响。

虽然1850年后浪漫主义遭到了其他思想流派的抨击，但它并没有从西方消失。紧随浪漫主义之后的现实主义成了主流风格，一直延续到20世纪初，这部分地受到了照相机发明和摄影艺术发展的影响。伦敦的水晶宫宣告了艺术和建筑领域高科技成果的出现，出版印刷领域的发明和新技术为视觉艺术的大众市场化奠定了基础。这一时期最重要的艺术成就可能是马奈（Edouard Manet）创立的"为艺术而艺术"的观念，它结束了关于艺术之表现本质的争论，1871年以后的大多数艺术家都追随了马奈的大胆步伐。

第三节　现代主义时期

在1871—1914年间，欧洲度过了前所未有的和平时期，其间没有发生任何军事冲突，这使许多人认为这个时期就是启蒙思想家们预言的那种新时代。事后来看，这一时期中弥漫着任性的民族主义、侵略性的帝国主义和日甚一日的军国主义，这些因素最终导致了1914年第一次世界大战的爆发。与此同时，被称为

"现代生活"的现象呈现出来，人们感受到了强大的民族国家和第二次工业革命所带来的实惠。在文化领域诞生了现代主义，这场运动既排斥希腊罗马的遗产，也排斥犹太基督教传统，努力塑造一种符合现代世俗经验的新观念。

一、现代主义的崛起

早期现代主义时代虽然洋溢着乐观、祥和的气氛，却也是一个风云变幻、黑云压城的时代。帝国主义、民族主义和军国主义等驱动力量，正在促成将影响20世纪生活的历史趋势。充当这些强大力量催化剂角色的是中产阶级，他们的政治力量在整个西方与日俱增。

随着帝国主义野心的膨胀，欧洲成了一个拥有全球性政治和经济利益网络的世界霸主，欧洲国家之间的对抗也大大加剧。帝国主义与军国主义冲动和民族主义情感交织在一起，营造了一种最终导致敌对国家相互开战的气氛。

（一）第二次工业革命与现代生活的形成

首先，从1760年开始，世界工业强国英国就面临着来自德国和美国的激烈竞争；其次，科学研究提供了新的、更好的工业产品，相比于基本上是实用性的第一次工业革命时期，这一时段的科学研究产生了更大的影响；最后，蒸汽和水力被石油和电力等更新的工业能源取代了，内燃机取代了船舶上的蒸汽机，并且促使了汽车和飞机的诞生。世界正在进入一个力量和速度的时代。

受科学直接影响下的技术也在改变着世界。无线电取代了电报，电话也崭露头角，国内和国际的邮政设施建立了起来，打字机和制表机改变了商业习惯、转轮印刷技术印制出千万份报纸，供识字率越来越高的公众阅读。

第二次工业革命几乎影响了经济的每一个方面。在运输领域，功效更高的发动机意味着更低的运输成本和更便宜的产品，冷冻技术使易烂的食品得以运送到远方而不腐烂，广告既成为发行商的重要收入来源，也在消费经济中发挥着巨大的作用，越来越多的财富意味着更多的人拥有更多的休闲，因而随之出现了诸如海边度假地、音乐厅、电影院和自行车等新型娱乐。所有这些共同创造了所谓的现代生活。

工业化都市能提供报酬优厚的工作、舒适的生活、喧嚣的娱乐，因此它们吸引了来自小城镇和农村的居民，到20世纪初，西方大约有30%的人生活在城市中。随着工业化国家中城市的发展，生活水平提高了，消费者受惠于价格的普遍下降和稳步增长的工资收入。从1900年到1914年第一次世界大战爆发的这段时期内，中产阶级和上层阶级享受着前所未有的繁荣和悠闲，但城市工人的苦难却加深了，城市贫民窟变得越来越拥挤，生活条件越来越差。在繁华中出现的悲惨景象触动了许多市民的良知，他们开始努力为劳工创造更好的居住条件和更安全的工作环境。当这些改革措施显得不得力时，劳工工会兴起了，它们最有力的武器就是罢工。

有一种显得卓有成效的改革，就是世俗性公共教育的建立。改革者们声称，由税收提供资金而由国家机关予以监督的公立学校将培养出胜任工业化社会工作的工人，并造就有知识有文化的公民，这是现代生活的两个基本需要。公共学校制度的建立产生了一个不期而然的结果，即孩子与他们父母之间的联系松弛了。

妇女的地位也得到了巨大改变。新的就业机会为教师、护士、机关工作人员和推销员敞开了大门。由于其中一些职业要求特殊的技能，一些向妇女传授这些技能的高等院校和学位培养项目发展起来。许多年轻妇女依然回到家庭事务中去，但新的家务设施降低了对仆人的需求。工厂中的女工受国家法律的管理，但小店主们仍然在家庭式经营中实行长时间工作的做法。

一些主要来自中产阶级的女性改革者沿袭了在1871年以前已小有规模的传统，倡导给予妇女更多的自由。这些改革者们成功地发动了修改财产法和离婚法的运动，使妇女获得了控制财产和生活的权利。在一些国家，她们发起了争取选举权的运动，采用示威游行来宣扬她们的主张。女权主义一词在1895年进入了英语词汇，经过一场激情昂扬、时而又显得颇为凶猛的运动，英国女性在1918年、美国女性在1920年先后获得了选举权。

（二）对工业主义的反应

在早期现代主义初露端倪之际，工业化国家中自由主义的理念受到了多方面的挑战。除了在英国和美国，其他各公立法律机构中的自由派人士受到了两派的左右夹攻：一派是社会主义者，他们要求加强中央计划，并为工人提供更多的国家服务；另一派是保守派，他们害怕民众，赞成用好战的民族主义来统一国内社会。在1900年以后，代表工人和工会的政党进一步威胁了自由派对政权的控制，这些政党力量日益强大，足以成功地推行一些法律来纠正工业主义的社会弊病。

一些重大事件似乎也让自由主义理论声誉扫地。从理论上来说，自由贸易条件下人口应该下降或至少持平，经济应该和谐地运转，但这两种情况均未出现。

实际情况是人口急剧增长,而工业资本主义也动荡无常,这致使许多人断言所谓的自由经济法则并不奏效。

1. 高度工业化西方的国内政治

在这个时期,德国、法国、英国和美国都面临着一些国内问题。1871年建立的德意志帝国在其第一任首相奥托·冯·俾斯麦(Otto von Bismarck)和前普鲁士国王和新帝国皇帝威廉一世(William I)的英明领导下迈向了统一。尽管有着议会统治的假象,但这个帝国的基调却是保守的、军国主义的和民族主义的。

在法国,1871年第二帝国屈辱地战败于德国,此后便建立起第三共和国。虽然法国政府依然处在共和派和君主派毫不妥协的倾轧中,但它在以下事宜上还是保持着一致意见的,即为了对付工人政党和社会主义一方日益壮大的号召力,必须纠正一些最突出的社会不公正现象。

这一时期英国在解决其国内问题方面比较成功。英国政府由代表中上层阶级的政党控制,它通过了一些改善贫困家庭工作和生活条件的社会立法,并通过公立中学体系创造社会流动的机会。如同在德国和法国一样,这些改革措施并未阻止工人组成它们自己的政党,即工党。在第一次世界大战后不到十年的时间里,工党就获得了足够的支持,成了议会中的多数党并推选出英国首相。

在大西洋彼岸,美国开始挑战英国的工业霸主地位,其迅速发展的经济,使大企业得以在20世纪初年改革运动兴起之前,始终控制着各个层面上的政治。但在1900年初期,由美国民主传统激发出来的改革运动,暂时遏制了大企业联合体,即所谓的"托拉斯"(trust)势力,在交通和石油领域尤是如此。

在19世纪后期,欧洲人以人类历史上最大的迁徙规模移居美国。这些移民经历了痛苦的调整过程,特别是在东部城市拥挤的贫民窟中的蜗居生活,之后,他们便进入了美国生活的主流。这些主要来自中欧和东欧的新移民使美国转变成一个种族成分更丰富的社会,并对美国社会文化做出了巨大贡献。

2. 中欧、南欧和东欧国家的内政

中欧、南欧和东欧那些工业化程度较低的国家面临着更严峻的困难,当工厂制度开始在这些地区出现,这些国家没有任何完善的政治和经济政策来应对工业化带来的诸多问题。在意大利,某些地区首领的权力比首相更大,因此意大利政府便允许北方一些地区率先工业化,而让南方地区包括西西里继续保持着半封建的状态。结果,由一个日趋壮大的中产阶级推动的北方遥遥领先于以农业为主的南方,在那里,贫穷的农民耕种着大庄园主的土地。在奥匈帝国,政府最大的问

题是种族的动荡问题，这直接源于对斯拉夫少数民族特别是捷克人和斯洛伐克人政治自由权的剥夺。1867年，奥地利德意志人给予匈牙利人以政治平等地位，允许他们在匈牙利实行自由管理，但这丝毫无助于缓解斯拉夫人中日趋强烈的不满情绪。不过，正是在这个地区弥漫着种族暴行的同时，其首都维也纳却成了现代主义的亮丽象征。在"世纪之末"的维也纳产生了被称为"表现主义"的文化风格和以西格蒙德·弗洛伊德（Sigmund Freud）为代表的心理学。

而往东一些的俄罗斯帝国慢慢进入了工业化时代，其广阔的疆域和迟滞的农业经济以及效率低下的官僚机制妨碍了它的顺畅发展。令俄罗斯雪上加霜的是激进的地下党人，他们对这个专制社会中任何的实质性改良都深感绝望。1881年，一名无政府主义者刺杀了开明的沙皇亚历山大二世（Alexander Ⅱ），几位继任的沙皇废除了他的改革措施，在这几位沙皇的统治下，俄国经济日趋恶化，大臣们也变得越来越反动。1905年，日本在日俄战争（1904—1905年）中一举打败俄国，引发了一场由绝望的工人和疾苦的农民发动的短暂革命。沙皇尼古拉二世（Nicholas Ⅱ）通过许诺实行仁政勉强渡过难关，但他的承诺几乎全都落空。相反，国家严厉地镇压不满分子，其结果是沙皇朝廷的孤立更加明显。

二、现代主义的高峰

现代主义是这个时期居主导地位的文化风格。现代主义以其潜在的怀疑主义精神和追求试验的习性，引导着艺术家、作家、作曲家、电影制作人、设计师和建筑师的艺术创作，但这种风格的感召力是有限的，日趋扩大的普通大众被孤立于先锋派艺术、音乐和文学的发展之外。当这一更广泛的观众群体接触到现代主义作品后，他们经常对这一艺术表达形式嗤之以鼻，认为这种形式晦涩不可理解，或者是在某些方面具有挑衅的意味。他们反而转向大众文化（mass culture）所提供的越来越便利也越来越支付得起的娱乐。

（一）大众文化与新技术

文化差异是人类不同民族及社会的文化差别。[1] 现代主义从19世纪后期开始时就是技术和战争的产物，同时也是对技术和战争的反应；在20世纪上半叶，这三样东西更紧密地交织在了一起。技术和战争经常显得不可分离，因为技术决定了战争如何进行，而军事策划者通常是从此前时代获取经验的人，他们显然不

---

[1] 张华：《管理沟通》，电子科技大学出版社2017年版，第133页。

能适应最新的战争技术。而现代主义则是时代的一面镜子,记录并反映技术和战争对社会的破坏性作用,事实上是暴露现代生活脆弱的基础和范围。然而,即使是对大众有感召力的大众文化,似乎也无法时时抵制现代主义美学的腐蚀性行为。

同相对主义一样,大众文化也是工业化社会的直接产物。它的起源可追溯到19世纪后期,那时的熟练工人开始享受到以往的工人阶级成员根本不可能享受的更优越的生活标准。这一代新生的消费群体要求符合他们口味的产品和娱乐,要便宜、有激情、容易得到。为满足他们的需求,采用新技术的企业家们将源源不断的消费商品推向市场并开发新的娱乐品类,与此前的民间文化或民众文化不同,现代大众文化是一种批量生产的文化。不断膨胀的消费市场导致了新产业的建立和扩展,尤其是在汽车、家政产品和室内用具等方面。

大众文化的大多数形式其实在第一次世界大战(以下简称"一战")以前就发端了。例如,广播上的搞笑节目、报纸上的连环画、卡通、职业运动、图文杂志、录音、电影和音乐剧等,但在一站后才进入全面发展阶段,20世纪20年代是百老汇音乐剧的黄金时期,而广播则在1935—1955年间达到了顶峰。大众文化的扩展提高了美国的声望,它逐渐被公认为最具活力和想象力的流行作品发源地,美国在大众文化领域主导权的杰出代表是沃尔特·迪士尼(Walt Disney),他是米老鼠(Mickey Mouse)和其他一些卡通形象的创造者。到1945年,大众文化已经在一些较发达社会中大部分公民的公共生活和私人生活中发挥着重要作用了。一批现代主义者开始将大众文化的成分融入他们的作品中,比如,他们在"严肃"音乐或歌舞剧影片中运用爵士乐,但大多数艺术家、作家和音乐家还是不愿与大众文化沾边。

(二)文学中的尝试

1914—1945年间的现代主义者,保持着早期现代主义对实验的执着精神,这种姿态反映了他们对所处时代不稳定状态的绝望。现代主义者深信,他们能够给看起来杂乱无章和毫无意义的人类状态确立一种秩序,故而他们以自己精心创作的实验性作品来挑战传统的文学范式和手法,因此在小说、诗歌及戏剧方面取得了不错的成绩。

三、现代主义的终结

1947年,美籍英裔作家奥登发表了一首题为《忧虑的时代》的诗歌,表达了他所处时代的忧郁。他描述了一个处在两难境地的时期，一方面狂热地寻求稳定，另一方面是认识到这种寻求徒劳无益。第二次世界大战的暴行是前所未有的，奥登所述的焦虑时代便是对这种暴行的反应，它围绕着死亡和毁灭展开，对欧洲犹太人大屠杀和投在日本的两枚原子弹的记忆更令这个时代面目狰狞。当美苏关系恶化、第一次世界大战显得不可避免之时，焦虑便会转化成绝望。在这种背景下，现代主义进入了其最后的阶段。

后期现代主义（Late Modernism）在1945年到1970年间盛行，它表达了一帮艺术家、作家和思想家的观念，这些人显得几乎被这个令人沮丧的时代彻底压垮了。存在主义（Existentialism）似乎是唯一一种颇有道理的哲学，因为它提倡忘却过去和未来，热情地为现在而生活。颇具矛盾意味的是大大减弱的人文信念依然在支撑着现代主义者从事他们的创造性工作，并防止了他们沉沦到无望沉默的境地。

与以前的现代主义者一样，后期现代主义者也自视为精英阶层，他们荡涤以往一切无足轻重、粗鄙无识的大众文化，同时致力于拯救西方文化中那些在他们看来值得拯救的东西，并从精神分析学和非西方源泉中汲取灵感。他们怀抱着一种使命感，努力让自己的作品臻于精练，以直接表达最基本的内容，因此摒弃了刻板的合理性，而奉行兴之所至的原则。他们将题材搁置一边，把探索推进到极致的地步，故而把绘画简约为线条和色彩，将雕塑简略为结构和形状，将音乐浓缩成声音的随意组合。与以往的现代主义者一样，他们随后赋予这些作品以精神的或先验的意义，宣称抽象画和抽象雕塑是中介手段，而混杂了噪声及和声的音乐则重现了自然界的声音。

第四章　多元视角下的英美文化差异

英美文化源远流长，经历了长期、复杂的发展演变过程。本章为多元视角下的英美文化差异，主要从英美的文学与艺术、教育与体育、经济与科技、社会福利，四个方面进行详细的阐述。

第一节 英美文学与艺术

1. 英国女性文学

（1）中世纪时期：女性文学的开端

公元7世纪末至15世纪末，是英国文学从发端到民族文学确立、成熟的历史时期。公元7世纪末产生了迄今为止发现的英国最早的古英语作品，10世纪出现了英国的民族史诗《贝奥武甫》的手抄本，13世纪用英语创作的英国民族文学在英国各方言地区陆续出现，产生了具有浓郁现实世俗内涵的传奇，14世纪英语在国家和社会生活的各方面获得了完全胜利，已经上升为全英国的文学语言。自英国文学发端至文艺复兴时期的几百年间，流传下来的女作家及作品寥若晨星，而且主要是出家的修女或半出家的虔诚女性的宗教作品。修道院成为中世纪杰出女性寻求庇护和接受教育的重要场所，她们在这里通过阅读、抄写《圣经》获得了学习机会，甚至学习了拉丁语，并创作了具有浓厚宗教色彩的文学作品。这些女性也因其虔诚的宗教生活和宗教写作而得到教会及公众的认可，并得以流传后世。现代学者将女性的这部分写作纳入"俗语神学"的范畴，认为"女性俗语神学"著作为中世纪的宗教文化做出了重要贡献，女性宗教写作的发掘拓宽了中世纪传统宗教文学的概念和准则。

朱丽安（Julieanne）是英国文学史上第一位用英语进行写作的女性，她的真实姓名不详，诺里奇是她的家乡，朱丽安则是她晚年生活的修道院。她经历了那个世纪英国所遭受的种种灾难——黑死病、英法战争、宗教分裂和宗教迫害等。她曾身患重症，病濒临死亡，却又奇迹般地活了过来。她声称自己看到了十字架上的耶稣和天堂的景象，恢复健康后，她开始了文学写作，并在靠近圣朱丽安教堂的一间小屋里度过了20年祷告、冥想、隐居的生活。她的代表作《上帝之爱的启示》，是目前为止发现的用英语创作的第一部女性文学著作。她以优美朴素的文字，描绘了她所"看到"的异象景观，抒发了她渴望接近神的强烈情感，表达了她的隐居体验和宗教思想——关于爱、怜悯、地狱、罪恶乃至人类未来的思考。她在世时就以睿智和深刻的洞察力而著称，成为14世纪英国最引人注目的神秘主义作家。

到了中世纪，英国最重要的神秘主义女作家是玛格丽·肯普（Margery Kempe），她1373年出生于英国诺福克郡的林恩，没有受过什么教育，20岁时嫁给一位商人，生了14个孩子，经历过严重的疾病、心力交瘁、精神崩溃，后来声称看见了基督，突然恢复正常，不久再次遭受疾病困扰，恢复正常后，她得到教会准许身着象征贞洁的白衣，终身献身宗教。大约40岁时，肯普开始了朝圣之旅，途经德国、瑞士、意大利、爱琴海、塞浦路斯等地，最后到达耶路撒冷，返回途中朝拜了罗马等圣地。肯普的个人经历和宗教思想都具有极大的挑战性，她的特立独行和惊世骇俗的思想在当时就引起了截然相反的评价，她被尊为"女圣徒"，也被视为"女巫"而遭到嘲笑和斥责。她还曾被控为异端而遭逮捕，在受审时用巧妙的自我辩护使自己幸免于难。

（2）16—17世纪：女性文学的发展

如果说，中世纪杰出的知识女性产生自修道院文化，那么文艺复兴时期的知识女性则是来自少数人文主义者的家庭的熏陶。人文主义思想在有限的范围内影响了英国妇女的观念，并在某种程度上促进了英国女性在文学艺术及学术领域的发展。女性教育的本质和社会价值问题在一些人文主义者之间引起了争论，被称为"早期女权主义者"的少数女性公开抨击婚姻制度和女性的社会习俗，并开始探讨女性的本质问题，她们假定存在着一种独特的女性思维和女性视野。这个时期杰出的知识女性大多出身于少数人文主义者的家庭或与宫廷关系密切的家庭，她们在人文主义者的圈子里接受了良好的古典教育，学习了拉丁文和古希腊文，不仅从事文学写作，而且涉足其他学术领域。

人文主义思想影响了英国上层社会的妇女，但毕竟范围有限，在都铎王朝时期，英国受过高等教育的女性很少。尽管如此，人文主义者的家庭和其他政治文化因素共同促进了英国女性文学的第一次繁荣。女性世俗文学得到发展，女作家主要集中在贵族阶层，以各种不同的方式与宫廷或教会联系。伊丽莎白一世喜欢写作，也喜欢有学问的女性，宫廷不仅鼓励女性从事写作，而且成为培养女性进行创作的场所，一些活跃的女性作家和学者从事研究、翻译和文学创作，她们的著作或者公开出版，或者仅仅作为一种交往形式、一种宫廷礼仪，在宫廷、贵族女性之间传播，成为女性之间交友的重要方式，也助长了女性文学和学术社群的形成。

书信一直是女性最主要的交流方式和女性最喜爱的文类。15世纪，玛格丽特·帕斯顿（Gretel Paston）等四位女性参与创作的《帕斯顿书信集》，从女性的角度记录了15世纪英国的社会和家庭生活，成为后世家族研究、婚姻、法律、经济研究、文学史研究、妇女自传、女性书信体文类写作研究的重要文献。16世纪，中产阶级出身的伊莎贝拉·惠特尼（Isabella Whitney）的《书信集》表现了鲜明的女性声音，探讨了性别关系和女性的性道德，控诉男性对于女性的背叛。惠特尼也是迄今为止发现的第一位出版诗集的英国女性，她留给后世的有诗集《一束芬芳的花》等。伊丽莎白时代最多产的女作家、诗人、翻译家、剧作家是伊丽莎白·卡利（Elizabeth Carly），她是自学成才的语言学家，精通5种语言，也是11个孩子的母亲。她的作品大部分遗失，最著名的《玛丽亚的悲剧》是英国文学史上第一部女性创作的剧本。

17世纪，女作家及作品数量大增。这个世纪，也被视为英国女权主义产生的时期，女作家作品中的女性声音、女性视角明显突出，出现了批判控制女性的宗教观念及质疑传统性别观念的作品，女性写作的内容表现出广泛的社会关怀，表现出女性对于宗教的沉思与精神的探索，以及对于世俗生活中的友谊、爱情与婚姻本质的思考，而且涉及某些重大的政治事件，产生了以历史事件为中心的传记和自传作品。

阿弗拉·班恩（Aphra Behn）是英国乃至欧洲第一位职业女作家。她的生活充满了传奇色彩，她曾到过南美的英、荷殖民地苏里南。英荷战争期间，她受英王委派前往安特卫普刺探情报。她当过演员，曾因负债进过监狱，出狱后开始靠写作谋生。自1670年创作第一部戏剧，她创作了19个剧本，大部分在伦敦上演，其中以《漫游者》《城市女财主》和《财运》等最为著名。她的作品表现伦敦市民心态和风俗，抨击不平等的婚姻和牢狱般的家庭生活。17世纪80年代后，她开始翻译、写作诗歌和小说，她的诗歌采用田园诗的形式，创造了一个不受政治、习俗约束的社会。她的小说促进了英国言情小说这一文类的发展，表现了女性的欲望和女性间的友情。

玛格丽特·卡文迪什（Magerate Lucas Cavendish）是英国传记史上第一位为丈夫作传的妻子，也是最早思考历史写作与历史真实问题的女作家。她创作了《我的出生、教养和生活的真实故事》和《高尚的生活——威廉·卡文迪什传》。她毫不掩饰自己为了出版和荣誉而写作，她把写作视为获得荣誉和消磨时间的最佳方式。因此，当许多女性匿名发表作品时，她以真名发表作品。她的创作包括散文、诗歌、小说、戏剧、演说及书信等。她的传记作品表现她和丈夫双方亲属的生活，记录了战争和政治给家庭带来的影响，表现了她自己的社会身份、教育、命运、成长和婚姻，以及她的个性和雄心壮志，其中渗透着她关于自然、哲学、写作、政治、阶级、性别的独特观点。女性与男性一样具有学习的能力，智慧是天赋的，知识是人为的，女人拥有与男性相同的智慧，只是由于男人比女人有更多的机会而变得博学。她的小说也有意识地探讨了性别、权力和行为方式等问题。

处于世纪之交的玛丽·阿斯泰尔（Mary Astaire），被称为文艺复兴时期的最后一位知识女性，以及现代第一位女权主义者。她出身于中上层阶级，父亲是坚定的保皇派和圣公会信徒。阿斯泰尔没有受过正规教育，但从她的叔叔（圣公会教士）那儿接受了良好的教育，涉猎了哲学、数学、神学、历史、政治学和古典文学。父亲去世后，她与母亲、姑母生活在一起，在她们相继去世后，没有嫁资又无依无靠的阿斯泰尔前往伦敦，住在文人和艺术家聚集的切尔西，与当时颇具影响力的女性文学圈建立了密切关系，在她通向学术和文学的艰难道路上，得到过这个圈子里的女文人的帮助。她最著名的作品是《为了女性的真正、伟大的利益给女士们的严肃忠告》，这部著作流传甚广。她在书中建议为女性建立一个新型的机构——"隐修院"，为妇女提供宗教和世俗教育。她规劝女性应该超越母亲和修女的角色，不应该只想着衣帽设计师和裁缝，应该放下剪刀、针线，成为在情感和思想上独立自主的人。她所设想的"隐修院"，没有传统修道院的权威控制妇女的精神，也没有男人的暴力和专制，妇女在这里具有高度的个人自由，她们过着贞洁、虔诚、自尊、献身于上帝的社团生活，在祈祷、沉思、谈话、阅读中获得安宁与快乐。她被认为是对她的同时代人产生重大影响的第一位女性政治作家。她的教育思想对 18 世纪的女性教育思想产生了很大影响。

（3）18 世纪：中产阶级女作家的崛起

18 世纪，古典人文主义学术受到强调理性的启蒙哲学和现代话语的挑战。17 世纪的宗教论争让位于商业主义，贵族中心的文化价值取向和艺术趣味转向资产阶级中心的价值观念和趣味。法律、医学、科学、政治、文学成为职业，伴随着社会转型的宗教、思想和社会运动深刻地影响了女性的生活、文学观念和文学创作。妇女一方面依然遵从着传统循规蹈矩地生活，另一方面则对传统的性别观念和文学观念提出了挑战。中产阶级的妇女不仅从事文学创作，而且参与甚至主持出版、印刷、书刊销售业，在伦敦形成了一个女性出版网络，出版业中女性的存在对文学趣味、文化时尚、情感结构和公共意见形成了不可忽略的影响，被世人称为格拉布街上的女人问题。

中产阶级妇女成为文学的读者主体和文学创作的主力，女性在小说和诗歌领域取得了前所未有的成就。自 17 世纪女剧作家被接纳，到 18 世纪，终于产生了以戏剧谋生的女演员、女明星和一大批女剧作家。兼具戏剧家、演员和小说家于一身的伊丽莎白·因契伯德（Elizabeth Incheberd）是18世纪最受观众欢迎的剧作家。她一生创作、改编、翻译了20多部剧作，其中大部分剧作在伦敦剧院上演并出版。她在去世前烧毁了4卷本的自传。许多女作家兼具小说家、诗人、戏剧家的多重身份，采用丰富多样的文类——小说、日记、回忆、书信、政论、随笔、戏剧等，表现中产阶级的日常生活和经历。

18世纪产生了一大批思想深刻、情感激烈、政治上激进的女作家，她们通过写作探讨女性的教育、成长、性爱、婚姻、家庭、性别、男性气质、同性友谊、阶级与社群、情感与理性，以及政治、宗教和经济问题，表现出鲜明的女性意识和对于社会、政治问题的敏感，表达了她们对于时代主潮——理性主义、科学主义和商业主义的思考、焦虑和批判。

在18世纪的英国女性文学史上，哥特小说的代表人物安·拉德克利夫（Ann Radcliffe）是不能忽略的女性，透过她的小说，可以窥见在那个辉煌的世纪，英国女性乃至英国人隐秘的恐惧和焦虑。她出身于伦敦一个商人家庭，22岁时嫁给一位律师，她生性羞涩，因此过着离群索居的生活，在丈夫的鼓励下开始小说创作。她创作了《乌多尔夫的秘密》和《意大利人》等6部哥特小说，对当时及后世作家如司各特、华兹华斯、柯勒律治、雪莱夫妇、济慈、拜伦、勃朗特姐妹、狄更斯、萨克雷及达夫妮·杜·穆里埃等产生了不可磨灭的影响。正是由于安·拉德克利夫，哥特小说才被严肃认真对待。异国情调、结构复杂，具有超自然力量的城堡所象征的陌生、险恶的环境中隐藏的与性、婚姻相关的阴谋、禁闭和暴力，表现了女性对于家庭乃至性道德的不安和矛盾心理，同时也体现了在传统与现代的转型时期，充满鬼魅且正在崩溃的中世纪庄园生活方式的瓦解。它的瓦解与存在同样令人不安，邪恶、黑暗、危险与仙境般的美丽并存，正是这种心态的折射。安·拉德克利夫小说中无处不在的暗示、沉默、空白、朦胧，同与世隔绝的城堡中的男女内心的焦躁不安、身份的不确定、无缘由的恐惧密切相关。

（4）19世纪：女性文学的繁荣

19世纪，女性的生活状况和文学传统都发生了前所未有的转变。为争取选举权而斗争，要求获得财产权，离婚后获得孩子的监护权，进入高等教育机构，获得为成为医生、护士、律师和新闻工作者而学习的权利，组织贸易联盟，经商，写作畅销书，等等。女性已经如此引人注目，以致到19世纪末，所谓的女性问题——妇女在社会中的恰当地位的问题——成为当时思想家们关注的重要范畴。在文学领域，女作家创作了数量超过先前所有世纪的文学作品，既粗制滥造了难以计数的通俗小说和戏剧，也留下了大量堪称经典的杰作。她们的作品关注现实妇女的命运，表现女性处境的阴暗面，探讨两性关系、母亲角色、孩子抚养、女性犯罪等问题，有些作家甚至把没有自由和人格独立的女性的生活视为奴隶般的生活，她们塑造新女性，甚至幻想出女性的乌托邦公社。

在保罗·史略特（Paul Slight）和琼·史略特（Joan Slight）所编的《英国女作家百科全书》中所收录的400位女作家中，绝大部分属于19世纪。随着越来越多的女作家的发掘，学者们发现19世纪出版的小说和诗歌一半出自女性之手。仅1760年至1830年间，共有339位署名的女诗人和82位匿名的女诗人出版了诗歌，她们写作英雄诗剧、斯宾塞体、颂诗、传奇、歌谣、十四行诗、抒情诗和儿歌，表现自然、爱欲、死亡、宗教和社会问题，如具有强烈宗教关怀并在英国诗坛具有重要地位的柯里斯蒂娜·乔治娜·罗塞蒂（Christina Georgina Rossetti）其诗歌以质朴自然的形式表现她的宗教信仰、世俗世界的无聊和人生的苦难；颇具传奇色彩和影响力的伊丽莎白·巴雷特·勃朗宁（Elizabeth Barrett Browning）则以其感情细腻、笔调婉约、格律严谨的爱情诗在诗歌领域赢得了一席之地。在被文学史家称为戏剧衰微的19世纪，最受公众欢迎的剧作家是乔安娜·贝利（Joanna Bailey）。在通俗文学极度繁荣的19世纪，每12位通俗作家中女性就占10位，最多产的小说家是女性。女作家群庞大的人数和作品数量、五花八门的文类、明确的政治社会意识和性别意识、艺术形式上的自觉，极大地丰富了英国文学，也产生了广泛的社会影响。

（5）20世纪：女性文学的黄金世纪

20世纪女性文学深受妇女运动、女权主义思想和两次大战的影响。对于女性精英而言，女权主义不仅是一种思潮，而且是一种看女性和看世界的立场和思维方式，是所有问题的焦点。质疑男性中心的价值体系和文化标准，表现女性主体性，探索女性身份和女性亚文化，发展姐妹情谊，更新现存世界，被视为女性写作所担负的神圣使命。随着女性普遍接受教育并进入公共领域，有关女性写作的禁忌和限制逐渐被打破，女性的写作也超越了女性性别身份的限定。女作家将性别问题与多灾多难的20世纪中的许多重大问题联系起来，发出了自己独特的声音。

与此思想上的巨大转型相关的是文学观念和表现手法上的革新，表现出对于心理与精神世界高度重视的向内转倾向。女权主义者梅·辛克莱（May Sinclair）是20世纪前期最具影响力的作家之一，也是一位对哲学和精神分析学颇有研究并深受其影响的作家。1896年她开始卖文为生，一生创作了20多部长篇小说、2部哲学著作和大量的诗歌、散文、文学评论、新闻报道。她的作品通过女性的社会地位及女性的艰苦奋斗揭露爱德华时代的社会问题，如自传体小说《玛丽·奥利维尔》，内容涉及酗酒的父亲、控制欲强的母亲，以及母女关系、兄妹关系，等等。多萝西·理查逊（Dorothy Richardson）是第一位用意识流方法写作的英语作家，其作品表现出与19世纪以来注重外部物质世界的"男性现实主义"完全不同的风格。她在奠定其文学声望的自传体长篇小说《人生历程》中，运用意识流手法表现女主人公对自我身份的追寻和女性的深层意识，她肯定女性经验作为文学主题的重要价值，试图探索一种适用于表现女性经验的句法和文风，有意改变标准的句法结构。

3. 英国生态文学

（1）文艺复兴前的生态文学

①《贝奥武甫》中的生态联系

《贝奥武甫》是英国古代最长的一首叙事诗，约占现存盎格鲁-撒克逊诗歌总量的十分之一。故事情节是丹麦国王赫罗斯加兴建了一座宏伟的宴乐厅，却遭到魔怪格兰道尔的屡屡袭击。魔怪为所欲为，每次来都抓走一些武士，连续为害达十二年之久。高特武士贝奥武甫得知后，率十四勇士前往救援。经过激烈的搏斗，力大无穷的贝奥武甫扯断了魔怪的一只胳膊。垂死的魔怪逃回了自己的洞穴。第二天晚上，魔怪的母亲前来为她的儿子报仇。贝奥武甫又与她在水潭下的洞穴中展开殊死搏斗，最后用魔剑将她杀死。贝奥武甫获胜回国。不久，国王海格拉克父子先后死于非命，贝奥武甫继承王位。他成功地统治高特国达五十年之久。可在他暮年之际，国内出现了一条毒龙。毒龙因自己守护的财宝被盗，开始向高特人进行报复。它口吐烈焰，毁灭性极强。为使自己的国家和人民免于灾祸，贝奥武甫毅然深入龙窟。在一位名叫威格拉夫的年轻武士的援助下，斩除毒龙，但老英雄也为此献出了生命。

在《贝奥武甫》的故事中，魔怪格兰道尔和他的母亲既有人的特点，又有动物的特点，是非人非兽的东西，但代表的是自然界中一种与人类为敌的邪恶势力。格兰道尔来自地球深处的洞穴，成功地袭扰赫罗斯的宴乐厅，并残忍地吞噬被抓的武士。他和他的母亲来自大自然，但对人类文明是一种威胁。这无疑是早期文明与自然之间的矛盾的一种意象。格兰道尔之所以是魔怪，正是因为他置身大自然，远离人类社会。这就意味着大自然是一种可以吞噬人类生命的危险力量。《贝奥武甫》的故事就是这样把人和大自然联系在一起的。

还要说明的一点是，虽然故事讴歌了人类对隐喻自然力量的魔怪及其母亲的最后胜利，但故事中一再强调了主人公贝奥武甫的克制能力。也就是说，贝奥武甫不但有控制环境的能力，而且也具备自我控制力。这种对控制力的强调在另一部中古英国文学作品《高文爵士与绿衣骑士》中也有体现。

②杰弗里·乔叟（Geoffrey Chaucer）的生态思想

杰弗里·乔叟（Geoffrey Chaucer）生于伦敦一个富裕的中产阶级家庭，父亲是酒商，母亲则与宫廷有密切关系。乔叟自幼受到良好的教育，十七岁便进入宫廷为英王爱德华三世的儿媳厄尔斯特伯爵夫人当少年侍从。英法百年战争中，他随英王出征，却被法军俘虏。乔叟一生受到显贵的保护和照顾，在宫廷中担任过各种公职，拥有丰富的阅历。这期间还前往欧洲大陆进行外交活动，这些都是对他的文学创作起了很大影响的因素。

乔叟饱读诗书，精通多种语言。加上丰富的阅历和对社会各界细致的观察，使他成了中古英语文学最伟大的代表，被誉为"英国诗歌之父"。他曾翻译法文作品《玫瑰传奇》，创作的主要作品包括《公爵夫人之书》《声誉之宫》《特罗伊勒斯和克莱西德》等。最有名的就是被当作英国文学史上第一部现实主义典范的《坎特伯雷故事》。

《坎特伯雷故事》虽然是一部未能如愿完成的著作，但就其已完成的部分来说，已经是一部文学巨著。全书由许多不同的故事组成，通过作者匠心独运的组织与安排，这些故事被有机地结合起来，构成了统一的整体。虽说作者的目的是讲故事，但在讲故事的过程中，读者还是可以意会到乔叟的某些生态思想。

从生态角度说，大自然和人类属于同一个生态系统，而这一生态系统的和谐对人类和大自然中的所有生物和非生物来说都是至关重要的。在《坎特伯雷故事》的开端，乔叟就给我们描述了一幅和谐的生态图，这里，季节和气候为大自然的一切提供了其需要的条件和环境。这种宜人的季节和气候条件也使人类有了朝圣的欲望。

（2）文艺复兴时期的生态文学

①莎士比亚十四行诗中的生态联系

文艺复兴时期最伟大的剧作家和诗人就是威廉·莎士比亚（William Shakespeare）。莎士比亚1564年出生于英国中部瓦维克郡埃文河畔的斯特拉特福。莎士比亚幼年在当地文法学校读书。13岁时，由于家道中落，莎士比亚不得不辍学经商。22

岁时前往伦敦、先在剧院门前为贵族顾客看马，后逐渐成为剧院的杂役、演员、剧作家和股东。1597年，莎士比亚重返家乡，在家乡购置房产，度过了人生的最后时光。1616年4月23日，莎士比亚病逝，葬于镇上的圣三一教堂。莎士比亚虽然只受过基本的教育，但他的剧作能和古代一流的剧作家媲美。他一生给世人留下了37部戏剧，其中包括一些与别人合写的一般剧作。此外，他还写有154首十四行诗和三四首长诗。莎士比亚的主要作品有悲剧《罗密欧与朱丽叶》《麦克白》《李尔王》《哈姆雷特》和《奥赛罗》等，喜剧有《皆大欢喜》《仲夏夜之梦》《无事生非》《暴风雨》《第十二夜》和《威尼斯商人》等。主要历史剧有《亨利四世》《亨利五世》《亨利六世》《亨利八世》《约翰王》《理查二世》和《理查三世》等。

文艺复兴时期诗人们普遍倡导模仿自然。这里的自然，狭义上指人类生活的地球，广义上指的是宇宙。在这一模仿过程中，诗人们广泛运用自然中的意象来表达自己的诗作所要达成的情感。莎士比亚的十四行诗就有不少这样的意象。他用"四月天"象征青春（第3首），用"花"象征美（第5首），用"夏日"象征爱人（第18首）。

莎士比亚的某些十四行诗表达了时间如流水、逝去不再来的自然规律。时间是不可逆转的，是不以人的意志为转移的。寒来暑往，春去秋来，花开花谢，这都是自然规律使然。时间是无情的。随着时间的推移，一切都将成为历史。在第5首十四行诗中，莎士比亚把人间的美比喻为鲜花。但花终归会凋谢，所以美也终归会消失。

②约翰·多恩（John Donne）诗歌中的生态意识

文艺复兴时期的代表诗派之一是玄学派诗歌。玄学派诗人通常包括其鼻祖人物约翰·多恩（John Donne）、乔治·赫伯特（George Herbert）等。20世纪的新批评派很推崇玄学派诗风，认为玄学派诗歌将思想和情感完美结合起来，表现了丰富的想象力和艺术独创性，堪称英语诗歌的最巅峰。对玄学派诗歌的艺术魅力和文学地位，批评界仁者见仁、智者见智。但有一点却是得到广泛认同的，那就是玄学派诗人在语言表达形式上独辟蹊径，大胆革新，内心感受强烈。奇幻的意象、富神秘色彩、新奇的比喻、模糊的象征和隐喻等也都是玄学派诗歌的特点。在这些比喻、象征和隐喻的应用过程中，玄学派诗人便表现了人与其他生物同为一个生态系统的朦胧生态意识。

玄学派诗人的代表人物是约翰·多恩（John Donne）。1572年，多恩出生在一个天主教家庭。4岁时其父去世，母亲又嫁给了一个天主教徒医生。多恩自幼受到天主教教育。当时的英国为了对抗欧洲大陆的天主教，另立新教为国教，因此，当时在英国的天主教徒受到社会的歧视。多恩的个人生活也因此受到影响，虽然上了大学，却因为信仰而无法拿到文凭。后来他到伦敦学法律，想以此走上仕途。在伦敦，他成了掌管国王玉玺的大臣托马斯·埃杰顿（Thomas Egerton）爵士的秘书，前途看似一片光明。可率性的多恩却和埃杰顿夫人的侄女偷偷相恋了，并于 1601 年秘密结婚。多恩因此丢了工作，并短期入狱，但他们的婚姻维持了一辈子。他的妻子于 1617 年去世，但多恩并未再娶。后来多恩改信英国国教，因为他学识渊博，口才出众，40 岁就成了伦敦最大的圣保罗大教堂的主持，直到去世。

多恩以其诗作和布道词著称于世，一般认为其青年时期的诗作是最好的作品，但其后期诗歌仍能反映出他独特的风格。在多恩的诗歌中，没有把人类和世界分离开来。人不是绝对的独立的个体，而是和宇宙万物及社会联系在一起的。

多恩在诗歌中同样表达了宇宙的对立统一关系。他没有把人和世界割裂开来，也没有把人置于高于动物的支配地位。他使用动物和无生命的事物来类比人类，对文艺复兴时期人本主义的观点是一种挑战，同时也说明了他认为人与动植物是平等的。

（3）18 世纪的生态文学

①诗歌中的生态思想和生态联系

威廉·考珀（William Cowper）是英国著名诗人。他的诗集和所翻译的《荷马史诗》一直是脍炙人口的佳作。考珀于 1731 年 11 月 15 日出生于英国圣公会一位牧师的家庭，6 岁时其母去世，考珀被送往寄宿学校学习。在那读书时，他常受同学欺负，经常在半夜里被噩梦惊醒。1748 年，他去学习法律，不久后爱上了自己的表妹。这一恋情遭到他父亲的反对，考珀为此写了一组诗歌，名为《迪莉娅》，但这些诗歌直到 1825 年才得以出版。1754 年，他开始担任律师，负责调查商业破产的案件。1763 年，考珀报考上议院秘书，但内部的竞争使他大受打击。生性敏感并患有抑郁症的他终于精神失常，并有了轻生的念头。有一次，他于晨曦中驾车前往离家不远的河边，打算了结此生。他在阴雾中兜了几圈之后，决定孤注一掷，下车跳河。可他落脚之地却是自家门口。考珀顿感是上帝在搭救他，遂写下有名的感恩诗《上帝神迹》。

1765 年，他写下了《奥尔尼赞美诗集》，并于 1779 年发表。在这本诗集中，考珀写了 68 首，其中有《和上帝更近地走在一起》及《上帝以神秘的方式移动》

等名篇。考珀一生都在追求宁静简单的生活和乡间的乐趣。他的诗歌以热爱自然和温顺和平的浪漫气息著称。正因如此，在考珀的某些诗歌作品中，可以看到他对自然的关注和同情。

他还对橡树的神秘力量有种崇敬之情。一开始他就说，如果他不是个基督徒的话，他会跪倒在橡树面前。事实上，或许成功的能力使得诗人和橡树之间有了一种亲情，有了一种平等。考珀一生多次遭受抑郁症的折磨，认为自己没有希望被拯救。虽然写诗无法消除他的疏离感，但多少减轻了他的寂寞感，因为他可在非人类的动植物中找到类似的地方。这一点在他写的关于宠物的诗中特别显。

安娜·艾金·巴博德（Anna Aikin Babod）出生于1743年6月20日。父亲是一个长老会牧师，也是一名教师。母亲是简·艾金。安娜从小从母亲那里接受传统的家庭教育，后来说服她父亲教了她一些拉丁文和希腊文。1761年，安娜认识了约瑟夫·普里斯特利（J.Joseph Priestley）夫妇，和他们成了朋友。普里斯特利的诗歌激发了安娜的灵感。她最早的一首可查询日期的诗歌就是写给普里斯特利的。1773年，安娜出版了她的主要诗集《诗歌》，结果一炮而红。这本诗集相当个性化，显露了安娜的某些个性。有几首诗反映了她对朋友和家人的爱，其他的诗表明了她的宗教信仰和政治观点。

夏洛特·史密斯（Charlotte Smith）是英国诗人和小说家。她的作品对哥特作品的形成起了一定的促进作用，她还对浪漫主义的形成也起过一定的作用。但没有多少人知道这一点。史密斯与生态结下不解之缘是因为她的作品中包含了诸多高贵而如画的山水风景。夏洛特·史密斯写过一首《画眉颂》。在诗中，她对画眉的歌声及喜好食物等做了描述。在一张便条中，她甚至对吉尔伯特·怀特（Gilbert White）的《塞尔彭自然史》中有关画眉的叙述提出质疑。

史密斯和生态文学的关系，主要是基于她作品中的风景描写。她不单是对风景做一番描述，有时还把风景和所发生的事联系起来。以《移民》一诗为例。夏洛特·史密斯是法国大革命的支持者。但她对雅格宾派的暴政也颇有微词。在她的《移民》一诗中，她描写了一批为了安全而移居到萨西克斯郡乡间生活的法国神职人员和贵族，指出他们过去对穷人的不公正行为，但也对革命采取的暴力行为予以谴责。

②前浪漫主义诗歌中的生态思想和生态意识

威廉·布莱克（William Blake）是英国诗人、画家、神秘主义幻想家和雕刻工。他不但印刷自己的作品，而且给自己的作品画插图。布莱克出生在伦敦，一生中大部分时间都在伦敦度过。他父亲是个成功的伦敦袜商,他鼓励布莱克发挥艺术天分。布莱克早年在家里接受教育,主要是由他的母亲对他进行的教育。布莱克曾有记录说,小时候看见过天使和幽灵般的和尚,还说他见过并且和天使加百利、圣母玛利亚及不同的历史人物对过话。14岁时,布莱克开始学习雕刻,并且学习了7年,哥特式艺术和建筑深深影响了他。1783年,他和凯瑟琳·鲍彻结婚。布莱克教她画画,她也帮了他不少忙。布莱克的第一部诗集《诗歌素描》出版于1783年,接着又出版了《天真之歌》和《经验之歌》。他最有名的诗歌是《老虎的赞美诗》,收在《经验之歌》里。在这些作品中,世界是经由一个孩子的角度体现的,但也是成年人经验的寓言。

布莱克雕刻并出版了自己的大部分作品。他预言式的著名作品中有《天堂与地狱的婚姻》《美国:一个预言》《米尔顿》及《耶路撒冷》等。大自然是浪漫主义诗歌中最主要的描写对象。在布莱克笔下,大自然就像一个美丽的女性,正伸开双臂,柔媚无比。

在浪漫主义自然史中,他是个特别复杂的人物。一方面,布莱克对"植物"界是敌对的。但与此同时,他又在他的诗歌和艺术作品中大力使用自然意象。所有的生物之间又有着某种联系。所以,他的毛毛虫和蝴蝶经常有人的脸,而他的人的形象有时则是树根或是树枝。他的鸟类的尾巴和翅膀像花茎和藤蔓,而他的神话人物则把人的形象和生物或是残忍的动物联系在一起。

布莱克赞颂大自然的美,觉得人类必须对大自然的美负责,不能随意打破大自然的平衡。在他的很多歌谣和抒情诗中,布莱克暗示,只有人类才会破坏自然界存在的平衡。在《塞尔之书》中,他展示了一个有机体的生死循环。在这个循环中、云、百合、土块和虫子都能接受自己的位置,而塞尔却不能。

罗伯特·彭斯(Robert Burns)生于苏格兰艾尔郡一个农民家庭。他的父亲是位受过教育的农民,一生辛劳但终身贫困。彭斯从小就不得不到田里去帮助父亲干农活,因此他只在学校里读了两年半的书。然而,彭斯很早就对文学产生了浓厚的兴趣,广泛涉猎各国文学,并熟悉掌握了古老的苏格兰民歌、民谣和传说。在苏格兰土生土长的彭斯从大自然汲取了充足的养分。1783年,年仅16岁的彭斯开始写诗。1786年,他的第一部诗集——《苏格兰方言主体诗集》出版,集中收有《两只狗》《致小鼠》《致山中雏菊》《致虱子》等优秀的苏格兰比兴诗,辛辣的讽刺诗《圣节集市》,歌颂农民及优美大自然的《农民的星期六夜晚》等诗篇。诗集引起轰动后,他被邀请到爱丁堡,成为王公贵妇的座上客,并结识了苏格兰歌谣收集者约翰逊。不久后，彭斯回到故乡。1789年，彭斯谋得一个小税务官的职位。在以后的岁月里彭斯埋头编纂苏格兰民歌2卷集，分别取名为《苏格兰音乐总汇》和《早期苏格兰抒情民歌选集》，使许多将要失传的民歌得以保存。彭斯是一位真正的苏格兰民族诗人。他主要用苏格兰方言进行诗歌创作，诗歌题材丰富多样，包括爱情和友谊、苏格兰故乡美丽的自然风光、普通人民的劳动和生活、苏格兰同胞的爱国主义精神和为自由而作的斗争，以及对腐朽、虚伪的教会神职人员和上流社会的尖锐讽刺，等等。彭斯的诗歌韵律优美，情感真挚，尤其是对底层人民充满了同情。

彭斯的诗歌中，自然的概念是一种力量，这种力量既对弱者无利，对强者也无益，是一种中立的力量。如他的诗歌《科特的星期六夜晚》《视觉》《爱和自由》等皆以人类条件和冬季恶劣的环境对比开头。但是，读者一般都忽略了彭斯对自然的冷淡态度，而对之描述大自然风光的才能佩服有加。

作为农民诗人，彭斯的创作跟他赖以生存的土地息息相关。在他的诗歌中，有很多诗作描绘了大自然的美丽和他对大自然的热爱之情。

这首诗也确实是诗人唱给阿夫顿河的歌。在荆棘丛生的溪谷里，到处是欢唱的鸟儿，有野鸽子，有野八哥，有"长着翠绿冠羽的田凫"。周围，群山巍峨，掩映在其间的是食草的羊群和玛丽的小屋。山谷里，景色优美，花儿盛开，还有桦树婆娑的身影。通过诗人的描绘，一幅景色优美、百鸟欢唱的风景画栩栩如生地呈现在读者面前。这么一幅大自然的美丽的图画，很难想象会有人舍得去破坏它。浪漫主义诗人热爱大自然的激情通过诗歌传达给世人这样一则信息：大自然是美丽的，谁破坏大自然，谁就会是历史的罪人。

（4）19世纪的生态文学

①诗歌中的生态思想和生态意识

威廉·华兹华斯（William Wordsworth）是一位具有强烈生态意识的人文主义者，他诗歌中所蕴含的浓厚生态意识主要体现为崇拜自然、赞美自然；强烈谴责工业文明对人身心的损害，强调回归自然及人与自然的和谐相处等。华兹华斯经常被当作"环境保护主义之父"，这和他强烈的生态意识不无关系。从他对湖区的热爱，以及他的一些谴责破坏环境行为的诗歌来看，说他是"环境保护主义之父"一点都不过分。

从某种意义上说，他是启蒙时代的一个生态批评家。在华兹华斯的长篇自传体诗歌《序曲》的第十一卷中，华兹华斯似乎在说，我们这个年代，人们只相信理性。我们可以把这个时代叫作启蒙时代。当然,这个时代的好处是显而易见的。但对华兹华斯来说,这个时代同样存在着危险,因为启蒙运动崇尚的是判断而不是感觉。启蒙可能是社会解放的一条路径,但它同样是生态帝国主义的一个程序。在诗歌的中间部分,华兹华斯转而描述自然能够给远离城区的人带来的心理愉悦。这其中关键是要让眼睛安静、不再去寻找如画的风景给眼睛带来的视觉享受,而是转向内部的视域,使自己能够看到事物的生命。对山谷的记忆使诗人知道,所有的东西,即使表面是死的东西,如岩石和泥土等,其实都是有生命的,而且有一种令人向上的精神。华兹华斯曾经坦言,他自己是自然的崇拜者。

华兹华斯拒绝把自然景物分成主体与客体。自然景物既是主体也是客体,它们既有自己的思想,同时也是被人们看到的客体。他觉得,如果把自然绝对地分成主体与客体,无疑是一种谋杀式的区分。在华兹华斯的诗歌中,他的描写从视觉到听觉再到感觉,最后进入暂时记忆的空间,通过这种方式,他把自己的意识和生态系统联系在一起。他意念中的"在场"联系了空气、水和思想。

人的思想是自然的一部分。人和他周围的物体是互相作用的,这样就产生了一个包含痛苦和快乐的无限的复杂的整体。《写于廷顿修道院上几英里处的诗句》不是用给读者展示如画风景的方式,而是在挖掘感官和创作的内在联系,是对思想和环境空间连成的网的一种思考。反之亦然,所有的生命都是和自然界的其他东西联系在一起的。

华兹华斯是最常被誉为"自然"作家的浪漫主义诗人。对华兹华斯来说,自然意味着社会是很复杂的。一方面,华兹华斯是个典型的类似自然主义者的诗人,总是对周围的环境给予关注,如植物、动物、地理环境和天气等。同时,华兹华斯又是个自觉的文学艺术家,把人类的思想当成自己诗歌创作的来源。正是他这种既是自然景色的客观描绘者又是感官体验的主观承载者的身份部分说明了为什么他既是个创造者,又是个接收者。内心世界和外部世界的结合正是华兹华斯对自然描述的核心。人和自然本质上是互相适应的,人的思想是反映大自然中最美好、最有趣的特质的镜子。华兹华斯总是把细心观察到的经验记录下来,然后再在头脑里塑造这些经验。他的"自然"是他广泛地阅读和在湖区漫步的结果。在华兹华斯的自然诗里,自然在对他说话,而他则成了自然的代言人。自然的语言经常是神秘的。华兹华斯向往的自然是能把他从对逝去瞬间的好奇中拉回来的自然。

塞缪尔·泰勒·柯勒律治（Samuel Taylor Coleridge）是英国抒情诗人、评论家和哲学家。他和威廉·华兹华斯合写的《抒情歌谣集》是英国浪漫主义诗歌的开山之作。柯勒律治出生于德文郡的奥特里圣玛丽，是当地的教区牧师最小的儿子。父亲去世后，柯勒律治被送到伦敦去读书。在剑桥，他遇到未来的激进桂冠诗人罗伯特。他和罗伯特一起到了布里斯托尔，想设立一个社区，但计划流产了。柯勒律治的诗集《各种主题》于1796年发表，1797年发表了《诗集》。同年，他开始发行支持自由的政治性期刊《守卫》，但很快停刊。

在柯勒律治的诗歌和散文中，自然界被当成人类幸福和智慧的钥匙。对他来说，自然界既是复杂的，又是矛盾的。诗歌、人类思想和自然界经常是联结在一起的，是我们内心生活和外部生活的一部分，是一种可以把现实中毫无关联的不同部分联成一个整体的力量。

柯勒律治是著名的"湖畔三诗人"之一。他的诗歌中描写景物的诗篇为数不少。1797的一天，柯勒律治盼望已久的几位友人来到他的乡间住所造访。他们到达的那个上午，柯勒律治刚好伤了腿。友人们停留的日子里，他一直不能走动。一天晚上，客人离开了几个小时，柯勒律治就在花园的凉亭里写了一首诗。诗人虽然没有与友人一同前往，不能在大自然中与友人一同游乐，可他却想象着友人的行踪，在想象中描述沿途的景物。

②小说中的生态思想和生态意识

瓦尔特·司各特（Walter Scott）爵士于1771年8月15日出生于苏格兰的爱丁堡。司各特创作了一系列被称为"威弗利小说"的作品，使历史小说题材大为流行。在小说中，司各特对情节和人物的安排引人入胜，使读者能够深入小说中人物的生活中去。不论是伟人还是凡人，读者都可以跟着他们体验不同历史时期的急剧变化。

司各特的作品明显受到18世纪感伤派小说的影响。不论属于什么阶层，信仰什么宗教，政治背景和家庭背景如何，人在本质上都是好人。在他的历史小说中，忍耐是主要的主题。威弗利小说系列表明了他对社会必须进步的信念，但并不排斥过去的传统。他是第一个以同情、现实的笔触描写农民形象的小说家，但对商人、士兵甚至国王都持公正的态度。

司各特小说中的很多中心主题都是不同文化之间的冲突。《艾凡赫》写的是诺曼人和撒克逊人之间的战争；他关于苏格兰历史的小说描写了英格兰新文化和苏格兰旧文化之间的冲突。司各特其他小说有《旧道德》《中洛锡安郡的心脏》《圣罗兰的井》等。他的威弗利系列有《罗布·罗伊》《蒙特罗斯的传奇》和《昆廷·邓沃德》。

对苏格兰高地的描写,司各特在其小说创作之前的诗歌创作中已经有所体现。在他的《湖畔夫人》第一篇中,充满了对山、湖和森林的描写。但最有名的还是他的第一首成功的诗作《最后一个吟游诗人的叙事诗》第6篇中所写到的山地和洪水等。

从生态文学的角度看,司各特的小说《威弗利》的第16章描写的高地景色与生态有关。小说中,爱德华·威弗利第一次进入苏格兰高地。威弗利置身于夜晚的苏格兰高地的丛林和水边,似乎成了自然的一部分。大自然在他身体感到疲乏时起到了给他提神的作用。一个人被留在这地方,他没有感到害怕或是危险,而是沉浸在浪漫的想象当中。这无疑是司各特体现了人与自然之间有某种和谐关系的证明。

查尔斯·狄更斯(Charles Dickens)于1812年2月7日生于朴次茅斯。父亲是海军中的小职员,嗜酒好客,挥霍无度,经常入不敷出。狄更斯10岁时,因为其父欠债,全家因此入狱。因生活所迫,狄更斯从11岁起就担负起繁重的工作。他当过皮鞋油作坊的学徒和律师事务所的记录员,后来担任过报社的采访记者。这些经历给他的创作提供了很好的素材。狄更斯在当记者的时候就已开始文学创作。他一生刻苦写作,留下了一大批优秀的作品。由于狄更斯生活的年代正是英国由封建社会向资本主义社会过渡的时期,狄更斯目睹了人们贫困、悲苦的生活状况。他以生动、幽默的笔触,真实、深刻地反映了资本主义上升阶段中下层人的生活。狄更斯从事创作34年,共写了14部长篇小说(其中有一部未完成),许多中、短篇小说,以及杂文、游记、戏剧等。狄更斯的主要作品有《匹克威克外传》《雾都孤儿》《大卫·科波菲尔》《荒凉山庄》《艰难时世》《双城记》和《远大前程》等。

伦敦上空的空气污染问题在狄更斯的小说中便有很具体的体现。在狄更斯的小说中,伦敦无疑成了有名的雾都。在小说《雾都孤儿》中,狄更斯描写了孤儿奥利弗的悲惨遭遇,他生活的背景就是伦敦。可悲且更为可怕的是,焦煤镇的工厂主们把破坏环境、污染空气的煤烟当成衣食父母。煤烟不但污染了空气,而且能对人的肺部造成感染,直接威胁人的健康。狄更斯对工业资本家只顾自己的利益而不顾生态环境遭受破坏和人类健康遭到威胁的批判可谓入木三分。

（二）美国文学

1. 美国女性文学

（1）17—18 世纪：女性文学的开端

美国自 1776 年独立以来仅有二百多年的历史，但学术界通常认为美国文学的发端应前推一个多世纪，从殖民地时期算起，以 1607 年约翰·史密斯（John Smith）船长带领第一批移民在北美大陆建立第一个英国殖民地詹姆斯敦为标志。殖民地时期的美国文学仍带有浓重的欧洲遗风，模仿痕迹较重，写作题材也多局限于探险、游记、历史和宗教之类，文体形式则更多具有实用性，比如日记、书信、布道词等。

布雷兹特里特（Bradstreet）生于英格兰，在良好的家庭氛围中饱读诗书，通晓多种语言，成长为一名博学多闻的知识女子。1630 年，全家人移民至北美萨勒姆镇。她在此结婚、生子、读书、写作，并遭受了疾病和丧女的打击。1666 年，一场火灾烧毁了她家的房子和藏书，全家人一度无家可归，但宗教信仰赋予她坚强的意志和心灵的安宁，她死后留下了大量未发表的散文和诗歌作品。她因 1647 年在伦敦发表的诗作《第十缪斯，近来跃然出现在美国》得名"第十缪斯"，这部诗集被认为是出自美国新大陆的首部诗集。布雷兹特里特敢于挑战传统主流社会为女性规定的界限，大胆追求知识和思想解放，被看作美国早期女性主义先驱。她的诗歌创作题材局限于家庭生活的私人领域，仅供家人和朋友欣赏，具有明显的私人化倾向，就连诗作的发表也是男性家庭成员的刻意安排，其意图是为了向世人展示清教体制下妻子和母亲的地位如何通过信仰和教育得以提升。她为父母所做的墓志铭集中体现了清教文化中"性别领域划分"的主流意识形态和评判两性美德的双重标准：女性的恭顺谦卑和自我牺牲是清教徒眼中的上帝旨意。她的诗歌基于其学识储备和内心省察，多取材于家庭和宗教，鲜有对殖民地严酷的外部生活环境的观察，主要意象和隐喻大都源于女性角色的日常生活和宗教体验，表达了自然之爱和家庭生活之情趣，如《神圣与道德冥想》《家宅被烧之后》《写给挚爱的夫君》等。诗作也蕴含着对女性地位和清教信仰的矛盾情感。

美国殖民时期的一个重要创作题材是殖民探险文学，主要是欧洲移民介绍新大陆及其新生活的描述文字，包括殖民者与印第安土著之间发生的纠葛。玛丽·罗兰森（Mary Rowlandson）的《玛丽·罗兰森夫人被俘与归家的叙述》，记录了她在新英格兰的印第安土著中间度过的十一周零五天，被认为是美国"俘虏叙事文学"的开山之作。作者与印第安人的近距离接触和文化交流，其宗教热情以及作品的自传文体，使其成为后世了解美国早期殖民经历和清教思想的重要文献。

18世纪，小说作为一个文类在英国的兴起，拉近了文学与平民生活之间的距离。以苏珊娜·罗森（Susanna Rowson）的畅销书《夏洛特·坦普尔》为代表的早期美国女性小说，多在语言、风格和内容上模仿欧陆风格，从新兴中产阶级的价值观出发，带有很强的道德说教意味。

总体上讲，17—18世纪，美国女性文学并未取得太多显著成就。对于女性写作而言，作为早期美国文学思想基石的清教主义是一柄双刃剑。一方面，清教思想体系强调个体的精神体验，鼓励个体独立与上帝交流思想，不断省察内心，以独善其身。由于这是不分性别的，女性的内心体验也被赋予了与男性同等的权威，因此从理论上为女性写作提供了有利条件。另一方面，清教文化是根植于男权社会体制的，它强化了男性在家庭与社会中的权威，分配给女性次于男性的从属地位，从而限制了女性在公共事务中扮演的角色，如女性被禁止在公开场合下宣讲自己对圣经的阐释，不允许在政府部门和宗教机构任职。

（2）19世纪：浪漫主义时期的女性文学

18—19世纪的中产阶级女性被越来越多地局限于家庭领域，教育、参政、财产等正当权益得不到法律保护；主流社会极力渲染女性的柔弱纯洁、情感丰富、恭顺谦卑等特质，以及肯定女性相夫教子、勤俭持家等特点，并把这些作为女性特有的美德来弘扬。这种男权意识形态率先在英国引发质疑和抨击，早期女权主义的声音在19世纪的美国得到了积极响应。美国女权主义运动的特别之处在于它从一开始就与黑奴解放事业密不可分，于1848年在纽约州塞内加瀑布召集第一次女权大会，掀起了美国妇女解放运动的第一次浪潮，要求两性平等，其中最重要的一个目标就是争取政治权利，特别是公民选举权。

在女权主义浪潮中，19世纪中叶的美国女性写作领域呈现出一派勃勃生机。一个引人注目的现象是大批女性家庭/感伤小说占领市场，以苏姗·沃纳（Susan Warner）的《宽阔的世界》畅销为标志，凯瑟琳·塞奇威克（Catherine Sedgwick）、奥古丝塔·埃文斯（Augusta Evans）等人纷纷聚焦于家庭生活，在作品中反映了19世纪女性的成长与生存状态。

在美国思想史和文学史上，玛格丽特·富勒（Margaret Fuller）也是极为重要的存在。她生前不仅与美国超验主义代表人物过从甚密，而且在1840至1842年间受爱默生之邀担任超验主义杂志《日暑》的首任编辑，还被认为是霍桑的《红字》《福谷传奇》等几部作品中女主人公的原型，也是惠特曼民主思想的灵感源泉。

同时，她还是一名女权主义社会活动家，积极倡导维护妇女、犯人和黑奴权益的各项社会改革。她在世时被誉为新英格兰最博学的人，除了做过的编辑工作以外，她还曾供职于《纽约论坛报》，不仅是该报社的首位女编辑，而且后来作为该报的首位女特派记者被派往欧洲工作。1850年，她与丈夫、孩子在返回美国的途中全部遇难身亡。富勒把教育看作女性争取平等政治权利的首要条件，提倡女性根据自己的兴趣和能力自由选择职业，警告女性不要过多依赖丈夫，呼吁女性在婚姻中寻求独立。富勒在文学创作上以散文见长。她根据自己在芝加哥、威斯康星州密尔沃基市、尼亚加拉瀑布、纽约州水牛城等地的旅游见闻及旅途中与印第安人交往的经历，写就佳作《湖上的夏天》。在《纽约论坛报》任职四年间，她撰写了大量的书评及专栏文章，内容涉及文学艺术、社会政治的诸多话题，其中不乏为黑奴与女性呼吁正当权益的作品。

19世纪黑奴叙事的代表人物琳达·布伦特（Linda Brent），是一名有着27年黑奴经历并成功逃脱的混血女子。她的自传《一名女黑奴的生活纪实》讲述了女黑奴受到的不公正待遇。该作品有着强烈的宗教意味，反映了奴隶制对女性的贞洁和性道德所产生的不良影响，强调女黑奴面对性侵犯的无助感，旨在争取北方的中产阶级基督教白人妇女的同情，同时也对南方白人宗教的虚伪性进行了揭露和批判。

19世纪浪漫主义时期美国女作家中首屈一指的当推传奇女诗人艾米莉·狄金森（Emily Dickinson），跃动在诗行中的生命激情和思想火花与她生前那独具神秘色彩的封闭生活形成了鲜明对照。她从宗教、自然与生命、爱情与痛苦、灵与肉、时间、死亡与永生等层面体味人生，刻意避免了当时盛行的华而不实的浪漫诗风，以大胆直白的诗性语言、简单明快的诗歌意象表现了她对人类境遇的敏锐洞察力。

（3）世纪之交：现实主义时期的女性文学

内战以后，随着南方奴隶制的衰落和北方工业化进程的加速，美国文学进入现实主义时期。为首的就是乡土主义流派，该流派自19世纪60年代末开始兴起，八九十年代达到鼎盛。作品大多聚焦于某个区域的社会群体生活，细致地描述特定时代、特定背景下人物的生存状态，如实再现彼时彼地的自然景观、风土人情、方言土语等地域特征。由于当时美国的地区之间差异尚存，不同地区的作家各自体现了鲜明的地域特色，根据地理分布大致可分为新英格兰、南方、中西部等区域。

其中，朱厄特（Jewett）最具代表性，她的创作根植于新英格兰土壤，作品多以缅因州与新罕布什尔州交界处的海港城市南伯威克为背景。这也是朱厄特家世代居住的地方。朱厄特19岁时在《大西洋月刊》上发表了小说处女作，随后35年间一直笔耕不辍，创作中长篇小说和短篇故事集15部，代表作包括长篇小说《乡村医生》及短篇小说集《白苍鹭》《深港》等。《乡村医生》反映了一名年轻女孩在婚姻和事业之间做出"非此即彼"的艰难抉择的困境及自我意识的觉醒过程，被看作是一部打破父权制意识形态束缚、鼓励女性摆脱传统角色禁锢、宣扬女权主义思想的早期代表作。作品弥漫着一种对逝去的小渔村生活方式的浪漫怀旧情愫，着力渲染了女性价值观对抗男权社会资本主义工业化进程中急功近利、物质至上的个人主义价值观的积极意义。短篇小说《白苍鹭》描写了乡下小女孩如何抵制城里来的青年鸟类学家带来的金钱与异性魅力的诱惑，最终没有出卖对方急于捕获的白苍鹭的行踪的故事，表现了关于女性价值观的主题，特别是女性与自然和谐相处的生态环保思想。总之，朱厄特采用情感细腻的诗性语言进行乡土气息浓郁、极富浪漫色彩的细节铺陈，其轻情节而重细节描写的主题表现手法在很大程度上颠覆了传统的男性叙事模式，对美国女性写作传统的建立产生了一定影响。

（4）20世纪：后现代时期的女性文学

"二战"以后的美国文学在总体上呈现出一派求新、求异的多元化景象。除后现代思潮带来的文学技巧革新和主题创新以外，少数族裔、劳动阶层、女同性恋等边缘群体的特殊性成为当时美国文学的关注焦点。其中，非裔美国文学占据了重要地位。在风起云涌的民权运动背景下，作为美国黑人历史上一次新的文艺复兴，黑人权力运动始于1964年，其规模和影响超过了20年代的"哈莱姆文艺复兴"。黑人艺术家致力于开拓种族文化历史传统，寻求黑人文化的自主性，强调黑人文学艺术的独特性，力图在此基础上建立一种黑人美学。

2. 美国生态文学

（1）殖民地时期的自然书写

①概述

与其他国家不大相同，美国文学中的生态思想，远在这个国家建立之前就已经开始形成。当代美国学者罗谢尔·约翰逊（Rochelle Johnson）等人研究美洲大陆早期的自然书写以后，认为当欧洲第一支探险队和航海者发现到美洲新大陆的航线时，以文学来描绘这块陆地的尝试也同时进行了。不过，这块土地上早期的自然书写作品是为了提供西班牙贵族们阅读，以自然的美景和富饶的大地去说服他们，好让西班牙王室愿意继续出钱出力去探索北美洲那块遥远的土地。在这个意义上，早期探险家们描写自然只是为了说明新大陆能够奉献黄金和日用品，然后延续西班牙宗主国的权力。很明显地，最早的冒险家，如效力西班牙王朝的意大利籍探险家哥伦布等人，他们之所以描述新大陆的自然环境，最主要的意图是吸引更多的人力和财力，能够投资他们进一步的探索。

从美洲殖民地时期的文学创作看得出来，当时人们阅读的作品是与他们日常生活息息相关的东西，大致不脱离精神层面所需要的宗教经典及生活层面所需要的现实写作。当时美洲殖民地的自然书写，重心在于描述自然环境与朴实生活、主题围绕着移民的日常生活、同时记载着移民在新的自然环境当中的个人体验。相对而言，此时的自然书写与生态文学存在着不少的差异。这时候的书写自然具有功利性，大多是为了移民及传教而进行的写作，并非考虑到生态的整体利益。

②赫克托·克雷夫科尔（Hector Cravekor）的自然写作

大致说来，当1776年美国的独立宣言发表时，东北的新英格兰地区以英国的后裔为主，美国东部其他地区的荷兰、比利时移民比较多，而拥有广大农地的南方地主有不少来自法国与西班牙。虽然源自欧洲各地方的人们移民北美的目的不尽相同，在文学上的创作方向倒是颇为一致，大多着重于生活实用的层面。至于单纯的书写自然、强调生活与环境关系的作品，在那段开拓的岁月并不多见。

大约与富兰克林同一时期的克雷夫科尔，在19岁时就由法国出发，远赴重洋到英国的亲戚家中住了一段时间，因为年轻的未婚妻在结婚之前突然死亡，难过的他离家参军，先后在加拿大等地驻扎过。在1755年，他21岁的时候，年轻的克雷夫科尔首次来到北美，4年后当他旅行到达纽约时，决定退职离开军队，展开了大约十年的探索殖民地的工作。

到了1769年，他结了婚，买下了纽约的一处农庄，想要安分地当一个农夫。然而，7年后的局势发展出乎他的预料。美国独立战争开始，克雷夫科尔的态度是坚决反对美国独立，不愿留在殖民地目睹战争的残酷，他离开妻小，只身返回法国。这一去就是好几年，一直到1783年，他才回到纽约的农庄。只是，他所看到的家园已经残破不堪，妻子也已经死去。其后他在美法两国之间来来去去，大部分的时间还是留在法国。

美国独立前，克雷夫科尔与美国妻子住在纽约的家中大约7年，这段时光是他最轻松惬意的时候了，从他1782年在伦敦出版的《一位美洲农夫的信札》可见一斑。这本信札一问世就在英国与欧洲大陆畅销，克雷夫科尔使用具有浪漫主义特色的笔调，描写那块美丽又尚未被污染的新大陆。

（2）美国立国到18世纪的自然书写

①威廉·巴特兰（William Bartram）的生态游记

美国立国之初，文学的整体发展方向还在摸索当中，威廉·巴特兰将自己全部的力量投注于热爱的大自然生态及相关的自然书写中。

巴特兰住在费城，身为植物学家的他是位非常积极又乐观的生态观察者。巴特兰曾经为了寻觅新生植物和研究印第安人的风俗习惯，在美国南部展开了一次长期的旅行，之后在1791年出版一本书名很长的游记《南北卡罗来纳、佐治亚、东西佛罗里达、切罗基族聚居地、穆斯科古尔格斯的广大领地，或称小湾邦联与查克陶族聚居地旅行记》。

巴特兰在旅行记里描写了他与美洲大鳄的邂逅。从巴特兰的游记中我们能够体会出他的深层用义。鳄鱼或毒蛇等原是令人害怕的动物，他却觉得它们之所以伤害人类，单纯地是为了保护它们自己的生命，所以不得不采取那些防卫动作。这种设身处地的思考模式为当代人提供了不同的思维方式，让他们心灵与感官并用地去探索大自然。

巴特兰对生态环境的考察具有高度的热情，可说是美国描写自然的先驱。

②华盛顿·欧文（Washington Irving）的本土化概念

奠定美国建立之初文学发展方向的是被誉为"美国文学第一人"的华盛顿·欧文。他的作品充满纽约的地方色彩，改编自欧洲的传奇故事也都使用纽约或附近的地名，让美国读者倍感亲切，同时凸显出地方化对美国文学初期定位的重要性。

欧文出生在纽约市一个富商的家庭，自幼聪明伶俐。他于1802年进入律师事务所工作，业余时间广泛地阅读文学作品，尤其酷爱阅读游记和浪漫主义作品。由于身体自幼羸弱，欧文常到纽约郊外旅游以调养身体。在旅游时，他悉心观察周遭居民的生活，有不少听来的故事成为他未来作品中的素材。

《瑞普·范·温克尔》的主角温克尔（Winkle）是具有荷兰血统的普通村民，生活在纽约郊外卡兹吉尔山脚下的村庄里。他是大众公认的淳朴好人，不过非常的懒散。一天，他被老婆逼着上山工作，遇见几个穿着古代荷兰衣服的小矮人，喝了他们的酒，他靠着树干沉沉入睡了。温克尔一觉醒来，居然是二十年后，当他返回自己的村庄，早已经物是人非了。

《睡谷的传说》讲述了哈得逊河畔一个鬼气森森的地方，名叫"睡谷"的传说。欧文将背景的"睡谷"描述成一个流传着许多恐怖故事的地区,其中尤以无头骑士的故事最为可怕。传说无头骑士是美国独立战争时期的骑兵,在他参与最后的战役时,骑兵的头被炮弹打飞了。死后,他的阴魂常在夜里骑马飞奔,到战场上寻找自己的头颅。

与后来的美国自然书写作家相比,欧文虽然欣赏大自然的美景,但他还不是现代意义下的生态文学作家。欧文只是单纯地欣赏自然的风光,描述他所看到的景物与事件,依然是以人类为中心的思维方式,属于美国早期自然书写的典型,他的作品还不具备现代意义的生态文学特征。

无论如何,欧文的文字协助美国人对自己国家的文学产生认同,并且强而有力地激起了他们日后由美国东边向西探索的欲望,激发了美国民众西进开发内陆的热情。

(3) 19世纪的自然书写

①拉尔夫·沃尔多·爱默生(Ralph Waldo Emerson)——《论自然》的理论奠基者

爱默生原本应该是一位称职的牧师,因为受到妻子突然去世的刺激,使得爱默生转换了身份,最终不仅成为杰出的散文家和演说家,还是美国19世纪最重要的思想家之一。鉴于他在美国南北战争之前安定人心的贡献,他或许还可以被称为励志的先驱。

爱默生出生在波士顿的一个牧师家庭,8岁时父亲不幸过世,后来他在姑妈及教会的支持下,进入哈佛大学就读。1821年大学毕业,并在1829年获得任命为波士顿第二教堂的牧师,开始传教布道。1831年,爱默生的妻子感染肺结核而去世,大受刺激的他开始怀疑自己的宗教信仰和传教事业,同时对他所属的教派失去了兴趣。次年,他不再信奉圣餐仪式的合理性,进而放弃教职远游欧洲,寻找新的精神寄托。

爱默生在巴黎参观自然博物馆时,他突然萌发一种想法:人与自然之间有着种种神秘的关系。这是他后来日渐成熟的超验主义思想的发端,主张人与自然存在精神上的对应关系。

回到美国后,爱默生开办讲座,讲博物学、生物学和历史,介绍他的超验主义理论。1834年,他定居马萨诸塞州的康科德镇,使该地成为新英格兰超验主义运动的中心。超验主义的基本思想是,宇宙万物具有实质的一致性,人类生来具有善良的天性;在认识真理方面,人的内在直觉优于经验和逻辑。超验主义出发点是反对权威、崇尚知觉。超验主义的核心观点是，人能够超越感觉和真理，直接认识真理。

在1836年，他的早期著作《论自然》出版，该书是他重要思想的萌芽，可以说，他后来的所有著作都是对书中主要观点的延伸、补充和修正。

1837年，爱默生在哈佛大学发表了一篇著名的演讲词——《美国学者》，宣告美国文学已脱离英国文学而独立，同时告诫美国学者不要盲目地追随传统，不要进行纯粹的模仿。这篇演讲被誉为美国思想文化领域的"独立宣言。到了1840年，他参与创办《日晷》，这本杂志成为超验主义运动的喉舌，自1840年至1842年，爱默生任主编。

身为美国超验主义思想的发端者，爱默生看自然，固然注意到大自然的朴实和美丽，不过总认为当中有一股不可言喻的神秘力量，是一种与生命本质息息相关的永恒统一。他对自然有他自己的态度及思维，将自然的地位提升到一种哲理性的高度。

爱默生看待自然中的美有3种方式：①对自然形态的单纯感知是一种快乐；②一种高级的即精神因素的存在对于它的完美是必不可缺的；③还有另外一种形式，在这种形式下，可以看见世界的美，也就是说，把世界变成了理智的对象。无论是单纯的快乐或是繁复的审美，爱默生强调的是生活当中无法脱离的、真正的自然之美，因为自然就是一个大背景，上演喜剧或悲剧都一样适宜。在身心爽朗的日子，空气就如同一杯醇美得令人难以置信的甜酒。踏着雪，走过平滑的广场，在光明与黑暗交合之际，脑海中没有一丝期盼好运突然降临的杂念，欣欣然如入仙境。

由此可知，自然的力量虽然神秘，不过却是正面而美丽的。他本人对于这种自然力量十分敬服，在他的眼中，自然界的一切都是独一无二的，其中还有一种共通的力量将自然中的所有东西加以联系，产生关联。这种力量就是"美"。

②亨利·大卫·梭罗（Henry David Thoreau）——身体力行的实践家

梭罗的诗歌大多创作于早期，集中发表于《日晷》。尽管诗歌不是梭罗作品的重要部分，但它们已经透露出梭罗对自然的爱，一种直观的感受跃然纸上。在这个阶段，梭罗的生命还未经历湖边实验和在周围地区的短途旅行，他对自然的爱完全地发自直觉，他的诗歌更像是对原始生命力的抒写，他早期诗歌中的自然观与日后生态思想的发展在方向上是一致的。梭罗用他身体的全部感受、接近大自然，同时也用他的心一点一滴地感受自然中的变化，也因为他亲身体验过瓦尔登湖边的生活，所以他真诚创作的《康科德与梅里马克河上一周》与《瓦尔登湖》，在他过世后依旧能够跨越国界和语言，感动了全世界的读者，同时给后世留下一种俭朴生活的典范。

《瓦尔登湖》是梭罗最伟大的作品，理由之一是它充分地反映了其人生过渡期的努力与挣扎。从结构上来看，《瓦尔登湖》有十八章再加上结束语，其中以第一章《经济篇》的篇幅最长，整章以议论为主，没有细腻的描写、没有热烈的抒情，口吻严厉，似乎在批判当代的社会问题。在《经济篇》中，他感叹年轻人们继承财产的不幸；他批评人们把奢侈品当成生活必需品；他批评人们不是住房子而是房屋的奴隶，他还痛斥时髦，他甚至用猴子学样的比喻讽刺服装时尚的追随者。第二章《补充诗篇》里虽然有一段细腻的自然景观描写，但主要还是质问为什么我们生活如此匆忙，呼吁简单化生活，寻找真实的生活。从第五章《声音》开始，梭罗的篇幅主要落在两个方面：对自然的描写与简单生活的体验。不但个人的生活经验占了大部分，他书写大自然的轮廓也逐渐清晰。

二、多元视角下的英美艺术差异

（一）英国艺术

英国对世界戏剧、音乐做出的贡献在全球各地得到赞颂，这很大程度上应该归功于英语在全球的盛行。英国的很多地方因为成为电影取景地，或者因为出现在文学作品、歌曲中而闻名。

1. 英国戏剧艺术

（1）中世纪

①奇迹剧

随着时间的推移，英国戏剧逐渐走向了市场化和通俗化的方向。自13世纪，随着市民逐渐取代教士，拉丁语逐渐演变为方言，戏剧在教堂外上演，情节变得越来越复杂，并且也增加了一些世俗喜剧的元素，成为一种独立的戏剧形式。然而，作品仍然以搬演圣经故事与圣徒事迹为主题，被称为神秘剧或奇迹剧，呈现出神秘的故事情节。

在15世纪的英国各地广泛上演奇迹剧，大多数在圣诞节、复活节等宗教节日举行，有的时候会持续三到四天，舞台主要设置在城市广场或者能够移动的大型马车上，这些戏剧通常由行会组织进行管理，并有专门人员进行指导和监督。

各个行业协会均承担着和本行业相关的演出任务，如船业公会呈现的《建造方舟》等。

目前，共有4个组剧流传至今，其中包括25出切斯特组剧、48出约克组剧、32出威克菲尔德组剧及42出考文垂组剧，这些组剧都是奇迹剧的珍贵遗产。其中，约克组剧中的《十字架受难》以罗马士兵的凶残及玩世不恭为背景，巧妙地烘托出耶稣受难的悲壮氛围，展现出其独特的艺术魅力。威克菲尔德组剧的作品《建造方舟》和《牧羊人剧二》以生动的生活场景与幽默的喜剧元素著称。无论是现实中的角色还是传说中的人物，在奇迹剧中同时呈现于观众眼前，故事情节跨越了时间和空间的限制，语言充满着幽默风趣，崇高与滑稽，悲剧与喜剧的元素融合在一起，这一切都显示出作者在创作过程中所运用的艺术技巧。这些特质对英国戏剧的未来发展，尤其是在文艺复兴时期，产生了非常深远的影响。

②道德剧

在14世纪下半叶，随着教堂布道仪式的演变，道德剧应运而生，作为宗教剧之一，其主要目的在于传播教义和道德劝诫。它的剧本大多取材于当时人们的日常生活，反映出人们对美好生活的向往和追求，运用中世纪惯用的隐喻手法，将各种道德品质赋予人性。《牢不可破的城堡》是现存最早的一部道德剧作品，它生动地描绘了人类从青年到老年的生命历程，展现了人类内心深处善恶之间的激烈斗争，并且这一主题在后来的道德剧中屡见不鲜。

1495年，最著名的《人人》问世，剧中"死亡"一词奉上帝之命，召唤"人人"赴死，其中"人人"则向他的世俗伙伴寻求帮助，如"力量""美丽"等，但是最终只有"善行"伴随着他，拯救了他的灵魂。《人人》中"善"与"恶"交织在一起，形成了一种悖论式的戏剧结构和冲突模式。

③插剧

在15世纪，出现了一种名为插剧的艺术形式，其情节简洁明了，人物形象也相对较少，但其娱乐性却得到了较大的提升，同时也呈现出了更多的喜剧元素。在宫廷、贵族府第或大学中，职业演员是插剧主要的演出人选。对于"插剧"这一称谓，存在多种解释，部分学者认为它是在道德剧或者奇迹剧两幕之间表演的，也有的学者则认为它是在娱乐或者宴会中插演的。

在中世纪，英国的戏剧形式起源于教堂礼拜仪式，但随着时间的推移，逐渐摆脱了教会的影响和宗教的色彩。从礼拜剧到奇迹剧，再到道德剧，最终演变为插剧，这是一个世俗化持续深化的过程，直到文艺复兴时期戏剧的兴起。

（2）文艺复兴时期

①喜剧

喜剧作品大量出现，而且风格多样化，如《月中女人》《僧人培根和僧人班格》《仲夏夜之梦》《第十二夜》《鞋匠的节日》等都具有浪漫色彩和明朗、乐观的基调。

这一时期也出现了一些描绘当代世态人情、以中产阶级为讽刺对象的喜剧，琼森、马斯顿等都显示出这方面的才能。《捉住老家伙的计谋》《炼金术士》及《巴托罗缪集市》，被称为"市民喜剧"。

②悲剧

在文艺复兴时期，悲剧呈现出一幅壮观的画卷，按照主题能够分为多种类型，其中之一是以复仇为主线的复仇悲剧，如《哈姆雷特》《西班牙的悲剧》等。其中，《哈姆雷特》所呈现的人性关怀与时代精神，已经超越了复仇悲剧的狭隘范畴，展现出了一种全新的境界，它表现出强烈的人性光辉和对人的尊严的肯定，从而引起世人的共鸣。还有一类是"情欲悲剧"，如《浮士德博士的悲剧》《帖木儿大帝》等。"情欲悲剧"将当时流行的一种观念充分展现出来，即人的气质和欲望对命运产生着决定性的影响。它以"情欲"为中心来展开对社会和人生问题的思考，从而揭示出人类的本质及其发展规律。在发展进程中，世俗化成为一种主要趋势，恶行悲剧常与"情欲悲剧"相互交织，比较具有代表性的有《奥赛罗》《李尔王》等，这些剧均深刻地揭示了野心家所犯下的各种罪恶，同时也将嫉妒、自负等所带来的毁灭性灾难揭示出来，对人们认识和理解中世纪社会具有重要意义。

在17世纪初，伦敦的大众剧场数量已经接近20座，其中包括了玫瑰剧场、帷幕剧场等大型剧场，这些剧场均为当时的主流剧场。通常情况下，剧场经理一职由演员兼任，同时也曾聘请过众多剧作家，这些剧作家大都是贵族出身，他们在演出时穿上华丽的服装和昂贵的首饰来吸引观众。随着剧场的发展，在1596年，伦敦迎来了首个私人剧场，为上层人士提供观剧设施，配备了红光照明，同时舞台道具也比大众剧场更加完备。

（3）17—18世纪戏剧

王朝复辟时期，虽然革命政府禁止了戏剧，但私人组织的娱乐演出并未禁绝，《围攻罗得岛》实际上是英国第一部歌剧，在这次演出中英国第一次出现女演员。

在1662年，查理二世复辟后，废除了禁止戏曲演出的命令。在当时，戏剧是伦敦的上流社会的一种时尚的娱乐方式，通常只有两家剧院可供选择。朱瑞巷剧院在1662年进行了重建，已经完全具备了现代剧院的基本形式，同时还配备了精美的布景。在这一时期，涌现出了大量喜剧作品，其中《风流人物》和《乡下女人》等是比较典型的优秀作品。这些作品淋漓尽致地描绘了贵族们放荡不羁的生活方式，同时也反映了家庭与婚姻的诸多问题。

在复辟时期，约翰·德莱顿（John Dryden）是一位备受瞩目的文学家，他所创作的《奥伦·蔡比》等"英雄剧"生动地描绘了主人公在爱情和责任之间的激烈冲突和矛盾。在这一作品中，作者以自己独特的见解对悲剧产生的原因进行分析并提出了相应的解决方法，从而形成了一个完整的体系。除此之外，德莱顿也是英国戏剧理论奠基人，其《论戏剧诗》与英国戏剧创作实际相结合，将亚里士多德与贺拉斯之思想十分详细地阐发了出来。

在英国，光荣革命时期虽然见证了资本主义的确立和稳定发展，然而戏剧并未获得显著的进展，原因是激烈的政治斗争对戏剧创作产生的不利影响，以及作家们对报刊和小说的兴趣转向了其他领域。十九世纪下半叶以后，随着资产阶级文化运动的兴起，风俗喜剧再次流行起来，此类作品大多描写当时的社会问题，注重技巧，言辞俏皮，但是内容狭隘，风格夸张，对贵族生活的腐化堕落津津乐道，粗鄙并且缺乏一定的道德准则，因而引起了部分观众与批评家的不满。

诗人盖伊（Guye）的《乞丐歌剧》是英国歌剧中最早的经典作品，曾轰动一时，德国现代戏剧家 B. 布莱希特的《三分钱歌剧》就是据此改编的。与流行的意大利歌剧不同，《乞丐歌剧》以一种明快的抒情风格描写了下层群众的生活，但它也从政治上批评了当时的首相，其续集《波莉》因此被政府禁演。

盖伊之后，菲尔丁（Fielding）的喜剧《巴斯昆》和《1736 年历史纪事》包含着更明显、更强烈的政治讽刺，揭露了辉格党政府的腐败，引起了统治集团的惊恐。1737 年，瓦尔浦颁布了戏剧检查法，菲尔丁和其他一些作家从此转入小说创作。这一法令极大地阻碍了英国戏剧的发展，此后 100 多年中，伦敦只剩下两座剧院，戏剧基本上处于萧条冷落的状态。

（4）19 世纪戏剧

欧洲在 19 世纪初期，掀起了一股浪漫主义的浪潮。英国的浪漫主义在文学领域通常体现在诗歌与小说方面，但是也对戏剧产生了较为深远的影响，导致了当时在英国舞台上占据主导地位的情节剧的涌现。随着情节剧从法国传入英国，其音乐元素的重要性逐渐凸显，对话中的音乐伴奏也逐渐淡化，最终以曲折离奇、充满浪漫色彩的情节及富丽堂皇的布景，吸引了众多观众的目光。

随着情节剧逐渐走向商业化，许多严肃的文学家对此感到不满，并且随着浪漫主义运动的不断推进，学术界对莎士比亚的评价也日益提高。浪漫主义诗人在创作过程中经常把自己的生活和思想融入作品之中，使作品具有浓厚的浪漫主义色彩，然而由于对莎士比亚评价的提升，部分浪漫主义的诗人开始参考和借鉴莎士比亚或者希腊戏剧的风格，创作出一系列诗剧作品，其中包括《沈西》《该隐》等。这些诗人的诗剧并未对戏剧产生直接深远的影响，因为它们并不适合用于演出。

随着1843年戏剧检查法的废除，剧院及观众的数量持续攀升，然而作家们却更加专注于小说的创作，戏剧领域并未涌现出比较杰出的作品。情节剧开始逐渐走向消亡，剧院内演出的剧目基本源自法国戏剧或者是从司各特等人的小说中改编来的剧本。莎士比亚的作品虽然也在上演，但多数演员的社会地位相对较低，文化修养不足，对莎士比亚戏剧的理解缺乏深度，并且还会对其随意改动。

19世纪60年代起，英国戏剧逐步出现了一种现实主义倾向，T.W.罗伯逊（Robertson）的社会喜剧带来了第一股新鲜空气，他的《社会》《等级制度》描写了下层群众的日常生活，揭露和讽刺了社会弊病，语言也自然朴素。

从19世纪80年代，伦敦演出了易卜生（Ibsen）的《群鬼》和《玩偶之家》。在易卜生的影响下，一些剧作家创作了英国的社会问题剧，其中《圣人和罪人》《经纪人》都描写了中产阶级的家庭生活，讨论了宗教和道德问题，引起了普遍的注意。《第二位坦科雷太太》在英国及法、德、意等国家产生了广泛影响，其情节剧的外衣下包含着严肃的社会内容。罗伯逊、琼斯和皮奈罗给长期沉闷的英国戏剧界带来了生气。

（5）20世纪戏剧

英国的戏剧在19世纪90年代经历了一次重要的转型，随后在20世纪初，逐渐形成了英国戏剧史上的另一个巅峰。在19世纪90年代初，萧伯纳创作出了非常具有代表性的剧本，即《鳏夫的房产》和《华伦夫人的职业》，这些作品不仅与流行的情节剧大相径庭，并且与琼斯等人的作品相比有了很大的进步。这两部剧作以独特的艺术魅力吸引着读者和评论者，引起人们对现代生活的关注与思考。萧伯纳将当代社会的尖锐矛盾和冲突全面揭示出来，通过矛盾和冲突淋漓尽致地展现出人物的独特性格，同时在幽默风趣中蕴含着深刻的讽刺意味，以尖锐而又复杂的主题来表达他对社会现实的不满与批判。在当时的英国，出现了多种思潮，包括社会主义、费边主义等，它们各自提出了自己的社会主张，并展开了十分激烈的辩论。在这些思潮的冲击下，许多剧作家开始关注并研究社会生活，他们对当时社会现状的分析和评论也逐渐深入剧作之中，使戏剧具有浓厚的批判色彩。《温德米尔夫人的扇子》《认真的重要》等剧作，揭示和嘲讽了上层社会的虚伪，然而这些作品中仍带有一些情节剧的痕迹，以其独特的风格引起人们的关注并得到评论界的重视。王尔德对英国戏剧中长期存在的粗制滥造现象持反对态度，他在创作过程中刻意追求完美，语言机智风趣，情节发展出乎意料且轻松自然，善于运用幽默讽刺手法来表现生活本质。在王尔德的笔下，风俗喜剧闪耀着耀眼的光芒。

萧伯纳所创作的社会问题剧探讨了争论对戏剧的一系列影响，吸引了很多知识界的观众，从而为戏剧的思想与艺术的水平提升提供了有力支持。萧伯纳在20世纪持续发挥着旺盛的创作热情，创作出了《苹果车》《人与超人》等诸多优秀的剧本。在这段时间里，萧伯纳的思想经历了错综复杂的演变，无论是作品的主题还是风格均发生了显著的变化。萧伯纳的杰出贡献在于创作的社会问题的戏剧作品，虽然受易卜生的影响较大，但是萧伯纳的问题剧则更倾向于喜剧的表现；易卜生的人物在探讨问题，萧伯纳的人物则以雄辩滔滔之姿呈现于众人面前；易卜生的言辞精妙独特，萧伯纳引导他的角色灵活运用俏皮话，以反语的方式将真相揭示出来。他是个幽默大师，却不喜欢把幽默作为一种手段来运用，这也许是他的性格使然，虽然他在戏剧中戏谑，但这一玩笑却揭示了英国社会所存在的某些缺陷。

直至20世纪50年代中期，戏剧萎靡不振的状况才得到了一定的缓解。1956年，荒诞派的代表作《等待戈多》以及布莱希特戏剧，呈现出了其独特的艺术魅力，这两部剧作使戏剧观众大为振奋。随着时间的推移，人们对诗剧的热情逐渐消退，对于戏剧革新的呼声也越来越高涨。以1956年的《愤怒的回顾》为代表，英国戏剧掀起了一股被称为"新潮流"的浪潮，剧中主角吉米·波特（Jimmy Potter）对周遭环境的反感，将战后英国年轻人的心理状态淋漓尽致地表现出来，不管是紧张的戏剧性还是生动的对话均呈现出独特的特点，因此该剧立即引起了广泛的共鸣与关注。随后，贝汉（Behan）、威斯克（Wesker）等杰出的剧作家陆续推出了他们的作品，这些作品主要以中下层阶级的人物与事件为素材，重点强调人物情绪的表现，并对社会提出了十分激烈的抗议。因此，他们被称为愤怒的青年，并且逐渐占据了舞台，影响范围不断扩大，如《房屋》《归家》等作品都是非常典型的代表作品。

在20世纪60年代中期之后，那些愤怒的年轻人失去了他们的锋芒，同时部分更为年轻的作家则崭露头角，形成了被称为第二次浪潮的现象，他们在小说中表现出明显的反叛性和反传统性特点。他们虽然在政治思想观点上存在分歧，但是他们对英国社会普遍保持强烈的批评或者否定态度。因为受电影、电视的竞争，以及各种文艺流派的一系列直接影响，他们在创作的过程当中经常追求创新、刺激与娱乐，以满足观众的不同需求。

在喜剧家中，奥顿（Orton）影响较大，他的《脏物》《男管家看到了什么》等作品中含有悲剧或恐怖因素，被称为黑色喜剧。斯托帕德（Stoppard）极富想象力，在文字游戏中寄寓哲理，代表作《罗森克兰兹和盖尔登斯顿之死》表现出了存在主义观点。当代英国著名的剧院、剧团有国家剧院、皇家莎士比亚剧团等。

2. 英国音乐艺术

英国的音乐是由英格兰、苏格兰、威尔士及北爱尔兰这四个主要的民族音乐所构成的，每一个民族均拥有其独特的音乐风格，这些音乐不仅代表着各自民族的历史文化和风俗习惯，也在很大程度上反映出一个国家的政治、经济及社会生活等各个方面的面貌。同时，英国的音乐也将世界各地移民的传统音乐巧妙融入其中，如牙买加、印度等。英国的民间音乐不仅在专业音乐活动中发挥着重要作用，同时也在全球范围内产生了深远的影响。苏格兰和与爱尔兰的民间歌谣、舞蹈、音乐和军乐，深受全球民众的喜爱和推崇。在英国的民间音乐体系中，许多歌曲采用五声音阶，其中半音不多，这使得它们具有独特的特点。

（1）15—16世纪

在15世纪，英国涌现出了一大批备受瞩目的作曲家，他们都以自己独特的艺术风格著称于世，对后世产生了深远的影响。例如，邓斯特布尔（Dunstable）最初采用了一种独特的固定歌调写作方式，通过丰富的装饰与简单的伴奏，创造出了一种独特的音乐风格。他以古凯尔特人的五声音阶为基础进行创作，使作品充溢着生活的气息，同时又具有通俗易懂的特质。后来他又将这种创作手法运用于歌剧中，使它成为一个重要流派，对后世产生很大的影响。他是早期尼德兰乐派（今称勃艮第乐派）最杰出的作曲家之一。

（2）16—17世纪

在伊丽莎白王朝时期，英国的经济蓬勃发展，国力日益强大，甚至超越了荷兰、葡萄牙等贸易国家，成为全球最具商业实力的国家。在此时期，文学艺术也获得了发展，尤其是声乐艺术，更是达到了空前繁荣的程度。琉特和维吉纳音乐在英国的诗艺繁荣时期达到了巅峰，尤其是维吉纳音乐，其细腻雅致、技巧性高超，对变奏曲、托卡塔等后来器乐曲的发展产生了深远的影响。维吉纳的音乐作品，包括《少女曲集》《菲茨威廉维吉纳曲集》等，在当时得到十分广泛的传播。

（3）18—19世纪

珀塞尔逝世以来，英国的音乐创作遭受了毁灭性的打击，陷入了一片沉寂。在18世纪上半叶，安娜女皇聘请了亨德尔（Herndl）前往英国，他为英国人民创作了大量的歌剧与清唱剧。其中，清唱剧的《扫罗》《力士参孙》等，大多以圣经故事为蓝本。因其可以以一种巧妙的方式将反对外族统治与暴政压迫的主题，与英国的牧歌、赞美歌的合唱传统，意大利歌剧的动人曲调结合在一起，从而创作出具有独特个性的英雄史诗音乐，受到英国人民的喜爱。

在同一时期，盖伊（Gaye）与佩普施（Pepusch）这两位诗人和作曲家，以一系列程式化的意大利风格歌剧曲调，包括通俗歌曲、民谣等，和滑稽幽默的对白，创作出了《乞丐歌剧》，严厉地谴责与讽刺了英国上层社会和意大利陈规旧套的正歌剧，《乞丐歌剧》一经发表便受到人们的热烈欢迎，在英国民谣歌剧领域掀起了一股热潮，仅初演的音乐季就呈现了62场精彩演出，为该领域的发展奠定了坚实的基础。

在英国人民的音乐生活当中，管风琴音乐一直扮演着不可或缺的角色，尤其是在教堂中。管风琴的演奏家众多，他们经常在贵族官邸中奏响，并且享有崇高的地位与优厚的待遇。在英国，合唱是一种备受欢迎的艺术形式，在当时皇家小教堂的唱诗班规模相当可观，是一支规模庞大的合唱团。众多杰出的音乐家在这一时期的成长历程与此息息相关，同时现今也有许多英国家庭仍然坚持将家族成员送往教堂参加合唱活动的传统。在1463年的剑桥大学，英国率先制定了音乐博士学位，该学位的授予需要经过严格的考核，包括作曲和音乐知识。除此之外，坎特伯雷的大主教还会授予那些在教会音乐领域做出了杰出贡献的音乐家音乐博士的荣誉称号。英国在1822年成立了备受瞩目的皇家音乐专科学院，众多作曲家和演奏家为音乐教育事业献出了自己的心血。

在英国新文艺复兴时期，蒂皮特（Tippet）与布里顿（Britton）是最具有代表性的作曲家。在"二战"前后，蒂皮特巧妙地将英国古老的牧歌与新浪漫主义相融合，从而形成了一种独具特色的音乐风格，他创作的歌剧以其独特的魅力著称，其中《清唱》就是一首脍炙人口的佳作。1944年创作的《我们时代的孩子》清唱剧，作为反法西斯以及充满人道主义精神的作品，以其独特的音乐语言、丰富的表现力及深刻的思想性获得广泛好评，并且许多黑人灵歌在这首曲子当中得到了充分的运用，令人动容不已。《我们时代的儿童》也是一首具有深刻思想内涵的优秀音乐作品，不仅揭示了法西斯主义的罪恶，更深刻地描绘了人类盲目性所带来的残酷与无知。布里顿被誉为英国自珀塞尔以来最杰出的"音乐上的希望和现实"，为音乐领域的发展注入了无限的活力和创造力。布里顿的艺术创作涵盖了广泛的领域，包括但不限于正歌剧、室内歌剧等，其创作范围之广令人叹为观止。例如，《青少年管弦乐队指南》等管弦乐曲，不仅具有广泛的普及价值，同时也蕴含着非常高的艺术价值。布里顿曾致力于推动全球和平事业的发展，创作了多部反战主题的优秀作品，与蒂皮特一样，他是一位具有正义感与人道主义精神的优秀音乐家。

（4）20 世纪

英国近代音乐文化在 19 世纪和 20 世纪之交迎来了一个重要的历史节点，这个节点标志着英国音乐文化的转型。埃尔加（Elgar）是引领这场变革的先驱者，他的创作技巧高超，配器手法独具匠心，管弦乐作品《谜语变奏曲》和清唱剧《杰隆修斯之梦》皆为其代表作，令人惊叹不已。在这些乐曲里，他大胆运用了各种现代技术手段，使之与古老的传统艺术形式结合得很好，从而形成了独特的风格。迪利厄斯（Delius）在英国的文化传承中，更多地受到印象主义思潮的熏陶，他创作的大部分都是抒情小奏鸣曲。他的音乐作品中不乏细腻柔美的协奏曲，在部分作品当中他巧妙地将乐器与人声融为一体，令人心醉神迷。

在埃尔加等人的同时期，沃洛克（Worlock）创作了多首充满英国风情的优秀音乐作品，每一首都充满了精致的细节。班托克（Bantock）一方面搜罗大量英国与各地方民族的民歌，并且对其进行改变，另一方面创作了许多源自东方、具有东方特色的音乐作品，尤其是在 1918 年之后，现代主义音乐先后进入英国，引起了众多作曲家的模仿。然而，由于缺乏独特的民族文化特色和创新精神，大多数音乐创作没有在全球音乐界获得一定的声誉。部分作曲家对英国传统进行延续的同时，吸纳了一些现代的创作技巧，这些人包括沃恩（Worn）、巴克斯（Bacchus）、艾尔兰（Irelan）等，他们均获得了十分显著的成就。沃恩作为英国一位非常杰出的作曲家，他深受印象主义的影响，但对民间音乐的重视却是毋庸置疑的，是英国民歌协会的一员。他对英国的民间音乐进行了深入探究，尤其是对诺福克地方民歌进行了研究，并将其融入自己的创作过程当中。同时，沃恩也对英国音乐史进行了深入的研究，汲取了本民族的创作经验，以此丰富了自己的创作思路。《田园交响曲》《第六交响曲》等均是沃恩比较具有代表性的作品，以鲜明的个人风格受到听众欢迎。巴克斯和艾尔兰皆承袭了浪漫主义的传统风范,并且将其发扬光大,他们创作出大量脍炙人口的音乐作品。巴克斯以爱尔兰诗歌为灵感,灵活运用当地的音调,创作了七首交响曲,为英国乐坛增添了无限光彩。艾尔兰以其精湛的器乐小曲以及抒情独唱曲等艺术形式,为后世留下了不朽的艺术作品。

英国音乐至今仍一直非常受欢迎。20世纪60年代,一群音乐家开始推广摇滚乐以来,英国创造出了非常多知名的新音乐领域,像重金属、民谣、鼓打贝斯、朋克、尘垢、金属、英伦摇滚、新浪潮,以及英格兰、苏格兰、威尔士、北爱尔兰经历革新后的当地民谣等。

英国出了许多对全球极富影响力的歌手及乐团,像披头士、比吉斯、冲击、铁娘子、犹太祭司、深紫色、滚石、酷玩、皇后、创世纪、超级流浪汉、艾瑞克·克莱普顿、洛史都华、Foghat、奇想(The Kinks)、Rockpile、超凡(The Prodigy)、艾尔顿·强、绿洲、布勒、齐柏林飞艇、坏公司(Bad Company)、电台司令、幻觉皮衣等。

(二)美国艺术

1. 美国戏剧艺术

美国戏剧的发展历程相对短暂。到20世纪初期,才开始逐渐趋于成熟,于两次世界大战之间达到世界领先水平,并且进入了黄金时代。

(1)殖民地时代的戏剧

因为受到清教主义的束缚和教会的敌视,戏剧等文艺活动被视为一种"罪恶",然而在17和18世纪,仍有个别欧洲移民创作的剧本涌现,这些作品在艺术上虽有一定程度的发展,但是它们却未能引起人们应有的注意和研究。例如,1665年,达尔贝(Dalbey)创作的《裸者和幼兽》就是至今所知北美第一部戏剧。

(2)18世纪初的戏剧

亨特(Hunter)是英国皇家驻纽约州的殖民总督,于1714年创作了一部讽刺笑剧《安德罗博罗斯》,这是第一个在北美出版的剧本,这部剧作不仅在当时受到人们广泛的欢迎,还为后来的许多优秀的作品提供了素材。在独立战争爆发之前,部分地区的学院偶尔也会涉足戏剧表演领域,但是这只是出于业余爱好,那时戏剧还没有形成固定的市场和观众群体。直至18世纪中叶,英国哈勒姆(Haarlem)率领剧团涉足新大陆,方才催生了戏剧活动在北美的进一步发展。随着一位英国剧团经理道格拉斯（Douglass）的到来，在 1766 年的费城建立了索斯瓦克剧院，从而使戏剧活动获得了职业化的属性。在 1767 年，该剧院上演了一部以美国诗为主题的悲剧作品——《安息王子》。

（3）独立战争时期的戏剧

戏剧活动受到限制。1776 年《独立宣言》发表后，虽然根据欧洲古典戏剧模式仿制的剧作出版，反映了热爱自由和争取独立的主题思想，但艺术质量上远不及当时的欧洲戏剧。

泰勒（Taylor）1787 年创作的剧本《对比》通常被认为是职业剧团演出的美国剧作家的第一部机智幽默的世态喜剧。剧中一个新英格兰的聪明伶俐、天真无邪的农民乔纳森的形象，成为后来美国戏剧中所刻画的"美国佬"的原型。但是，直到 18 世纪末出现了剧作家邓勒普（Dunlap），美国戏剧创作才真正进入开创阶段。

（4）19 世纪的戏剧

19 世纪，美国剧作家创作的戏剧大部分是作为商品提供给著名演员和新兴的剧院的。公众要看的是娱乐性节目和心中喜爱的演员的表演，而对严肃的戏剧毫无兴趣，因此不少剧作未能流传下来。

邓勒普是美国第一个职业剧作家兼剧院经理，一生创作和改编了 53 部剧本，代表作有《父亲》《安德烈》《美国佬的年表》《哥伦比亚的光荣》和《尼亚加拉之行》等。他撰写的《美国戏剧史》对研究早期美国戏剧亦颇有参考价值，因此他被誉为"美国戏剧之父"。

19 世纪初期，浪漫色彩浓厚，辞藻华丽的诗剧在美国特别流行，如《布鲁特斯》《情人的誓言》《查理二世》《角斗士》《波哥大的捐客》《黎米尼的弗朗契斯卡》《眼泪和微笑》《印第安公主》《迷信》《米塔默拉》等。

19 世纪中叶，最成功的一出讽刺社会风尚的戏是安娜·科拉·莫华特（Anna Cora Mozart）的《时髦》，剧中对纽约上层社会追求法国贵族沙龙生活做出了生动的批判。后来迪昂·布西考尔特（Dion Busycourt）在《黑白混血儿》一剧中谴责了蓄奴制。

19 世纪中叶，马克思的《共产党宣言》、达尔文的《物种起源》和赫伯特·斯宾塞论述"适者生存"的《生物学原理》相继问世，再加上南北战争的爆发，促使美国剧作家开始放弃浪漫观点而以现实的眼光看待人生。被评论家誉为"美国现实主义之父"的小说家、评论家和剧作家豪威尔斯（Howells）开始从道德角度真实地描写社会和生活，他写的 36 部剧本，标志着美国现实主义戏剧的兴起。

赫恩（Hearn）的戏剧理论为真实的艺术，代表作有《玛格莱特·弗莱明》《疏远》和《岸边田亩》等。

随着南北战争的爆发，美国的科学与工业得到了快速的发展，人们为了更好地生存与获得成功，展开了十分激烈的竞争，从而导致财阀与投机分子的崛起，同时社会贫富不均等问题也越来越严重，不少剧作家开始关注社会问题，从而出现了社会剧。《缝纫机姑娘贝尔塔》描绘了每天工作14小时而每周只挣8美元的女工的困苦生活，《罢工》揭露了工厂条件的恶劣，这些作品都显示了剧作者对劳工大众的同情。

19世纪后半叶盛行情节剧，其中以布西考尔特、奥古斯丁·戴莱（Augustine Daley）和贝拉斯科（Belasco）的剧作最能吸引观众。布西考尔特被认为是自邓勒普以后第一位真正美国商业性的职业剧作家，著有《纽约穷人》、《杰西·布朗》和《贝尔·拉玛》等剧。此外，查尔斯·霍伊特（Charles Hoyt）在19世纪末所写笑剧深受欢迎，剧情大都轻松地触及当时的风俗习惯，如《一个德克萨斯的舵手》。

19世纪末，美国戏剧开始步入成熟阶段，剧作家开始注意使美国戏剧摆脱欧洲古典戏剧模式的影响以实现民族化。在这方面做出突出贡献的是奥古斯图斯·托马斯（Augustus Thomas）和菲奇（Fitch）。托马斯审慎地挖掘具有本国各地特色的题材，著有探讨南北战争期间双方仇恨心理的《亚拉巴马》、描述开拓西部边疆的《亚利桑那》和揭露操纵国会的经济和宗教势力的《国会大厦》。剧作有《花花公子布鲁梅尔》《帕美拉的神童》《现代的婚配》和《芭芭拉·弗里契》等。美国戏剧自从有了托马斯和菲奇，逐渐同社会潮流协调一致，如实反映错综复杂的社会现象。

（5）20世纪的戏剧

美国众多的优秀剧作家在20世纪初期，不仅注重刻画当代生活的真实面貌，同时也开始对人物内心的情感与动机进行深层次挖掘，他们通过塑造典型形象来揭示社会问题。商业性戏剧演出虽然依旧掌控着剧院，但是19世纪已经成名的众多优秀剧作家，还是朝向着接近生活现实的健康方向前进。为了促进美国戏剧的改革和发展，哈佛大学教授乔治·皮尔斯·贝克（George Pierce Baker）率先在大学里创办"47号戏剧创作工作室"，先后培养出一大批戏剧人才。

1915年以后，由于人们鉴赏力的提高，各地纷纷成立艺术团体，上演契诃夫、梅特林克、易卜生、萧伯纳等世界知名剧作家的优秀剧目和青年剧作家的新颖作品，从而形成一场小剧场运动。其中最重要的团体是普罗文斯顿剧社和华盛顿广场剧社,前者于 1916 年上演了年轻剧作家奥尼尔(O'Neal)的《东航加的夫》,使他从此走上了戏剧创作的道路;后者造就了菲利普·穆勒(Philipp Müller)等一批导演和剧作家。

美国工人戏剧在 20 世纪 30 年代经济大萧条时期蓬勃发展,1932 年曾在纽约召开了一次全国性的工人戏剧斯巴达克斯大会,以建立工人戏剧联盟。各地纷纷成立工人剧团,其中以联合剧院和团体剧院最为突出,上演了《码头装卸工》《和平降临大地》《黑矿井》《进行曲》《等待老左》等剧。当时影响最广、规模最大的组织是 1935 年根据罗斯福总统"新政"救济计划建立起来的联邦剧院。它负责管理 40 个州的剧院,雇用了成千上万的失业艺术家,组织上演古典剧、现代剧、歌舞剧和儿童剧,其中最著名的是纽约剧组所开创的活报剧,以简洁而敏捷的素描手法演出一些由时事新闻改编成的讽刺短剧。这些戏大都批评了政府的行政措施不当,后来美国国会认为联邦剧院的演出是一种共产主义的威胁,非美活动委员会于 1939 年通过法案把它扼杀了。在这一时期新的剧作家当中,海尔曼(Heilman)凭借社会剧《小狐狸》和反法西斯戏剧《守望莱茵河》成为一位富有正义感的剧作家。金斯利(Kinsley)是一位现实主义作家,在《死巷》一剧中真实地描绘了城市的贫困和犯罪行为。

自 20 世纪 60 年代起,美国国内反越战运动、民权运动、黑人运动、女权运动风起云涌,青年普遍对传统的价值观念产生怀疑而采取抗拒或蔑视的态度。美国戏剧界也随着社会思潮起了新的变化。舞台上,除去传统的严肃剧之外,一些反传统的流派如荒诞派和先锋派等盛极一时,特别是外百老汇和外外百老汇,以及地区剧院和大学剧院的发展,打破了过去百老汇对戏剧的垄断,实现了美国人民和戏剧界向往已久的多中心局面。

20 世纪 70 年代末,西方评论家过去把百老汇(真实的美国戏剧)、外百老汇(实验剧)、外外百老汇(怪异)和地区剧院(不重要)区分开来的文化象征,已经显得不够准确了。外百老汇与其说是实验,不如说是探索;外外百老汇健康而丰富多彩;地区剧院越来越起着重要的作用。美国公众的文化兴趣往往随着社会思潮而相应转变。他们在 20 世纪 60 年代对一些宣传鼓动的戏甚感兴趣,20 世纪 70 年代后对一些单纯说教的戏失去兴趣,进入 20 世纪 80 年代更要求剧作家如实反映各阶层人士的想法和作为,而不要以剧中人物作为剧作家本人意见的跳板施加给观众。他们愿意看过戏后通过自己的思考做出各自的判断,美国严肃的剧作家正在朝这个方向努力。

2. 美国音乐艺术

印第安人的音乐为美国音乐的发展提供了很多元素，从某种程度上来说主要起源于印第安人的音乐。20世纪初期，来自不同地区、有着共同文化背景的作曲家们，为了满足自己对艺术的追求，创作出具有各自特点的音乐作品，至此美国音乐才开始逐渐展现出其独特的风格，并在和西方各国音乐文化同等重要的地位上占据了一席之地。在此之前，美国的领土上存在着多个民族或者种族的音乐，同时也有来自欧洲各国的专业音乐家带来的诸多优秀音乐作品。在漫长的历史进程中，它们相互交织、相互渗透，从而推动了美国音乐的形成与演进。

在音乐艺术领域，美国以卓越的历史文化背景及领先全球的成就著称，其主流与非主流音乐在经过流行音乐的洗礼之后，得到了广泛的认可与追捧。美国各种音乐的艺术表达形式和风格，逐渐被亚洲、欧洲等娱乐文化大国的主流音乐所吸纳与融合，从而促使美国音乐跨越国界，最终成为全球时尚音乐文化的风向标。

（1）印第安时期

印第安人的音乐以打击乐器为伴奏，在劳动、婚丧等多种场合中展现出其独特的风格，音调简洁富有表现力。在16世纪之后由于各个国家移民的先后涌入，美国音乐文化也随之呈现出新的面貌。在激烈的竞争中，英国人最终获得了在北美大陆的优势，使英国音乐对美国音乐的影响达到了顶峰，为美国音乐的形成奠定了最初的基础。在1619年，首批非洲黑人奴隶被运往北美，成为该地区人口流动的一部分，因为他们的生活环境特殊，他们与白人社会格格不入，所以他们的音乐风格带有浓厚的种族歧视色彩。非洲的黑人对音乐情有独钟，习惯于在劳作的同时演唱歌曲，他们在音乐上的追求与白人有着本质不同。黑人音乐以感人至深的曲调以及独特的分段式节奏，对美国音乐的演进产生了一系列的深远影响。

在1640年，马萨诸塞推出了一本名为《海湾诗篇歌集》的出版物，这也是北美地区首次出版的一本书，该书不仅介绍了当时的民间歌曲及各种形式的宗教仪式歌，还记载了大量的教会歌曲，对后世产生了不小的影响。在18世纪初，许多牧师为了提升歌唱技巧，专门撰写著作用于正确指导演唱，然而由于移民数量的增加与大城市的繁荣发展，世俗音乐也开始呈现出活跃的态势。1731年，首次在波士顿举办的音乐会拉开了历史的序幕，随后各地先后举办各种形式的音乐会活动。一般的音乐会节目涵盖了爱国歌曲、歌剧咏叹调等多种形式，偶尔也会出现没有标题的器乐作品，基于此，诞生了首批在美国本土出生的作曲家。他们创作出了大量具有独特风格的音乐作品，并对后世产生了重要影响。

(2) 欧洲音乐风格时期

美国在 19 世纪初期经过和英国的"第二次独立战争"后，成功地摆脱了英国的统治，实现了完全的主权。音乐文化的发展，得益于政治上的自主与经济上的蓬勃发展。美国专业音乐的萌芽与诞生在 19 世纪，同时该阶段也是美国音乐中的浪漫主义时期，和欧洲音乐的浪漫主义存在十分紧密的联系，根本原因是当时几乎所有美国作曲家都是先在欧洲接受音乐训练，然后才回国发展的。众多欧洲音乐家踏足美国的同时，带来的音乐水平与技巧远胜于美国，促进了美国音乐的发展。

1848 年，随着欧洲革命的爆发，一大批德国音乐家迁徙至美国。美国年轻一代作曲家在音乐创作的过程中受到了不小的影响，他们的音乐风格发生了十分明显的变化，使得原本习惯于赞美歌曲的美国人的音乐兴趣发生了改变，同时音乐教育也得到了快速的发展。随着南北战争的结束，美国的音乐生活变得更加活跃，并且也先后涌现出了大都会歌剧院、波士顿交响乐团等音乐团体，这些团体的存在为美国的音乐文化注入了新的活力。这些新成立的乐团在训练上有着严格的标准和要求，并经常举行各种音乐会活动，促使了一批技艺精湛的作曲家涌现，他们快速提高了美国音乐的水平，可以直接与欧洲相媲美，其中获得最高成就的是麦克道尔（Mcdowell），他被誉为美国首位获得国际声望的作曲家。

当美国作曲家几乎都在追随欧洲风格时，歌曲作家斯蒂芬·柯林斯·福斯特（Stephen Collins Foster）却采用美国黑人音乐的曲调进行创作。他的很多歌曲是为当时盛行的"黑人剧团"（由白人化装扮演黑人，其成员称为游吟艺人）写作的。真正的美国黑人音乐却未受到重视，它们只在黑人中流传发展。当时流行的黑人音乐主要类型有灵歌、布鲁斯、劳动歌曲等。

(3) 音乐独立时期

美国在 20 世纪 20 年代，社会舆论倾向于支持作曲家创作具有独特美国风格与特色的音乐作品。在得到支持的情况下，部分作曲家为确立美国民族主义音乐做出了卓越的贡献，尤其是在交响乐领域，使美国音乐的地位，同等于欧洲各国音乐的地位。

在 20 世纪 20 年代至 20 世纪 30 年代期间，美国音乐的发展呈现出多元化的趋势。在第一次世界大战之后，西方音乐经历了一次前所未有的深刻变革，涌现出了全新的现代音乐流派，在这一时期各种不同类型的音乐形式相继涌现。与此同时，美国的流行音乐得到了进一步的发展，尤其是由布鲁斯等黑人音乐演变来的爵士音乐在全国范围内风靡和流行。以欧洲轻歌剧与喜歌剧为基础，百老汇歌舞剧逐渐崛起，并在流行音乐中占据着重要的地位。

（4）音乐多元时期

随着"二战"的爆发，众多备受瞩目的欧洲作曲家前往美国谱写音乐，他们对美国的音乐生活产生了深远的影响，使美国成为西方音乐文化的一个重要枢纽。对于美国音乐创作的民族性而言，现今已不再受到足够的重视，导致众多美国优秀作曲家的作品在风格上和欧洲音乐的差异逐渐消失殆尽。

美国音乐在20世纪50年代之后呈现出了更加多元化的趋势，在这一时期中，涌现出了一批以不同风格、不同体裁为特征的作曲家，虽然有些作曲家以传统的音乐语言为基础进行创作，但新一代作曲家却被不断涌现的新音乐流派所吸引。在流行音乐的范围内，也涌现出了一系列新的音乐品种。在音乐史上，摇滚乐是一个非常重要的阶段，摇滚音乐的源头可以追溯到布鲁斯时期，爵士音乐则逐渐失去了其主导地位。摇滚音乐的热潮在20世纪70年代之后逐渐式微，各种流行音乐相互渗透、相互融合，呈现出一种综合性的风格，并且在不同类型的作品中，都可以发现许多新的特点和变化。

（5）20世纪以后音乐

①爵士音乐

爵士乐主要起源于19世纪末20世纪初的美国的新奥尔良，将具有摇摆特性的Shuffle节奏作为基础，有机融合了非洲黑人文化与欧洲白人文化，是一种即兴的音乐形式。它不仅是一种音乐形式，也代表着不同时代人们追求个性与时尚的心理需求。爵士乐的发展重心在20世纪前主要集中在新奥尔良，但在1917年之后，它开始向芝加哥转移，最终在20世纪30年代转移至纽约，并迅速风靡全球。它与音乐之外的其他领域，如舞蹈、电影、戏剧、诗歌一样有着密切的关系，成为一种独特的艺术形式，并对现代音乐创作产生了重大影响。爵士乐包括等多种不同的音乐风格，如摇摆乐、冷爵士等。

②摇滚音乐

在20世纪50年代中期，摇滚音乐起源于对节奏布鲁斯、乡村音乐等的深入研究和探索。早期的摇滚音乐，大多源于黑人节奏布鲁斯的演绎，因此布鲁斯节奏成为其主要的音乐基础。摇滚音乐的分支繁多，形态错综复杂，涵盖了朋克、艺术摇滚等多种风格。

③嘻哈音乐

嘻哈音乐作为文化现象之一,兴起于20世纪60年代,乃是黑人文化中一种源于街头的文化,同时也是一种文化运动与生活方式,音乐的主要表现形式为说唱艺术。

第二节 英美教育与体育

一、多元视角下的英美教育差异

(一)英国教育

1. 英国教育概述

英国的教育、学术与科学研究在全球范围内享有卓越的声誉,尤其是剑桥大学与牛津大学更是享誉世界。作为全球最为重要的教育枢纽之一,英国每年吸引着来自世界各地的留学生前来深造,除了为国家带来了十分丰厚的外汇收入之外,同时也为知识型经济体系的国家吸收了大量优秀人才。

英国是一个有悠久教育传统的国家。教育的真正目的,是培养理智的、能克制自我的人,这是儿童未来能力和幸福的基础。基于这种教育目的的教育手段被归纳为体育是基础,德育(德行、智慧、礼仪)是核心,智育是前两者的增值。对作为教育核心的德育,英国的具体目标是:要求学生掌握对人的尊重、公正与合理、诚实守信等核心道德观念,处理好自己与最亲近的人的关系、与社会的关系、与所有人的关系、与自然界和环境的关系。

英国的教育体系经过几百年的沿革,完善而复杂,同时具有非常大的灵活性。英国教育分为三个阶段,即义务教育(5~16岁,包括小学和中学)、继续教育和高等教育。义务教育归地方政府主管,高等教育则由中央政府负责。英国政府对教育非常重视。第一,体现在经济上的大力投入和教育资源的合理使用,让每个孩子都得到发展的基本保障。英国中小学都采取小班化教学,一般在25人左右。一个普通规模的城市会有几十所中学和上百所小学,这需要政府的大笔投入,保证足够的学校和师资。第二,体现在为所有孩子,特别是残疾、智力障碍等有特殊需要的孩子,提供平等的受教育机会。

英国学校有公立和私立两种，中小学公立学校学生约占学生总数的90%以上，英国法律规定，上公立学校应就近入学。公立学校完全免费，而私立学校不仅收费高昂，而且考试门类复杂。私立学校招收海外学生，目前来源主要分亚欧两大群体，即欧洲学生和亚洲学生。私立学校所收取的费用全部用于提高教学质量、改善学校设施等教育目的，因此私立学校在硬件、软件及教育质量上的水平普遍要高于公立学校。

2. 英国初等教育

英国的教育旨在帮助学生尽量发展个人才能和兴趣特长，充分培养并发挥学生想象力、创造力和动手能力。这一点从教室的布置上也可略见一二。整个教室的布置丰富多彩。教室的外墙、室内四周的墙壁上，甚至天花板上都贴满或悬挂着各种形状和颜色的图片、文字资料、数学公式、装饰图案，甚至树枝造型及学生表演用的道具等，这些布置多由学生或师生合作完成。每间教室都像一个小图书室。另外，每间教室靠墙都有一排柜子，用来存放学生们的课堂作业和其他学习用品，因此孩子们不用背着重重的书包去上学。

英国的小学教育所设置的课程除体育、音乐、美术等，主要学科为数学、英语和科学，难度和深度都不及中国。如果是教会学校，还会学习宗教知识。学生可选择学习外语，种类主要有法语、西班牙语和德语。英国对教科书没有统一规定。在英国的各科教学中，无论是从教材到教学，都体现了对学生道德、公民素养及科学人文精神的全面培养。在学科中，高度重视科学知识教育的同时，注重培养学生良好的品德素养和科学态度，将科学教育和人文教育融合在一起，将自然和社会知识的传授，同人道主义、国家意识的渗透相互交织。在教学过程中，常采用启发式教学方法，以激发学生的学习热情，促进师生之间的平等互动。

3. 英国中等教育

英国的中学不分初中高中，从中一到中五共5年的时间。普通中学证书是指完成中学教育最后两年（中四、中五）后取得的文凭。英国学生在14岁之前要学习科目众多的中学教育课程。从14岁开始，除了学习英语、数学和科学类等核心课程以外，还需要学习四到五门选修课程，两年后，即16岁时，参加GCSE（General Certificate of Secondary Education，英国普通初级中学毕业文凭）考试。在16岁完成了国家法律规定的义务教育后，可以继续学习也可以选择工作。

英国中学教育开设的学科相当广泛，除以数学、物理、化学、生物等为主的自然科学和历史、地理、哲学为主的人文学科外,还有商务、法律、媒体、政治等,另外还有培养生活技能的实用课程如烹饪、缝纫、木工等。学生可以广泛地接触各类学科,逐渐发现自己感兴趣的学科及不擅长的课程,在下一个学年可以选择放弃以便将更多时间和精力放到保留下来的学科中。在这种金字塔式的选课方式中,学生充分展示出了自己的兴趣、爱好和学习的主动性,也为以后的大学学习和从事职业奠定了基础、明确了方向。

4. 英国高等教育

英国高等教育已有近900年历史,培育出超过百位诺贝尔奖得主,世界排名前100的大学有将近20所位于英国,优质大学区域密度位列全球第一。英国的高等教育、学术研究处于世界领导地位,是美国以外全球最重要的教育枢纽,作为全球高科技和高附加值产业的重要研发基地之一,该地区的科研范围基本涵盖了全部科学领域。英国高等教育实行双重制,一方面是自治的大学,另一方面是公立高等学校,英国大学主要分为以下几类。

(1) 古典大学

古典大学主要是牛津、剑桥大学。具有英国大学的最高地位。招收公学、文法中学毕业生中能力最强的学生,采取单独的入学考试。是英国上层统治人物的培养场所。两所大学本科学制为3年,实行学院制与导师制。

(2) 近代大学

19世纪末建立起来的传统大学,如伦敦大学。也属于英国重点大学,不仅对校内学生授予学位,还对国外、校外考试合格的学生授予校外学位。

(3) 新大学

"二战"后建立起来的大学。一方面是为解决60年代中学毕业生众多的问题,二是为革新大学教育,体现许多新特点,如有权决定本校的课程设置、教学方法与考试方法;课程设置与教学体制方面注意克服过早和过分专门化问题;实行导师制;设置多学科教学的学院体制,开设新的跨学科课程等。

(4) 开放大学

大学入学条件,要求申请者普通教育证书要通过5门科目的考试,其中有两门高级水平、3门普通水平,或3门高级水平、二门普通水平。大学学位分4个等级,即学士、硕士、哲学博士和高级博士。英国大学在组织与行政管理上均属自治,在拟定教学与颁发证书和学位方面完全由大学自己决定。英国公立高等学校有多科技术学院、继续教育学院和教育学院。

(二)美国教育

1. 美国教育概述

在美国,每个人都享有受到优质教育的机会,从而促进个人潜能和能力的进一步开发。自19世纪初起,这一种义务教育的理念便得到了广泛的民众支持和认同。很多政教界的先进人物认为,教育的广泛普及是美国繁荣与强大的重要支撑。

不少州在1865年南北战争后建立公立初中和高中。在州立大学、农业学院和技术学院的发展历程中,它们都取得了很大的进步和成就。美国在20世纪初期,支持每个人都应该接受高中教育的理念。当时大多数人是通过中学或大学完成学业,学院的招生规模在高中毕业后得到了显著的扩大。广泛的教育计划已使美国成为世界上受教育人数最多的国家之一。

美国正式教育体系包括初等、中等和高等教育。构成公共教育的初、中等教育是免费和义务的。美国法律规定,任何学龄儿童均应进入学校就读。在中小学教育领域,各州教育委员会与地方政府共同承担着管理职责。学府可分为公立和私立两大类,其中公立学校的创办、资助与管理责任由州或社区承担,私立学校则由宗教团体或者非宗教性质的个人、组织自行承担和创建。公立学校一般为学生提供免费午餐和住宿。私立学校的入学门槛较高,家长需要支付相对较高的学费。在大多数州中,公立教育是所有学生所必需的教育形式,私立教育则主要面向少数族裔儿童和青少年。在各州的教育体系中,小学阶段的学制为六年,初中阶段的学制为三年,高中阶段的学制为三年。初级学院与技术学院的学制为两年,大学本科与研究生院的学制则为四年。

2. 美国初等教育

美国的初等教育是指1~12岁儿童的教育。许多美国人把这段教育称为"grammar school education"。

幼儿园教育是初等教育的第一步,可分为两个阶段:1~4岁主要是看护孩子;4~6岁为学前教育阶段,开设的主要课程是讲故事、做游戏、音乐、图画、手工等。

初等学校教育是从五六岁到12岁的教育。教育的目的是培养学生的爱国主义和相互帮助的意识。课堂气氛轻松愉快,开设的课程主要有:数学、语言、书法、自然、美术、音乐、体育和社会学等,在有些学校高年级还开设了外语课。学生的管理是通过学校和家长选出的本区的董事会或"家长教师联合会"(Parent-

Teacher Association，简称为 P.T.A.）或定期开会讨论的形式来进行。美国小学教师大都获得大学文凭，但地位、收入同其他行业或欧洲同等的教师相比较差。

3. 美国中等教育

美国的中等教育仍然属于义务教育范畴，这种教育分为两个阶段：初中教育阶段，一般指对 12～15 岁的孩子进行的教育，在校学习时间为 3 年；高中教育阶段，指对 15～18 岁的学生进行的教育，在校学习时间也是 3 年。18 岁以下的青少年免费读完中等教育。

大多数中等教育开设的课程有数学、英语、物理、化学、社会学科（包括历史、地理、公民学和经济学）和体育，以及计算机、商业、工业贸易等。这些课程分为必修课和选修课。每门课实行学分制，一个学分大约等于 120 个小时，一般学生需要达到近 20 个学分才能毕业。

美国的中学教育也面临着许多问题，如辍学、暴力、酗酒、抢劫、自杀等事情经常出现。同时中等教育的弊端也不断暴露出来，如学生普遍缺少地理知识、不关心时事、不会拼写等。所有这一切都使美国教育家、教师和父母担心。

4. 美国高等教育

美国的高等教育主要包括本科（两年制，四年制）教育、研究生教育及一些职业教育（医学院，法学院等）。

（1）本科教育

本科教育主要分为两年制和四年制本科教育。两年制教育一般指社区大学一类的高等教育机构，毕业后学生获得副学士/专科学位。四年制大学就是一般高等院校，毕业后学生获得学士学位。和四年制大学相比，两年制大学一般学费比较低廉，且部分学分可以转到四年制大学，所以有不少的学生都选择从社区大学读起，两年后转入四年制大学。

初级阶段的高等教育主要由两年制学院提供，学生在顺利完成两年的课程后，即能够获得副学士的学位。这类教育能分为一般性教育和职业教育两大类，前者是学生在学习过程中将获得相当于四年制大学第一、二年课程的学分，转换为四年制大学的学分，后者的课程设置旨在为学生提供就业机会，使他们在完成学年学习后能够从事技术工作，从而不再继续攻读学位。社区学院是由地方政府创办的为期两年的高等教育机构之一，学生主要为当地居民，学费相对较低，招生标准不高，提供的课程能够满足学生的不同需求，为众多美国年轻人提供了接受高等教育的机会。在美国，超过一半的中学毕业生能够进入高等院校的原因之一，是因为他们具备了足够的知识和技能,可以在未来的学习和生活中展现出自己的才华和潜力。

学士学位可通过四年制的学院和大学获得。大多数四年制学院的学科设置涵盖了人文社会科学与自然科学的基础学科,同时也开设了一些专业或者应用性更强的学科,入学门槛也高于两年制学院。

(2)研究生教育

在研究生教育领域,专门招收已经获得学士或者以上学位的学生,这些学生将有机会继续进行深度课程的学习。对于已获得学士学位的学生而言,他们需要经过一年至两年的学习,方可获得文理硕士学位,课程的长度则因情况存在一定的差异;已获得硕士学位的学生必须完成二至五年的学业,这是他们获得博士学位的必要条件。

(3)职业教育

职业学院还专门招收已经获得相关专业学士学位的毕业生,这些专业包括但不限于医科、药剂等,每一门专业都具有独特的特点和优势。学生大多是通过各种途径进入职业院校学习的,在职业学院的收费较为昂贵,导致竞争异常激烈。

二、多元视角下的英美体育差异

(一)英国体育

1. 英国体育概述

英国的体育运动有着悠久的历史,在1908年、1948年和2012年,伦敦成功举办了三届奥林匹克运动会,这也是英国体育运动蓬勃发展的一个缩影。在英国,各式各样的体育运动组织层出不穷,其中包括职业体育比赛、业余体育赛事、学校体育等方面的协会和联合会,还有一些全国性的俱乐部及体育基金会等。1965年英国政府专门设立了3个独立的体育组织,分别是英格兰体育运动委员会、苏格兰体育运动委员会、威尔士体育运动委员会。1973年,在北爱尔兰也设立了北爱尔兰体育运动委员会。体育运动委员会是一个以政府名义行使国家权力的机构,负责对全国的体育进行管理和协调。政府并未设立独立的负责体育和娱乐事务的机构,而是在环境部设立了一位国务大臣,专门负责这些领域的管理。此外,在各郡、市的地方政府中亦设有专门负责管理体育事务的官员。全国体育委员会下设四个部门,分别是器材、体育发展、宣传和财政,致力于推动各类体育运动的发展与领导，同时协助提供必要的体育设备与器材。

英国奥林匹克协会是一个成立于1905年的全国性体育组织，旨在推广和发展奥林匹克运动。在英国的各个项目中，通常会设立独立的协会来进行协作，这些协会都有自己的章程和任务。甚至有的协会覆盖全国，包括但不限于足球、体操、举重和滑冰等领域，有的则为地区性协会或俱乐部，如网球、羽毛球、高尔夫球以及其他一些运动，这些项目在英格兰、苏格兰等均设有专门的独立协会，以确保项目在这些地区的实施和发展。

2. 英国体育强项

（1）足球

足球（见图4-1）是英国最盛行的体育活动之一，是英格兰和苏格兰的国球，也是众多英国人所热衷、着迷的运动。英格兰仅职业足球队就有90多支。

英国的足球联赛有一百多年之久，英格兰超级联赛被认为是世界上最好的联赛之一，这里汇聚了世界各地的顶尖球星，加上精彩的比赛，受到世界球迷的青睐。曼联、利物浦、阿森纳和切尔西等世界知名的俱乐部赢得了全球无数球迷的支持，而一些比赛也会吸引全球的电视台进行转播，观众达十亿之多。英国著名球星有贝克汉姆、欧文、鲁尼等。

图4-1 足球

20世纪90年代中期效力于曼联的贝克汉姆，凭借精湛的球技、帅气的外表，成了世界上最著名的球星之一。

（2）高尔夫

英国被认为是高尔夫（见图4-2）的故乡，这里有5000多个高尔夫球场，数以百计的世界级球场,如圣安德鲁斯、温特沃思、贝尔弗里,都是举世闻名的高尔夫球场。

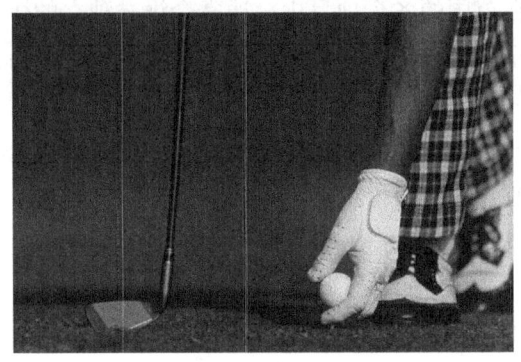

图 4-2　高尔夫

打高尔夫球的英国人多达 250 万。英国高尔夫公开赛是世界高尔夫四大锦标赛中最古老也是最负盛名的比赛,每年的 7 月在英国不同的球场举办。著名高尔夫球运动员有蒙哥马尔。

(3) 网球

网球(见图 4-3)起源于英国。英国温布尔登网球锦标赛,简称温网,由全英俱乐部和英国草地网球协会于 1877 年创办,是网球运动中最古老和最具声望的赛事,也是世界最高水平的网球比赛之一。

图 4-3　网球

温网通常举办于 6 月或 7 月,是每年度网球大满贯的第 3 项赛事。英国打网球的人达 500 万之众。

（4）赛马

英国素有赛马王国之称，其境内共有不少的赛马场，几乎每周都会举办盛大的赛马活动。在英国，赛马（见图4-4）与育马的历史悠久，社会背景深厚。在英国赛马与育马的活动中，英国皇室成员不仅是重要的赛马活动和颁奖者，并且伊丽莎白女王也经常亲临现场，亲自见证和颁发奖杯。大多数英国赛马场坐落于市郊，景色宜人，交通便利，是非常理想的场地。赛马场内设有运动场地，供人们进行各种比赛及训练。每逢赛马日，众多赛马爱好者汇聚于赛马场，共同探讨马术经典，评述马术之道，在此气氛中既可以感受到赛马运动的魅力，又能体会到贵族生活的乐趣。赛马作为一项广受欢迎的大众休闲娱乐活动，其受众涵盖了从皇亲国戚到达官贵人，再到普通百姓、老少妇孺的各个群体。英国的时装服饰文化与赛马场紧密相连，因此参加重大赛马活动的人需要穿着华丽的礼服，这已经成为英国绅士与名媛小姐们展示自己的时尚风采的重要场合。

图 4-4　赛马

在英国人的日常生活中，体育活动扮演着至关重要的角色，超过半数的英国居民，每月至少参与一次体育活动或者健身娱乐活动。在他们看来，体育运动可以使人更健康地工作和学习，能使人们变得更加自信，从而产生一种成就感和满足感。英国社会各界人士，包括但不限于俱乐部、协会等，对体育的热爱和重视是不言而喻的，他们的参与也为体育事业的发展注入了强劲的动力。体育不仅可以提高个人素质和能力，对整个民族也具有重要意义，英国的中小学学生必须参加学校的体育活动，并且体育课也是必不可少的一门课程，每周需要进行至少5小时的体育锻炼，所有的体育项目都要进行严格的考试，考试合格方可进入相应项目的竞赛行列。根据学校的推荐与比赛中的实际情况，学校体育协会负责选拔具有潜力的学生，并将其补充到各项运动队中，以促进其全面发展。

（二）美国体育

1. 美国体育概述

与其他国家一样，体育在美国是民族文化的一个重要组成部分。美国体育与其他地区相比有很大的不同。美国人喜欢一些在美国流行的体育项目，例如美式橄榄球、棒球、篮球和冰球，相比之下，足球在美国是一个比较冷门的体育项目，但随着越来越多的少年从事这项世界上最受欢迎的运动，足球亦被认为是在美国最有潜力发展的运动。此外美国体育的组织也与许多其他地区不同，学校和大学起着重要的作用。

2. 美国体育强项

（1）篮球

篮球（见图4-5）是诞生于美国的重要体育比赛，是美国目前普及度最高的运动之一，1891年由马萨诸塞州斯普林菲尔德基督教青年会的体育教练詹姆斯·奈史密斯（James Naismith）发明。斯普林菲尔德现为美国全国篮球名人堂所在地。1949年，美国成立全国篮球协会（NBA）后职业篮球运动开展更加活跃。

图4-5 篮球

National Basketball Association（全国篮球协会、美国男篮职业联赛、美国职业篮球联赛，简称NBA），直译为美国篮球联盟，简称"美职篮"。在成立初期，NBA的球员和教练全部由白人组成。尽管当时美国的种族歧视仍然相当严重，但随着比尔·拉塞尔（Bill Russell）、威尔特·张伯伦（Wilt Chamberlain）等人在球场上不断创造佳绩，黑人球员逐渐被球迷们接受并成为了NBA的主角。进入20

世纪 90 年代后，黑人球员在数量上开始超越白人球员。

随着 NBA 的影响扩大，越来越多的来自世界各地的球星纷纷加入 NBA。原先国际球员一般都是先进入 NCAA（National Collegiate Athletic Association，全国大学体育协会）才能参加 NBA 选秀，现在已经可以直接参选了，NBA 球探都亲自到各国联赛去挖掘有潜力的新星。很多国际球星在 NBA 闯出了名堂，如来自尼日利亚的中锋、1994 年的 MVP 阿基姆·奥拉朱旺（Hakeem Olajuwon）带领休斯顿火箭两次问鼎 NBA 总冠军，德国球星德克·诺维茨基（Dirk Nowitzki）把达拉斯小牛带进 2006 年 NBA 总决赛并获得了 2007 年 MVP 等。

（2）棒球

棒球（见图 4-6）作为美国的一项广受欢迎的体育运动，因起源于美国所以被誉为美国的国之瑰宝——国球。1846 年 6 月，纽约首次举办了一场激烈的棒球比赛。1869 年，辛辛那提红袜子职业棒球队诞生，自此棒球成为美国学生、工人，甚至总统最钟爱的运动。到 20 世纪中叶，世界上许多国家都曾举办过各种规模的棒球大赛或竞赛，尽管历经两次世界大战的炮火摧残，美国的棒球比赛依旧在顽强地发展壮大。在美国，棒球已经成为男女老幼生活中不可或缺的一部分，无论是大、中学校的校队与职业球队，还是孩子们，都对棒球有着非常高的热情，青少年棒球队数量更是过万，棒球运动场遍布全国。

图 4-6　棒球

美国职业棒球大联盟（Major League Baseball，简称 MLB），是北美地区最高水平的职业棒球联赛，是美国四大职业体育联盟之一。美国职业棒球大联盟的赛季从每年的 4 月至 10 月，冠军赛称为世界大赛。

（3）橄榄球

橄榄球为北美四大职业体育之首。美国的橄榄球，称美式足球，因球形似橄榄，也称橄榄球（见图4-7）。橄榄球是美国最流行的运动之一，几乎所有的主要城市里都有职业橄榄球队。这些职业队员通常是原大学球队的主力。美国大学非常重视发展橄榄球运动，常常用提供奖学金和给予免费食宿的办法鼓励中学生中的优秀橄榄球运动员入校。70年代以来，每年都有600多个一流大学队在频繁的全国大学联赛中争夺桂冠，其高潮是在各大城市举行的赛季后比赛。重大的橄榄球比赛常常在盛大的典礼中举行，赛前半个小时，军乐队在女队长的带领下绕场一周，鸣号奏乐。

图4-7　橄榄球

第三节　英美经济与科技

一、多元视角下的英美经济差异

（一）英国经济

1. 英国经济概述

英国经济呈现混合型，既有国有经济又有私人经济，两者都在明确的法规章程范围内运作。20世纪以来，英国政府实施社会福利政策，制定调整工业关系的法律，越来越多地干预经济生活。作为全民就业的一部分，工党政府推行煤炭、钢铁、运输等基础工业的国有化运动。在撒切尔夫人执政的时候，降低通货膨胀成为政府的第一要紧的事务，且由于国家积极干预国内经济的发展，国家开始把国营经济卖给私人经济，从而，确保经济的持续和活力。

英国是世界上第一个实现工业化的国家。19世纪，英国实行不干涉主义的经济哲学，即政府不干预经济生活和自由贸易。随着货物、服务和劳动力在国内外完全自由地流动，伦敦的银行业、保险业和海运业迅猛发展，并有能力在世界任何地方策划金融和货物流通。可以说，18—19世纪的英国在很大程度上利用了欧洲大陆的作用，但英国从来没有政治一体化的热情，它至今仍对这一目标保持着怀疑的态度。当欧洲大陆国家试图使欧洲逐渐统一的时候，英国却牵头在1950年成立了欧洲自由贸易协会，英国政府的观点是自由贸易运动无须和政治一体化进程混为一谈。

农业只是整个经济的一部分。近200年来，制造业已经越来越重要，但在20世纪70年代以前，英国传统制造业显然是赶不上西欧其他国家的同类工业。英国的新兴工业，如汽车制造，几乎与纺织业之类的传统工业一样落后。英国道路上行驶的新型汽车一半从国外进口，主要是法国、德国和意大利。相比之下，这些国家却极少进口英国汽车。总的来说，英国100名工人生产商品价值的增长幅度多年来比德国小得多。有些工厂没有足够多的新设备，而有些工厂的新设备没有得到高效的使用。一些工厂经理抱怨说，他们引进新设备后，必须花更多的时间与工会商讨生产程序变更问题，无暇集中精力管理生产。尽管如此，罢工还是很频繁。

撒切尔夫人执政后，政府很少采取措施帮助亏损企业生存，也从未抑制失业率的增长。几年间，数以百计的工厂被兼并，或者被接管作其他的用途。一些传统的工业部门通过提高生产力增加了利润，而有些部门则逊色得多。

1979年，英国很多传统工业被收归国有。政府令其管理委员会以营利为目标，并准备将之出售给私人。煤炭生产集中在效率最高的矿井，其中包括少数新开的矿井。英国多数电能仍由煤炭发电站生产，但政府已表示赞同增加核能生产的计划。

在英国，没有一种工业能够像造船业一样经历过如此翻天覆地的变化。英国造船业曾经在两百年间，甚至更长的时间内一直居于世界领先的地位。英国造船厂建造了世界一半吨位数的新式客轮和货轮。但是，国有化活动也未能阻止造船业的衰落。尽管还有少数生存下来的造船厂在为各种海军船队和海底石油工业制造船只，但造船业仍然日渐衰落，其占世界商船产量的份额已经降至2%以下。

随着新的高科技工业的发展和一些小规模企业的成长,英国工业呈现出了新的变化。尽管制造业的从业人员减少了四分之一,但是制造业的产量却大幅度提升,很多工厂的利润翻了一番。

2. 英国农业

英国东南部地势平坦,不仅土地肥沃,也非常适宜耕种;北部与西部则多为山地、丘陵,北爱尔兰以高地为主,全境河流纵横交错。泰晤士河作为英国的河流之一,从西向东流经伦敦平原,最终流入北海,水位常年保持稳定,不受寒冷影响。塞文河是一条长达354千米的河流,在下游形成了一个约80千米长的三角洲。在英国有很多湖泊,其中北爱尔兰的内伊湖是英国全境最大的湖泊,规模之大令人叹为观止,这些湖不仅供人们游览观赏和娱乐休闲,也给农业生产提供了丰富的水资源。在西欧国家中,英国的海岸线长达11450千米,是世界上海岸线最长、最曲折的国家。

英国的气候属于温带海洋性,虽然纬度较高,但全年的气候温和宜人,年降雨量约为1100毫米左右。四季分明,冬天暖和,夏天清凉,季节温差几乎没有变化。英国拥有数百万公顷的耕地,为畜牧业的发展提供了有利条件。

英国的农业在18世纪的末期,已经被资本主义生产方式所主导,当时在欧洲英国农业处于领先地位。直至19世纪初,英国仍是一个以农业为主导产业、食品自给自足的国家。随着工业化进程的持续推进,英国作为全球工厂,逐渐形成了实行国际分工,将英国工业和其他国家农业有机地结合起来的局面。由于英国政策对农业的轻视,导致农业逐渐式微,食品供应过于依赖全球市场。

在"二战"期间,由于德国潜艇击毁英国远洋商船,粮食进口运输受阻,使英国国内粮食供应发生困难。英国政府不得不实行食品配给制,转而加强对农业的干预,采取重视农业的许多措施,如奖励垦荒,对开垦荒地的农户进行奖励;扩大耕地面积;提高农业机械化水平;大幅度提高农产品价格;各地区普遍建立农业生产管理委员会,对农业生产进行监督。"二战"后,英国花了近15年的时间,扭转了农业衰退的局面,逐步实现了农业现代化。目前英国的农业劳动生产率、单位面积产量都有了很高的水平。

英国的农业生产呈现出人口密集、土地稀缺的特征,与美国存在明显差异。由于这些特点,英国高度重视对农业土地生产力及单位面积产出效率的有效提升,小麦、大麦等农作物单产均获得了显著的提升。现如今,英国的农业生产已经实现了全自动化,无论是种植蔬菜的农场还是养猪养鸡的农场,都已经实现了高效的机械化。他们在生产过程中,不仅使用各种农机,还配备了一些专门用于作业的机械设备。在英国,农业机械的配套十分完善,涵盖了从耕作到收获、进仓等各个环节,每一个程序都配备了相应的机械设备。各类农业机械,如播种机、中耕机等已经广泛应用于农业生产领域。

早在1843年,英国就建立了世界上第一个农业研究机构洛桑实验站。16年后,达尔文的巨著《物种起源》问世,在生物和农业科学的发展中产生了巨大而深远的影响。目前英国建立了比较完整的农业科研体系,有强大的科研队伍。英国的农业科研工作由教育和科学部下设的农业研究委员会统一计划和协调。农业研究委员会有多个研究所,承担农业、渔业和食品部委托研究的项目。由农业、渔业和食品部提供的研究经费占农业研究委员会全部经费的一半。英国的农业研究机构有两类:一类是国家农业研究机构,另一类是私人出资办的农业研究机构。农、渔、食品部所属的研究机构主要侧重于应用研究,如人工育种、畜禽防疫、植物病虫害的控制及水产养殖等;国家农业研究委员会和大学的研究机构则主要侧重于动植物生理、遗传学、生物化学、分子结构、土壤物理、生物固氮等基础科学的研究。

3. 英国钢铁业

英国开创了大型钢铁工业体系的先河,成为全球首个实现这一目标的国家。中部地区因丰富的铁矿石储备与毗邻的煤炭、钢铁仓储点,以及便捷的交通网络,逐渐成为钢铁工业的中心,为英国钢铁行业的快速发展提供了便利。目前,英国的许多钢铁工厂已经失去了昔日的地理优势,当地的铁矿资源逐渐枯竭,英国虽然探索出了新的矿源,但由于矿石中含有大量杂质,因此冶炼成本也持续攀升。同时,随着煤炭价格不断上涨及煤炭运输费用增加,钢铁生产商不得不考虑将生产基地转移到其他更经济合理的地点去。所以,钢铁制造商必须寻找新的高炉厂址,通常情况下选择建设在易于获取矿源,并且价格比较低的地方是最为明智的决策。

英国铁矿石的供应主要依赖进口渠道,为了降低成本,许多钢铁企业都把目光转向了海洋运输。从西班牙、瑞典等地区运输进口矿石,将其装载于大型轮船上,即便如此运输费用也仅占铁路向各地运输矿石的一小部分。可见,沿海地区是钢铁厂最佳的选址,这样可以方便地卸下矿石,新的钢铁厂只有在规模更大、数量更少、一体化程度更高的情况下,才能获得更大的收益。钢铁厂的一体化是指在铁矿石生产出铁之后,将其直接输送至其他生产钢铁的工厂,钢铁厂的一体化实现了资源的高效整合。

英国的钢铁厂在生产效率方面相较于世界上最先进的工厂,存在明显的差距。为了减少铁矿石的出口数量,必须建立一个由政府控制的铁矿石公司,并使之具有一定规模。传统的焦炭生产炉子无法将有价值的副产品提取出来,因此通常将高炉、钢铁厂与轧钢厂分离开来。然而,将当地陈旧的钢铁厂迁往新区所需的费用过高,并且会导致许多钢铁厂的关闭、一个地区的大量人口失去工作机会。约克郡南部、中东部地区、中西部地区及威尔士的许多钢铁厂已被迫停产,沿海地区的一些钢铁厂也因缺乏足够深的港口供铁矿石运载船只进出不得不停产。由此可见,英国的钢铁工业和煤炭工业一样,已经进入了衰退期的阶段。

(二)美国经济

1. 美国经济概述

美国是当今世界上最活跃的发达国家,其国内的生产总值远远超过其他国家,是当今世界的第一大经济体。在南北战争之前,美国北部的工业和制造业比较发达,南方的经济是典型的种植园经济,经济的发展需要大量的劳动力。经历了南北战争,美国变成了一个统一的经济体,工业革命的成果也逐步扩大到了美国全境,机械和设备取代了人力劳动和操作,为美国经济的发展和腾飞注入了新的生机和活力。美国的地域非常辽阔,自然资源非常丰富,再加上优越的地理位置,战争远离美国本土,美国的经济并未因为两次世界大战而受到影响,相反,美国通过两次战争,在政治上取代了英国,在经济上,美元也取代了英镑,建立了以美元为主导的金融体系。

新政开启了美国政府干涉经济的重要一步。美国经济体系兼有资本主义和混合经济的特征。在这个体系内,美国企业和私营机构做主要的微观经济决策,政府在国内经济生活中的角色较为次要。在发达国家中,美国的社会福利网相对较小,政府对商业的管制也低于其他发达国家。

在美国各个地区,经济活动重心不同。纽约市是金融、出版、广播和广告等行业的中心;洛杉矶是电影和电视节目制作中心;旧金山湾区和太平洋沿岸西北地区是技术开发中心;中西部是制造业和重工业中心,底特律是著名的汽车城,芝加哥是该地区的金融和商业中心;东南部以医药研究、旅游业和建材业为主要产业,并且由于其薪资成本低于其他地区,因此持续地吸引制造业的投资。

随着科技的进步,经济的发展不再是依靠人力和生产设备的堆积了。相反,人才和知识成为衡量社会发展的重要指标，美国的高新产业逐步往西海岸环境适宜、人口分布相对比较少的区域迁移，资源配置更加优化，也更加集中，形成了全领域领先的"硅谷"。

2. 美国农业

目前，美国农业的现代化程度在国际上可谓首屈一指，其国土面积 937 万平方千米，务农人口仅占全国人口的不到 1%，却不仅养活了美国人，而且还使美国成为全球最大的农产品出口国。美国自然资源丰富，气候温和，地大物博，发展农业有着得天独厚的条件，是世界上重要的农业国家之一。美国土地上谷物的耕种面积约达 33600 万亩（22.4 万平方千米），谷物种类与耕种方式，依各地不同的气候与土壤而有所变化。在落基山及新英格兰，农民们栽种谷物以便养家。然后，小型的农场也生产一些日常用品与家禽供应邻近的城市。在加州南部，农民们发现那里的土壤、气候、地形地貌都适宜栽培棉花，这些作物的栽培形成一片片有系统的耕地与农场。在中西部，拓荒者们发现宽广、肥沃的土地适合种植多种谷物与牧草。

无论就种植面积或经济效益来说，玉米都是美国最重要的作物。其他的重要作物，分别是小麦、大豆、棉花、甜菜、花生、甘蔗、橘子、大麦、苹果、葡萄等。

美国四分之一以上的面积都是牧场及草原。西部 11 州的面积约达 10600 万亩（约 7 万平方千米）的公有土地分成许多牧草区，私人的牧场主人经相关部门许可，可以使用这些牧草区。乳牛与肉牛是美国农场里最重要的家畜。中西部的农场及西部大丘陵区是饲养肉牛最多的地方，美国的乳牛带从新英格兰向明尼苏达州伸展。大部分的猪饲料源于中西部的玉米带。在美国，几乎每一个农户都养有鸡群，以补充家中的肉类与蛋。也有一些农户特别饲养大群的肉用鸡或蛋用鸡。

美国农业的成功，不仅是因为其自身得天独厚的农业资源禀赋，也同经历百年的历史演进和市场竞争所形成的农业及相关产业的组织结构和经营机制构成的、有竞争力的生产方式密切相关。

首先，美国农业的机械化程度很高。美国耕地面积约 19745 万公顷（197.45 万平方千米），这些耕地土质肥沃，海拔 500 米以下的平原占国土面积的一半多，有利于农业的机械化耕作和规模经营。早在 20 世纪 40 年代，美国就领先世界各国最早实现了粮食生产机械化。目前，美国不仅在农业种植领域实现了多种经济作物从土地耕翻、整地、播种、田间管理、收获、加工等各环节的全面机械化，甚至将现代卫星通信、遥感技术、电子计算机等高科技广泛应用到了农业机械化设备上，使各种农业机械在无人驾驶、自动操作、自动监控的情况下能更准确、迅速地实现耕地、播种、施肥、除草、除病虫害等作业，节省了大量的人力，再加上生产上不断使用化学、生物的技术，改善与增加农作物品种，使农业单产显著增加，大大提高了农业生产效率。当然，除了种植业，美国的养殖业在农业生产上也占相当大的比重，其产值与种植业相比几乎各占一半。

其次，美国农业现代化产业体系较为完整，这主要与美国拥有庞大的农业协会和农业合作社等经济组织有很大关系。他们不但把生产、加工、销售等生产资源聚合在一起集成命运共同体，还把在工业部门中成熟的管理办法、经验引入农业，对整个组织内生产经营者进行专业化、系统化管理。例如，美国大豆协会、华盛顿州苹果协会、美国荷斯坦奶牛协会等，这些协会或者合作社在生产上都已经形成了完整的生产行为规范、技术操作规范和产品生产质量标准，每个农场都有固定编号，每个编号会跟随各农场生产出来的产品进入市场，一旦在市场上发现有产品出现质量问题，就会直接追查到与编号相对应的农场，经过验证核实，如发现农场主违规操作就会对其进行处罚，严重者甚至会被协会取消会员资格，农场主一旦脱离协会组织就很难独自应对市场，因此每一位农场主都能自觉地遵守协会制定的生产行为规范，很少有违规现象发生；在采后处理上，协会为了提高农产品附加值，会利用协会的组织系统，将采后处理交给承担保鲜、加工、包装、储运等业务的协会内部会员企业或合作社，使农产品从田间到餐桌各环节完整地连接在一起，从而提高农产品附加值，其增值收益将会根据各环节做出的贡献进行合理分配，最终使协会会员能够紧密团结在一起，全面提高了美国农业在国际市场上的整体竞争力。美国还有较为完善的农业教育、科研、推广三位一体社会服务体系。美国的教育、科研、推广任务基本上都是由各州农学院承担，经费由联邦、州、县共同负担，一般来自公共或私人企业。

最后，美国有着发达、健全和多渠道的农业金融支持服务体系，农业可以得到包括政策性信贷体系、合作性信贷体系及商业性信贷体系的信贷支持，这也是美国农业始终保持世界领先地位的重要保障。其一，由于农业经营风险很大，通常会受到自然状况的影响，致使农业贷款存在诸多不确定风险因素，商业性银行一般不愿意承担这种收益低、风险高的农业贷款。因此，美国联邦政府主导并设置了相应的政策性农业金融系统，这些政策性农业金融机构在政府的资金支持下，向与农业生产有关的借款人发放所有与农业有关的贷款、自然灾害紧急贷款，或者为农户提供担保向商业银行借款。其二,除政策性金融机构以外,美国还有在美国政府的扶持和帮助下形成的联邦中期信贷银行、合作社银行、联邦土地银行三位一体农业合作性信贷系统。其中,合作社银行系统是美国专门为给合作社添置设备、补充营运资金、购入商品等提供贷款而设立的,合作社银行主要向符合条件的农业合作社贷款,农业合作社要取得贷款的前提是在取得贷款时按应付利息额的大小购买合作社银行的增加股份,并在合作社银行保有净储蓄。这在美国很大程度上满足了农业合作社的信贷需求,成为其重要的融资渠道。

3. 美国钢铁业

美国钢铁工业自 1868 年就开始了现代化进程,1868—1880 年产业革命时期,美国钢铁产量以年均 40% 左右的速度增长,从而使美国钢铁工业具有了庞大的生产能力,并且产品品种齐全,产品质量好,生产技术比较先进。1881—1920 年初期工业化过程中,美国钢铁产量增长速度比英国、德国、法国等欧洲国家都要快。1953 年,突破了年产钢亿吨大关,在世界范围内长期处于遥遥领先的地位。

可以说,在 20 世纪 70 年代以前,钢铁工业一直是美国经济中的重要支柱产业;20 世纪 70 年代以后,钢铁工业已演变为美国经济中的重要基础产业,一直受到美国政府的贸易保护。因此,钢铁工业有美国经济的"晴雨表"之称。美国之所以能够保持钢铁产业的量和质的发展,原因包括以下两个方面。

首先,政府高度重视并支持钢铁工业发展。工业化过程中,各个产业都处在高速增长过程中,作为基础性行业的钢铁工业在产业构成中发挥着重要作用。它既要满足大规模基础设施和基本建设的需要,又要为装备工业、机械工业、耐用消费品制造业提供各种高质量、高档次的钢材产品,以提高这些行业的技术水平和产品档次。因此,为了促进工业进步,美国只有通过大力发展钢铁工业,增加钢铁工业的经济规模,生产高质量、高技术钢铁产品,才能充分满足国民经济各部门对这种基础原材料的需要。如果不能实现钢铁自给,那么就需要花费大量的外汇进口钢铁产品,这会加剧其他行业的资本紧张状况,提高钢铁产品需求行业的投入成本,从整个国家的宏观经济来看,这是一种不经济的选择。美国政府在"二战"前后一直把钢铁作为战略性资源来对待,对钢铁工业给予了必要的政策支持。通过大力发展本国的钢铁工业,实现钢铁工业的规模经济效应,提高钢铁企业的生产规模和技术、产品档次,从而提高了国民经济的整体效益和质量。

其次,保持钢铁工业的技术进步。美国政府在早期比较重视新技术的引进和采用,并在此基础上加以发展和创新。美国的资本主义发展尽管比英国和法国晚得多,但是在其工业化初期,就充分利用了国外的先进技术成果,如炼焦、热风炉、平炉、型钢轧机等技术都是从英国引进的。引进以后,又加以改进,创造出了许多新工艺和新设备。

二、多元视角下的英美科技差异

(一)英国科技

1. 英国科技概述

新兴工业包括微处理器、计算机、生物技术和其他高科技工业。英国高科技工业发展较好的地区有三个,分别是伦敦和南威尔士地区、东英吉利的剑桥地区,以及苏格兰的格拉斯哥和爱丁堡之间的地区,其中第三个地区是其中最吸引人注目的。苏格兰有很多外资芯片厂家,大部分属于美国、日本、荷兰和德国。

2. 英国互联网

英国作为互联网发展起步较早的国家之一,在网络治理领域具备较强实践经验。英国在立法行政、调动社会力量等方面形成了一套较为完善的互联网治理体系。其互联网治理方式不是独立执行的,而是以行业自律为主角、以行政管理为导航、安全技术管理为保障、以法律规范为管理方式的协同配合机制。

英国针对互联网安全、儿童色情、个人信息及著作权保护方面,都有政府管制,英国采用的是轻政府管制、重社会自治的自律互联网管理机制。早在 1990 年,英国政府就颁布了《计算机滥用法》,将非法占用、修改、破坏计算机数据或程序认定为违法。到 2000 年,又颁布了《通信监控权法》,允许动用皇家警察、网络警察对互联网进行监控及执法,从法律层面允许国家机器依法截收或强制公开某些信息。2009 年出台了首个国家网络安全战略,成立网络安全办公室(Office of Cyber Security,简称 OCS)和网络安全运行中心(Cyber Security Operations Centre,简称 CSOC),在组织结构建设层面明确了网络安全的责任人。

从 2011 年开始,英国政府启动了为期 5 年的国家网络安全计划,涵盖打击网络犯罪、提升网络安全能力、支持项目开发,目前项目进展顺利,英国在实施计划的过程中,充分重视调动群众积极性,极其重视教育宣传工作。

英国的互联网近几年来发展迅速,主要是由于英国政府对发展信息通信技术大力提倡,并采用了多种通信管制手段,来推动国内信息通信业的发展,终于使英国的电子发展战略取得了明显的成效。英国国内的信息通信应用水平大幅提高，电子商务、电子政务建设等飞速发展，全面上网运动也展开。这对于英国来说，无疑是一次经济再度腾飞的机会，对于其他致力于发展信息通信业的国家来说，则是一个借鉴、学习的良机。

3. 英国新能源

英国新能源法律与政策，最早可追溯到撒切尔政府时期的私有化改革，特别是《1989年电力法》的出台，从立法上实现了能源结构的重新调整，为新能源产业的发展奠定了相应的法律基础。为了进一步促进新能源的发展，英国政府先后采取了以下措施。

首先，实施《非化石燃料公约》。英国可再生能源发展从1990年开始稳步增长。为促进可再生能源的开发利用，英国于1990年实施了《非化石燃料公约》。实施非化石燃料公约的主要目的是英国地区的电力公司有义务或责任，保证在其所供应的电力中，要有一部分来自非化石燃料生产的电量，并使可再生能源发电量的比重不断增加，以此降低化石燃料能源的使用，减少有害物排放和对环境污染。同时建立一定的资金渠道，以支持可再生能源的发展。在《非化石燃料公约》政策框架内，电力供应商必须购买一定量的非化石能源电力，如果非化石能源生产的电力成本高于化石燃料电力，就从煤电征收的税款中拨付补助金。《非化石燃料公约》及其相关政策的主要内容：一是用可再生能源发电的企业或项目前五年可享受政府基金补贴，后十五年电力公司以固定价格收购其电力，当市场价格低于固定价格时，其差额由政府补贴；二是向电力用户征收化石燃料税，建立发展基金，用于补贴可再生能源项目的研究与建设；三是对拟投资的可再生能源项目进行公开投标，使项目可行性研究中提出的电价最低的公司中标，政府对项目进行投标补贴的同时，约定收购其电力。

其次，实施《可再生能源义务令》。1999年7月，英国政府制定并通过了《可再生能源义务令》，2002年4月开始实施。其中心内容是确立可再生能源义务制度，该制度的实质是对可再生能源的开发利用实行配额制。主要内容有：一是供电商有义务购买一定比例的可再生能源电力。此项法令明确规定，供电商在其所提供的电力中，必须有一定比例的可再生能源电力。可再生能源电力的比例由政府每年根据可再生能源的发展目标和市场情况等来确定；二是可再生能源义务制度由英国燃气、电力监管部门监督实施。

(二)美国科技

1. 美国科技概述

美国的科技发展主要集中在本国的南部和西部沿海地区,对比国内的其他地区,西部和南部无论是在自然资源的分布上,还是农业的发展上,都比较薄弱,这不利于传统农业和传统工业的发展,因此在美国南部形成了以宇航事业为主的新型工业和西部"硅谷"电子科技产业园区。

在西部和南部发展新型工业的道路上,方便的交通,能够做到资源最大化、最快速的运达,然后,通过优越的交通工具,送抵各个区域,将公司的产品在第一时间转化为经济财富。

优越的地理位置,能够吸引高端的知识人才,能够让他们专心地工作和生活,同时,新型工业的发展符合国家的最高利益,得到政府的大力支持和扶持,在增强国力,增强企业竞争力方面,都有着很大的优势。

硅谷地处美国加州北部旧金山湾以南,早期以硅芯片的设计与制造著称,因而得名。后来其他高技术产业也蓬勃发展,硅谷的名称现泛指所有高新技术产业。

硅谷这个词最早是由唐·霍夫勒(Don Hoefler)在1971年创造的。它从1971年的1月11日开始被用于《每周商业》报纸电子新闻的一系列文章题目中。

20世纪60年代中期以来,随着微电子技术的飞速发展,硅谷逐渐崛起并成为一个重要的发展区域。以周边世界知名大学斯坦福、加州大学伯克利分校等雄厚科研力量为支撑,依托高新技术中小公司群,并拥有思科、惠普等知名大型企业,将科学、技术和生产有机融合,不仅吸引了一大批著名科学家和企业家,还形成了一批高技术产业。在20世纪80年代之后,随着新兴技术的研究机构在该地区相继涌现,硅谷成为美国高新技术的发源地,同时也带动了相关产业和服务经济发展,推动着整个社会的进步与繁荣。如今,硅谷已成为全球高科技聚集中心的代表之一,吸引了众多国家和地区的科技人才。

2. 美国互联网

因互联网技术起源于美国,所以美国的互联网经济也是发展得最早也是最快的。

1986年,美国NSF(National Science Foundation,美国国家科学基金会)建立了国家科学基金网,这个基金网连接了全美国的五个超级大型计算机,进行了速率为56 Kbit/s的长距离传输,并使它在1988成功连接了全美的13个城市,后被称作Tler1网络,使得互联网时代逐渐形成,并开始通过国家科学基金网进行一系列网上商业活动，1993年，NSF决定用竞争机制来管理国家科学基金网，并设立了一个商业网交流的中心系统，即沿用至今的NAP（Network Access Point，网络接入点），自从互联网技术"商业化"以来，美国开始不断投入资源建设网络的基础设施。1993年以来，政府颁布了一系列政策来扶持、限制、发展互联网，美国互联网技术不断地兴起和发展壮大。

因美国互联网技术迅猛发展，使得美国当时的各类企业利用信息和网络技术整合到各式各样的信息资源。一方面美国的中小型企业在互联网当中建立自己的网站，并通过企业的内部及外部所搜集的信息资源来进行各种网络上的商业活动，如流通、制造、销售、设计、经营管理等。他们使得企业不仅在互联网中得到利润，同时还提高了企业的信用。而另一方面，很多的美国风险投资人和风险投资公司也积极投资支持与互联网新科技挂钩的创业公司的发展。慢慢地，人们发现从互联网中可以获得经济效益，并且互联网经济在信息化的基础上更快、更准确、更便捷地为大家提供了经济供给与需求，同时改变了企业的传统经营理念和模式，让网络经济成了美国企业强有力的发展模式，并使得美国逐步地进入了崭新的互联网经济时代。

美国互联网经济不断迅猛发展至今，其发展的动因主要由外部动因和内部动因两部分组成。美国互联网经济发展的原因主要包括以下两个方面。

首先，美国的计算机及互联网的建设对互联网经济的发展起着至关重要的作用，从1946年2月14日，世界第一台计算机在美国宾夕法尼亚大学诞生以来，美国的计算机的发展是遥遥领先的。目前，美国拥有的软件企业远远超过其他国家。就美国互联网而言，从1993年美国成立了信息基础设施建设特别小组，使得美国互联网的基础信息建设得以完善。美国互联网经济也正因为建立在良好需求的计算机、互联网基础上得以蓬勃发展。

其次，美国互联网经济的发展与科技教育人才培养是密不可分的。在美国政府为教育和科研投入了大量的经费，不遗余力地去为培养人才成长创造良好的氛围，早在20世纪90年代初期，互联网早期发展阶段，中小学就已经普及了电脑和互联网，这种对教育科技的热衷投资一直延续至今。另一方面美国也非常重视人才的引进和培养，为了引进和培养人才，美国主要有以下几种方法：一是高薪引进人才，发展中国家的科技人才平均年薪不超过3000美金，美国的中等科技人才年薪在50000美金以上；二是有着良好的工作环境和充足的科研经费；三是为精英人才设立荣誉奖励。由此可见互联网经济的发展与美国重视教育科技是密不可分的。正是因为重视教育科技人才的引进和培养，美国的互联网经济才能不断地发展、突破。

3. 美国新能源

早在 20 世纪 50 年代，美国就着手建设了第一座核电站。20 世纪 70 年代的石油危机，使包括美国在内的世界发达国家都深刻意识到了能源安全的必要性和重要性，于是美国在建立战略石油储备的同时，大力发展新能源产业及可再生能源。至今，美国新能源产业发展已经有了长足的进步，在电力供应方面发挥了越来越突出的作用。

美国幅员辽阔，地形地貌多样化，水资源十分丰富。从整体上看，美国拥有丰富的资源，可再生能源也十分丰富。随着近年来国际油价的升高，美国在新能源方面发展迅速，2009 年在主要的能源消耗量下降的同时，美国开始更多地依赖可再生能源和核能。时任总统奥巴马采取了一系列的措施，这为美国新能源的发展奠定了坚实基础。归纳起来，主要有以下内容。

首先，加大对新能源产业的科技投入。美国新能源政策的资金投入主要表现在能源科学、基础设施改造、提高能源效率与新能源技术研发等方面，重点是可再生能源、核电、洁净煤、高效节能技术、智能电网等领域，其特点是强调绿色、低碳、可持续发展、确保美国能源安全。

其次，采取促进新能源产业发展的政策措施。美国在新能源产业发展方面所采取的措施是得力的，并且在实施过程中也取得了良好效果。其政策措施有很多方面，主要包括：全国各地的学校设施升级，规模投资改造联邦政府办公楼，公共建筑节能改造，大规模公路、桥梁等基础设施，推进数字智能型能源网建设；大量投资绿色能源——风能、有着广阔前景的新型沙漠太阳能阵列和永远有效的绝缘材料及核能、混合动力汽车、动力电池、核电设备、风电设备、太阳能设备等；推动政府和私营企业大力投资混合动力汽车、电动车等新能源技术，减少美国的石油消费量；对乡村清洁能源产业实行信贷支持；建立一个联邦资金支持的全国清洁能源的贷款机构，向可再生能源项目投放低利率贷款或进行贷款担保，以激励普通投资者在可再生能源领域的发展；建立基金会来为房屋业主改进能源使用效率提供资金；设立技术转移计划，专门面向发展中国家出口对气候友好的技术等。这些措施均显示美国政府希望重新在新能源与节能环保领域领导世界。

第四节　英美社会福利比较

一、英国社会福利

（一）国民保险

《国民保险法》规定了一个由多种津贴和补助金构成的综合性社会保险制度。津贴和补助分成缴费性的和非缴费性的两类。领取缴费性津贴的条件是领取人按周缴纳保险费，且须缴足一定期限，大部分津贴属于此类。非缴费性津贴根据特殊需要发放。

国民保险费分四类，即雇主和雇员分别缴纳、小商人缴纳、有收入但未就业者缴纳及独立职业者缴纳。

按领取对象主要分为母婴（产妇津贴、生育补助、儿童津贴、儿童特别津贴、儿童监护津贴）、寡妇（寡妇津贴、寡母津贴、寡妇抚恤金）、患病者与伤残者（疾病津贴、病残抚恤金、护理及伤残津贴）、失业者、退休者（退休金、养老金和高龄补助）、死亡者、有特殊困难者（战争抚恤金、低收入家庭补助津贴、社会补助金）。

（二）国民保健

国民保健制度规定，英国人都可享受免费医疗，牙科手术、视力检查和配眼镜除外；病人只付处方费，产妇、哺乳期妇女、儿童、退休者、医疗事故造成的病人、战争或因公伤残津贴领取者及低收入家庭除外。国民保健制度的实施由政府卫生部门负责。

全国各地分设数百个地区卫生管理局和委员会，负责管理国民保健制度的具体实施。每个区设有一个总医院，并设有普通医院、诊所、卫生中心及各类专科医院。国民保健制度规定由各科医师、护士对老人、伤残及精神病患者提供治疗，免费提供辅助医疗手段、取暖设备。该制度的服务还包括对学校、家庭和环境卫生，以及食品、药物安全、防疫、戒毒及医务人员培训等问题进行监督管理。

（三）个人社会福利

个人社会福利包括政府有关部门和社会志愿者组织针对具有特殊困难的居民

所提供的各种福利设施和各类服务，如为失去工作和劳动能力的人提供适合他们生活、活动的住房和服务；对精神病患者登门治疗，处理相应的社会问题；当局对建造儿童设施提供方便和给予支持，国家照管17岁以下、无人抚养或监护的孩子；政府部门和社会志愿者组织为老人及有困难的家庭提供生活、娱乐服务。

（四）住房

对低收入家庭，政府发给住房津贴；对于第一次购买住房的低收入家庭，政府给予额外津贴和其他优惠条件。此外，政府会为老年人和病人提供特殊住房，使其方便和安全。地方当局所拥有的住房优先接纳居住条件较差的房客。为防止私人房屋出租者向租赁者索取高额租金，政府制定了限制措施，主要有控制房租、调整房租、由负责租金事务的专门法庭确定固定房租。

居民除以个人收入或存款购房外，还可通过房屋互助协会、保险公司、地方当局和银行等途径贷款购房或建房。房屋互助协会发放的抵押贷款所占的比例最大，该协会本身并不建造住房，而是以贷款者所购买的住房作为抵押品发放贷款，贷款期限一般为20～25年（在特殊情况下也可延至30～35年），贷款者按月归还本金利息。

二、美国社会福利

（一）联邦社会保险

联邦社会保险是为就职人士设立的，在职或曾经工作过的本人及其家属都可参加，主要包括退休金、抚恤金、伤残金和医疗福利等。

（二）公共援助金

专为低收入或无收入的失明者、老人、残障者及无收入的家庭而设。由州政府按各自生活条件发放，申请者将接受调查以证明有申领资格。

（三）孕妇与儿童福利

为保护和增进孕妇及儿童的健康而设，并不分派现金，而是提供健康服务。除公共援助金外，大部分福利措施是不论贫富人人皆得的。值得一提的是，社会安全局（Social Security Administration，简称SSA）规定，领取社会安全金的人员不一定要住在美国境内，以方便生活在海外的退休人士。

（四）工作保险

1. 失业保险金

失业保险金是一种保险制度。每月从受保人工资中扣除部分来投保，受保人一旦失业即可获赔，获赔金额一般是原工资的一半。

2. 失业补助金

只要是遭辞退失业的，不管有无积蓄都可申请。一般补助期是6至9个月，按各州不同情况可能会有所延长。

3. 工人赔偿金

由雇主向州政府或保险公司投保，工人因工受伤即可申领。具体赔偿金额由雇主所交的保费多少而定，同时也能报销一定的医疗费用。工人赔偿金非美籍人士亦可申请，且不会影响他日转换身份或入籍。

4. 州立伤残保险金

全美只有加州、纽约州、新泽西州、夏威夷和波多黎各设有此类保险金，专为因短期疾病暂不能工作的人员而设。换言之，受保人在得病期间必须是受雇的，复原后重新开始工作，保险金就停止赔付。

（五）医疗补助

1. 医药补助

不同于医疗保险，医药补助是一个保健计划，专为收入低微的家庭设立，可以同时享受医疗保险，但只限于美国公民。

2. 家中照顾计划

由联邦、州和县政府联合负担，为65岁以上老人、失明者或残障人士提供家务和非医务性的照顾，使得受益人能在家安全地生活，无须住进养老院或公共医疗机构。

第五章　多元视角下的英美综合文化

文化是不同群体或社会成员形成的共同集合体,这决定着文化也存在着共同性和差异性。[1]本章一共包括两个方面的内容,分别是英美综合文化之实用文化,以及英语习语中的英美文化,对多元视角下的英美综合文化进行详细阐述。

---

[1] 陈楠、刘靖:《表演艺术管理与音乐产业运营》,上海音乐出版社2019年版,第1页。

第一节　英美综合文化之实用文化

一、星期、假期的由来

Sunday（太阳日）是耶稣复活日，因此西方把这一天看作最神圣的日子，称之为安息日或主日。公元 4 世纪，在制定罗马历法时，罗马皇帝君士坦丁大帝把这一天定为法定假日，后被世界各国广泛采用。

Monday（月亮日）在古英语中称为 Monanday，即 day of the moon。在古罗马神话中，月亮神为太阳神之妻，因此一周中也留给她一天。

Tuesday（火星日）是为纪念战神 Tyr（提尔），以他的名字而命名的。古英语中 Tyr 的名字称为 Tiw。Tiwesday 的意思是 Tiw's day（战神日）。Tyr 原是北欧神话里的战神，也是盎格鲁-撒克逊人的神。他用自己的手作诱饵，捉住了狼精，但他的手却被狼精咬掉了。为纪念这种勇敢精神，人们便用他的名字来命名 Tuesday 这一天。

Wednesday（水星日）是以北欧神话中掌管文化、艺术、战争、死亡的神 Woden（沃登）的名字命名的。Woden 是战神 Tyr 的父亲，他勇敢地将在宇宙间制造混乱的"混沌"（Chaos）杀死，并将阵亡将士的英灵请到天界，使他们享受天伦之乐。为了纪念他，人们用他的名字命名 Wednesday 这一天。

Thursday（木星日）是以北欧神话中 Thor（托尔）的名字命名的。Thor 是掌管雷电之神，他常驾驭着由山羊拉的战车奔驰在天际间，风飕飕成了闪电，车轮滚滚成了雷鸣。

Friday（金星日）在古英语中为 Frigeday，Frigg（弗丽嘉）是掌管婚姻的女神，是 Woden 之妻、Thor 之母。因为以 Woden 之名命名了 Wednesday，以 Thor 之名命名了 Thursday，为了抚慰她本人，便以她的名 Frigg 命名了 Friday。

Saturday（土星日）是一星期中最后一天，是由掌管农业之神 Saturn（萨图努斯）的名字命名的，也是英语直接用罗马神话中神名来命名星期名称的唯一的一天。其余几天则是以北欧神话中的神名来命名的。

圣诞节是纪念耶稣诞辰的节日，但历史上是否有耶稣其人尚无定论，其生日是否就是 12 月 25 日更有疑问，《新约全书》对此也毫无记载。实际上，这个节日直到 4 世纪后半叶才逐渐流传开。早年基督教徒庆祝圣诞节并无统一日期，从

12月到翌年4月之间均有人庆祝。4世纪初,在罗马帝国东部的各教会中,1月6日原是纪念耶稣降生和受洗礼的双重节日,称为主显节(Epiphany),即上帝通过耶稣向世人显示自己。圣诞节之所以定于12月25日,原因是早在基督教兴起之前,古罗马人和欧洲其他民族大多在冬至前后举行一些重要节日活动,以欢送寒冬、迎接新春。12月25日这一天本是波斯太阳神的诞辰,是一个异教徒的节日,但太阳神也是罗马国教众神之一,况且这一天还是罗马历书中的冬至节,崇拜太阳神的异教徒因而把这一天当作春天的希望、万物复苏的开始,可能出于此因,罗马教会继承了这一传统,将圣诞节定在了12月25日。

由此可见,圣诞节实际上是基督教与古代风俗习惯相结合的产物。一般认为12月25日为圣诞节最早可能始于336年的罗马教会,耶路撒冷(Jerusalem)接受得最晚,而亚美尼亚教会(the Church of Ammenia)则一直坚持1月6日主显节是耶稣的诞辰。后来虽然大多数教会都接受了12月25日作为圣诞节,但因各地教会使用的历书不同,具体日期又不统一,于是就把12月24日到第二年1月6日定为圣诞节节期。各地教会均可依据当地具体情况,在这一段节期内庆祝圣诞节。

二、英美日常礼俗

(一)称呼

英美国家的普遍称呼是先生、太太、小姐。一般说来,男士为某某(姓氏)先生,拥有学位,或军衔,或显赫职位,则在先生之前冠以职衔,如博士先生,或上校先生,或部长先生,对大使和政府部长以上的官员,在官衔之后往往还加上阁下二字。

对未婚女子称小姐,已婚的称太太。如果估计一位女性已经结婚,但有些拿不准,最好只称她为小姐。

一般情况下,称呼错了,对方会马上纠正,但也有未婚女性被称为太太时不加以纠正。倘若在弄不清是太太还是小姐的情况下,称女士为上策。

值得注意的是,在英美,彼此相识以后,要直呼对方名字,不要用"你"来称呼对方,即使是第三者也不应称"他/她"。总之,在西方称呼时使用人称代词是不礼貌的。

（二）谈话

与英美人谈话时，不涉及对方隐私是一种礼貌。像"你的脸色不大好，是不是身体不舒服？"或"你的年龄这么大了，为什么不结婚呢？"等问题都侵害了对方的隐私权，是很不礼貌的。在英美，对方的年龄、婚姻状况、收入、宗教信仰、投票意向、衣服价钱等，一般被认为属于个人隐私。

（三）其他

第一，多用礼貌语言。"谢谢你"(Thank you) 和"对不起"(Excuse me or I'm sorry) 是英美人在日常生活中最常用的礼貌用语，多说客气话有利于双方气氛融洽，有益于交际。凡为自己服务，对自己的帮助无论大小，都要说声"谢谢"。如果打扰对方，则一定要说声"对不起"。

第二，注意小节。英美人比较讲究仪表礼貌。不随地吐痰，不在人面前挖耳、抠鼻孔、摸鼻子、擤鼻涕、抓头、骚痒、打嗝、用牙签剔牙、打哈欠、伸懒腰、打喷嚏、咳嗽等。如不能控制，可用手帕捂嘴，轻声咳嗽，并向在场人道歉。惊讶时不要伸舌头，英美人认为伸舌头是侮辱人的举止。

第三，入室先叩门，入室后脱帽。在英美，无论是私人拜访或因公拜访，以及出席各种社交活动，男人进屋均需脱帽。入室前需轻声叩门，经主人允许方可进入。

第四，坐要有坐相。在和英美人交谈时，坐须端正，不要翘腿、摇膝、抖动。对于长者，以微坐为尊敬。入坐后，双腿要并拢，女子尤须注意。

第五，注意边幅。英美男人每天早晨要把胡子刮得光光的，不刮胡子，被视为失礼。

第六，烟酒自便。交际场合常有敬烟敬酒。热情的中国人举杯祝酒，兴奋起来往往说一声"干杯"，一饮而尽，而且也要求对方喝干，以为这样才"够朋友"。在英美，也举杯祝酒，但喝多喝少由客人自己掌握，尤其不能强劝女宾干杯。敬烟时也需要注意。因为在英美国家，普遍认识到吸烟有害于健康，因此主人一般只是将香烟摆在桌上，随客人便。如果频频敬烟，客人不但不会领情，反而会引起不愉快。

第七，吸烟先让人。在英美，如果想要吸烟，从衣袋里掏出烟时，必须主动先让旁边的人，即便身边都是女士，也要先问一声，以表示自己的礼貌。在火车上与陌生人同座，如果想吸烟，也要先请对方吸一支，如果对方不吸，还要礼貌地问一下:"我可以吸烟吗?"即使在座的是位熟悉的女士,也要先得到她的许可后再吸。用餐时,必须在正餐结束,进入甜餐的时候方可吸烟,在此之前,如果真想吸烟,也要得到同座的许可。

第八,用餐不讲客套,实事求是。中国人宴客,即使美味佳肴摆满一桌,主人也总习惯于讲几句客套话:"今天没有什么好菜,大家请随便用!"至于赞美之辞,应该留给客人去说。但在英美,宴席上主人一开始便会介绍:"这是本市最好酒家做的最有名的饭菜。"在家里待客,也总会说:"这是我太太(或厨师)最拿手的菜",其目的是表达对客人的尊重和诚意。

第九,客气饿肚子。当客人恰逢吃饭时到中国人家里拜访时,主人一定热情地请你入座用餐,一次不成功,还会一请再请,直到把客人请上餐桌才肯罢休。在英美则没有这种习俗,当英美主人听到推辞的话后,就不再请第二次了,当然是自顾自吃起来。如果真的没有吃饭,那就只好忍饥挨饿了。

第十,互不招待,各自付帐。在英美,当几个人在一起吃饭时,若没有事先商定好,一般是各付各的账,称之为"go dutch",或"AA制"。不管谁穷谁富,也不管付钱多少,从来都不替别人代付,这样他们认为才尊重对方,合乎礼貌。

第十一,不可与同性跳舞。在英美同性不可一起跳舞,同性共舞不仅违反礼仪,还会被误认为是同性恋者,甚至还会惹出许多麻烦来。

第十二,说"不"要干脆。到英美国家去,无论同什么人说话,说"不"字(No)一定要清楚,绝不可含糊其词。回答问题简洁清晰,肯定地说出"Yes"或"No",这是说话的礼貌。

第十三,过分客气会被误解。过分客气和谦虚,在美国人的眼里不是彬彬有礼,而是虚伪。如果一个中国人在同美国人谈话时说"我的英语讲得不好",而在之后又说出一连串流利的英语,这在美国人眼里是自打嘴巴的欺骗行为,或是另有目的,居心叵测。所以在美国,坦率爽快也是一种礼貌。

第十四,人前当面脱鞋是粗野行为。在英美,无论男人还是女人,绝不可在人前当面脱鞋,这是一种粗野的行为。此外,也不可在人前当面扯下袜子或调整袜带,即使鞋带松了也不可在人前紧带子,应到一旁没人的地方,否则很不雅观。

第十五,打招呼别忘了孩子。当你拜访英美人家时,常常会有孩子出来向你打招呼问好,你也必须礼貌地向孩子问好,千万不要认为对方是孩子而加以怠慢,或根本不放在眼里。如果是这样的话,不仅使孩子受到伤害,而且还通常被认为是对主人的不尊敬。

第十六，离开厕所要留门缝。在美国，公寓里的厕所和浴室都连在一起。到美国人家作客，如果想到洗手间，若看到浴室的门开着，表示里面没有人；若关着，表示里面有人使用。

第十七，送礼的学问。在英美各国，最好的礼物莫过于花，但是生日礼物和圣诞礼物例外，应送给一些对方喜欢的东西，如高级香水、花露水或香气扑鼻的爽身粉等，但最好不要送室内装饰品。英美人对室内装饰很在行，需要什么自己都会买。在英美，如果有人送自己圣诞礼物，也应回送一份礼物给对方。

第十八，不要三句话不离本行。同英美人谈话，切忌总是谈论自己的专业，或与专业有关的事。这在英美人的眼里很俗气。他们认为你是一个只懂得本行专业的人，而在其它方面却一无所知。交谈在人的交际中占非常重要的地位，所以平时要注意积累各方面的知识，切勿在交谈中三句话不离本行。

第十九，同性面前大方更衣。通常，中国人有一种习惯，无论是同性还是异性，脱衣服时身体总要背过面前的人，这是一种礼貌。可英美人脱衣却恰恰相反。他们认为，既然在场的全是同性，那就没有隐瞒的必要，大大方方的更衣，不要拘束。如果羞羞答答转过身去，反而会弄巧成拙，被视为有问题。

第二十，走路不能啪啪响。在美国，在人行道上走路时，绝不能把脚踏得啪啪响。如果有人那样做，那就被认为是在咒骂自己的母亲。

第二十一，不能穿睡衣外出。在美国，绝不能穿睡衣上街，或外出买东西。即使晚上接待客人，也得穿上睡袍后才能开门见客。

第二十二，不卖烟酒给孩子。英国法律禁止未成年者饮酒和抽烟，英国的商店，绝对不把烟酒售给小孩子，即使大人托买，也决不例外。

第二十三，告别语。英语告别语的演变是一个日渐脱离宗教而世俗化的过程。人们在中世纪（the Middle Ages）告别时常说："God be with you"（愿上帝与你同在），这是一个虔诚的典型说法。然而英语的这一形式在后来失去了极其明显的虔诚色彩，到莎士比亚时代就变成了 Good bye。至于 Good bye，是 19 世纪初的变音，那时人们还可以用 "So long" 作告别语，显得更加亲切。当然，这两个告别语均有 "直至我们彼此再见" 的含义。告别语最后的演变发生于吸毒成风的加利福尼亚，60 年代晚期加州时髦青年不信上帝，同时他们 "只管现在，明天都懒得去考虑"，于是就创出了 "Have a nice day"（祝你今天过得好）的告别语。这种平淡乏味的祝语居然大为流行，究其原因，既反映了 70 年代人们享乐主义

(hedonism) 和颓废反常 (anomie) 的心理，也显示了俗语强大的感染力。照此发展下去，人们可以预测这一告别语有朝一日肯定会压缩成 Hayday，因为它更能反映人们的上述心态。

三、扑克牌图案的象征意义

扑克牌（见图5-1）的起源可以追溯到古代的中国和西班牙。中国的扑克牌被认为是最早的纸牌之一，其历史可以追溯到公元9世纪。这些牌最初是用来玩象棋游戏的，后来演变成了一种新的游戏。最早的扑克牌上有三个花色，分别是筒、索和万，每个花色都有九张牌。这些牌通常是由贵族和上层社会玩家使用的。

图5-1 扑克牌

而西班牙的扑克牌也是在中世纪时期出现的。这些牌由穆斯林传入西班牙，最初是用来占卜的。扑克牌在西班牙得到了广泛的认可和使用，成为了当地人们最喜爱的游戏之一。西班牙扑克牌与中国扑克牌不同，它有四个花色：金、杯、剑和棍，每个花色都有十三张牌。

随着时间的推移，扑克牌开始在世界范围内流行起来。不同的国家和地区都发展出了自己的玩法和规则，扑克牌也逐渐演变成了今天众多的版本。扑克牌的起源和发展历程是一个充满历史和文化意义的话题，它不仅是游戏的一部分，也是人类文明的一部分。

扑克牌的历史可以追溯到数百年前的欧洲。当时，扑克牌的玩法主要是基于法国和德国的游戏，这些游戏都使用了扑克牌的花色和点数，但规则和玩法却各不相同。然而，这些游戏都为扑克牌的发展奠定了基础。

19世纪初，扑克牌开始在美国流行开来。美国人开始将自己的创意融入扑克牌的玩法中，创造出了许多新的玩法，如五张牌扑克、德州扑克等。这些新的玩法吸引了越来越多的人参与其中，并逐渐成为了现代扑克牌的主流玩法。

扑克牌是一种起源于中国的纸牌游戏，最早的扑克牌只有三种花色：万、条、筒。这些牌被认为是象征着财富、地位和家庭幸福的吉祥符号。后来，随着扑克牌的传入欧洲，花色也逐渐增加到了四种：红桃、方块、梅花和黑桃。这些花色分别代表着爱情、财富、平民和贵族。

除了花色的变化，扑克牌的数字和大小也经历了许多变化。最早的扑克牌只有一到九的数字，而现在的扑克牌则有从2到10的数字和四张特殊的牌：J、Q、K、A。这些牌的数字也经常被用来表示扑克牌的等级。而大小王则是在19世纪后期被引入的，它们分别代表了一张百搭牌和一张最高牌，使得游戏的策略性更加丰富。

随着社会变迁，扑克牌在不断地变化和发展中，不断地吸引着人们的兴趣和热情。从最初的三种花色到现在的五种，从最初的一到九的数字到现在的十三种，扑克牌不断地被改进和创新，使得它成为了一种充满挑战和乐趣的游戏。

在中国，斗地主是一种最受欢迎的扑克牌游戏之一。这种游戏起源于中国南方，最早是由三人玩的。斗地主的玩法简单，但是需要玩家在牌局中快速地做出决策。斗地主是一种竞技性很强的游戏，常常在家庭聚会和朋友聚会中玩。

与斗地主不同，德州扑克是一种发源于美国德州的扑克牌游戏。德州扑克是一种纸牌游戏，是一种智力游戏，需要玩家在游戏中做出精密的决策。德州扑克的玩法包括两个阶段：前期和后期。在前期，玩家需要做出一些基本决策，如是否继续玩游戏、加注或者放弃。在后期，玩家需要做出更加复杂的决策，如是否继续加注、跟注或者弃牌。

扑克牌极大的丰富了人们的空闲生活，让人们在工作之余有了更多放松的方式，相信在不久的未来，扑克牌还会衍生出更多有趣的玩法。

在普通扑克牌中，一般都有花色和脸谱的牌。花色牌一般有4种图案：红心、黑桃、方块和梅花。每张扑克牌上都有数字表明数和值，扑克牌中的J、Q、K分别是 Jack（骑士）、Queen（王后）、King（国王）的缩写，黑红梅方 12 张 J、Q、K 代表了西方历史文化中的 12 个人物，四个国王，四个王后，四个骑士。

第一，黑桃 K（见图 5-2）——大卫王（King David）。

图 5-2　黑桃 K

黑桃 K 上的这位头发向外卷，嘴上有胡子，左手拿着宝剑，穿着华丽的服饰。这位国王，就是《圣经》中所记载的以色列统一王国的第二任国王——大卫王。

根据《圣经·撒母耳记》中记载，大卫王生活的时代大概是公元前十世纪前后，也就是中国的西周时期。最初，大卫是作为以色列统一王国第一任国王扫罗王的侍从出现的。大卫最初是作为一个给扫罗弹琴解闷的的角色而存在的。可是金子不会被埋没的，大卫很快就迎来了自己闪耀的时刻。

以色列国的敌国非利士国派兵来攻打以色列，非利士阵中有一位巨人，名叫歌利亚。以色列军队惧怕歌利亚的高大身躯，没人敢去应战。逼得扫罗王没办法，发布命令，只要有人能够杀掉歌利亚，可得荣华富贵，还能够娶公主为妻。

大卫得知此事，自告奋勇要前去迎战。那会大卫还是个未成年人，他跟歌利亚体型差距太大了。扫罗王觉得有点不太靠谱，但是还是把自己的铠甲和剑给了大卫。结果大卫也没要，就穿着自己放羊的衣服拿着自己的机弦（这个就类似现在放羊人用的一个小袋子，里面装小石子，用的时候甩起来能把石子甩飞了打中不听话的羊），兜里装了几个石头子就上战场了。大卫在战场上对着歌利亚突然间用机弦甩出去一个石子，直接命中歌利亚脑门，歌利亚就这样被一击毙命。以色列军队趁势冲锋，将非利士人打的抱头鼠窜。

后来"文艺复兴三杰"之一的米开朗基罗米开朗基罗·博那罗蒂（Michelangelo Buonarroti），就是基于这个故事，创作了著名的雕像《大卫》（见图 5-3）。

图 5-3 《大卫》

黑桃 K 上的大卫王，是以色列最富盛名的一位君主，在《旧约圣经》，大胃王被称作"被上帝所羔之人"。大卫王（见图 5-4）建立了统一而强盛的以色列王国，定都耶路撒冷，对后世的犹太民族和世界都产生了巨大影响。

图 5-4 大卫王

第二，红桃 K（见图 5-5）——查理曼大帝（Charlemagne 或 Charles the Great）。

图 5-5　红桃 K

查理曼大帝是法兰克王国加洛林王朝最伟大的霸主,查理曼帝国的建立者,德意志神圣罗马帝国的奠基人。

768 年,查理曼(见图 5-6)与其弟卡洛曼(Carloman)分别加冕为王,瓜分法兰克王国。771 年卡洛曼死后,查理曼合并法兰克全部国土。774 年,查理曼以援助教皇哈德良为名,派兵灭亡伦巴第王国,将势力扩展至意大利北部与中部。从 772 年到 804 年,他针对萨克森人发动多次战争,并征服巴伐利亚,击败斯拉夫人、阿瓦尔人,使查理曼帝国的势力北抵波罗的海,南至亚得里亚海的东欧西部地区。800 年,被教皇利奥三世加冕为"罗马人的皇帝"。

图 5-6　查理曼

查理曼在行政、司法、军事制度及经济生产等方面都有杰出的建树,并大力发展文化教育事业。是他引入了欧洲文明,将文化重心从地中海希腊一带转移至欧洲莱茵河附近，被后世认为是欧洲历史上最重要的统治者之一，享有"欧洲之父"（Pater Europae）的荣誉。

768年9月24日，矮子丕平（Pépin le Bref）在圣德尼驾崩。临终前，他仍按墨洛温王朝的传统，把法兰克王国的土地平分给两个儿子：查理曼分得奥斯特拉西亚和纽斯特里亚和阿基坦北部，他的弟弟卡洛曼得到阿基坦南部、勃艮第、普罗旺斯和塞普提曼西亚。10月，查理曼与卡洛曼分别在努瓦永和苏瓦松加冕为王。

在最初一段时间内，兄弟相处尚为和睦，但当阿基坦发生起义时，卡洛曼却拒绝援助查理曼镇压起义（一说其在乱事平息后姗姗来迟）。通过类似的事件，二人的矛盾逐渐越来越多。但在771年，卡洛曼猝然去世。这一意外变故使29岁的查理曼合并了全部国土，成为法兰克王国唯一的君主。

为查理曼作传记的艾因哈德形容他身材魁梧，身高近7英尺，双目大而有光，鼻稍长，面色红润，表情欢愉。查理曼的私生活习惯并不都是好的，但他谨守宗教仪式，而且对于教会举办的传教事业和学校非常关心。尽管他从来没有学会写文章，但他懂日耳曼文和拉丁文，能听懂希腊语，虽然说得不好。查理曼非常钦佩有学问的人，而且做过很多鼓励学问研究的工作。

查理曼登基之时，法兰克王国主要包括今法国、比利时和瑞士以及今日荷兰和德国的许多地区。随着封建制度的进一步发展，军事和教会贵族迫切要求向外扩张，以掠取土地和劳力。在这种形势下，查理曼指挥法兰克军队开始了大规模的连年征战。

卡洛曼死后，他的遗孀和两个儿子已在意大利北部的伦巴第王国避难。773年，伦巴第利乌特普兰德王朝末代国王狄西德里乌斯又派兵进攻不听从自己命令的教皇哈德良一世，进抵罗马城下。而查理曼在与自己的伦巴第妻子蒂赛德拉塔（Tisaderata）离婚后，再无顾忌，决意出兵意大利。774年，查理曼在收到教廷的求救后，以援助教皇为名，率军翻越阿尔卑斯山，进攻伦巴第王国。他采取了分兵奇袭，围困迫降的战术，攻占了伦巴第全部国土，俘虏狄西德里乌斯，自兼伦巴第国王。卡洛曼的遗孀和子女都落入查理曼手中，从此再未露面。

在774年的复活节、战事仍在进行时，查理曼前往罗马，向教皇重申其父丕平于756年所作的诺言，即把意大利中部奉献给教皇。得到了教皇授予的"罗马人长老"称号。从此意大利北部与中部便处于查理曼控制之下。

776年，狄西德里乌斯之子阿德尔契斯（Adelcis）在意大利南部的贝内文托公爵阿雷契斯的支持下发动了叛乱，查理曼因而在780年再度攻入意大利，平定了这次叛乱，将贝内文托公国收为附庸，并把自己5岁的儿子丕平立为意大利国王。

在法兰克王国的西部，查理曼经过3次战争，平定了阿基坦贵族的反抗，并在778年立其子路易（Louis）为阿基坦国王。查理曼戎马生涯中规模最大的军事行动，是对萨克森人的征服。

萨克森人地居莱茵河下游和易北河之间，8世纪时尚处于原始公社的解体阶段，信仰原始多神教。为把萨克森纳入法兰克王国的版图，从772年到804年间，查理曼以传播基督教为名，多次发起进攻。萨克森人对法兰克人的侵略奴役进行了顽强抵抗，战争一直延续到804年，进攻的总数不下18次，有时是查理曼亲自领兵，有时是派遣贵族领军进攻。虽付出很大代价，但始终未能获得全胜，也未能在萨克森人居住的地区站稳脚跟。

随着战争的进行，萨克森的社会结构和政治权力发生分化，被削弱的贵族向查理曼臣服，并以封臣身份重新获得土地。萨克森的自由农民不满沦为封臣的依附农民，于792年发动起义，反对法兰克人和已经臣服的萨克森贵族进行的土地兼并。803年，查理曼在雷根斯堡召开会议，明确将萨克森划定为法兰克东部的边境。804年，持续十余年的自由民起义被彻底镇压，萨克森完全归入查理曼帝国的版图。

在战争中，查理曼采取了残酷的镇压手段，对萨克森人大量屠杀并强行迁徙。如在782年凡尔登战役期间，查理曼在一天内便处死了4500名萨克森人质，后来又强迫1万户萨克森人迁居高卢和弗兰德等地，以防叛乱。但他更重视利用基督教会作为巩固征服的手段，在萨克森地区建立大批教堂，强迫所有萨克森人信仰基督教，规定对于侵犯教堂和教士，不信基督教，不守教规，保留异教习惯者均可处死。各地居民都必须给教会提供土地、房屋、劳役和交纳什一税。

在与萨克森人战斗的同时，查理曼还出征德意志南部和法国西南部，以巩固他对这些地区的控制。787年他出兵多瑙河上游南岸的巴伐利亚，废黜了巴伐利亚公爵，将巴伐利亚划分为数个伯爵区，由他委任的伯爵分别治理。

为了确保帝国和东部边界地区的安全，查理曼又与居住在易北河东岸的斯拉夫人作战，使一些部落臣服。

从788年到796年，查理又同居住在多瑙河中游潘诺尼亚一带的阿瓦尔人进行了大规模战争。阿瓦尔汗国是亚洲游牧部落柔然人迁往欧洲建立的国家。791

年，查理曼被阿瓦尔人支援巴伐利亚起义的行为激怒，亲自率军击败了阿瓦尔人的首领，自恩斯河转战至拉布河。796年，由意大利丕平率领的法兰克军队攻陷了阿瓦尔人号称坚不可摧的用土木栅围成的环形壁垒，夺取了阿瓦尔人长期掠来的大批财富。经过西面法兰克军队与东面保加尔汗国的不断打击，阿瓦尔汗国逐渐解体。799年至803年间，阿瓦尔人曾发起反抗法兰克人统治的起义，但以失败告终。查理曼在这一地区建立了潘诺尼亚马克（"马克"意为"边区"），以加强控制。虽然萨克森和巴伐利亚以东的国家未被法兰克人占领，但是在从德意志东部到达尔马提亚地区一条宽广的地带上的国家，却都承认法兰克的宗主权。经过几次征战，法兰克王国的势力扩展到北至波罗的海，南达亚得里亚海，东抵多瑙河平原，基督教的影响力也在这些地区得到传播。

查理曼也努力确保他的南部边疆的安全。777年，他率军越过比利牛斯山，进攻伊比利亚半岛上信奉伊斯兰教的科尔多瓦哈里发国，直逼萨拉戈萨城下，但久攻不克。后因萨克森人再次起事，决定退兵回国。778年8月15日，巴斯克人在比利牛斯山的龙塞斯瓦耶斯隘口伏击法兰克人的后卫部队，查理曼的侄子英勇奋战，直至阵亡。这一事迹被编成著名史诗《罗兰之歌》。在这次失利后，查理曼在793年再次出征，相继击败巴斯克人及科尔多瓦埃米尔希沙木一世，把摩尔人赶到埃布罗河以南。为巩固边疆，查理曼于795年在征服地区建立了西班牙马克。801年，经长期围困，法兰克人又占领巴塞罗那，并以此为西班牙边防区的首府。同时，查理曼的舰队在地中海打败摩尔人，占领了科西嘉岛和撒丁岛。在大西洋沿岸，为制服布列塔尼半岛上的布列塔尼人，查理在786年、799年两度发起远征，兼并了该半岛的部分土地。在此期间，他控制了弗里西亚，并抗击了诺曼人的侵袭。

由于查理曼许多次战争的胜利（法兰克人在他的四十五年的统治期间进行了五十四次出征），成功地使西欧大部分地区都归属于他的统一领导之下。他的帝国实际上达到包括今日的大部分法国、德国、瑞士、奥地利和低地地区，以及意大利的一个地区和许多的边界地区。自从罗马帝国衰亡以来，欧洲还没有这么广阔的领土被一个国家控制过。查理曼以教会保护人的姿态，极力维护和提高罗马教会的权益。在处于鼎盛的情况下，只拥有蛮族国王的称号已不能适应查理曼统治的需要。一向借助查理曼力量以扩张教会势力的罗马教皇为他解决了这个问题。

795年，利奥三世以阴谋手段登上教皇宝座，遭到罗马一些大贵族的反对。

利奥（Lyo）派使者向查理曼求救，并把彼得大殿的钥匙和罗马城的旗帜呈献查理曼，以示臣服与忠诚，得到查理的支持，从而保住了地位。

799年4月，罗马贵族以利奥三世生活放荡、品行不端为借口发动政变，将其囚禁。利奥三世侥幸逃离，直奔萨克森前线，向查理曼求援。但查理曼正在与萨克森人激战，一时无暇抽身，在战争稍有转机后，立即在800年夏季亲自率军南下，逼迫罗马贵族释放利奥三世。11月，感恩戴德的利奥三世亲自出迎数十里，把查理曼接入罗马城。12月25日圣诞节，查理曼正在圣彼得大教堂的长方形大厅中进行弥撒，利奥三世突然把一顶皇冠戴在查理曼的头上，宣布他为"罗马人的皇帝"。从主要方面来讲，这意味着查理曼成为古罗马帝国的继承人和基督教世界的保护者，奥古斯都·凯撒的合法继承人。从此便奠定了教廷与王廷对西欧进行教俗双重统治的体制。802年，查理在亚琛召开的帝国会议上颁布法令，要求所有封臣，无论是世俗的还是教会的都要以"恺撒之名"（Nomen Caesaris）重新对他宣誓效忠。

不过，查理曼帝国并非罗马帝国，而只是其辉煌的延续。第一，这两个帝国所统治的范围大不相同。查理曼帝国在鼎盛时期也大约只有西罗马帝国的一半大。两个帝国先后统治过的相同地区包括比利时、法国、瑞士和意大利北部。但是英国、西班牙、意大利南部和非洲北部——共同构成了罗马帝国的一部分——都不在查理曼的控制之下；而德国——构成了他的领土的一个重要组成部分——却从未在罗马人的统治之下。第二，查理曼无论从哪方面来看，从血统、外貌和教养来看都不是罗马人。法兰克人是一个条顿部落，查理曼的母语是一种古日尔曼方言，虽然他学会了讲拉丁语。查理曼一生的大部分时间住在欧洲北部，特别是住在德国。他只对意大利做过四次访问。他的帝国首都不是罗马而是亚琛。而且，查理曼在被加冕为帝之后，也并未放弃原有的国王头衔，他的头衔全称为查理·奥古斯都，由上帝加冕之伟大和和平的皇帝，统驭罗马帝国，同时得上帝之恩宠，为法兰克人和伦巴第人之国王。

查理的才能和业绩并不仅限于军事征服。他在行政、司法与军事制度，经济生产管理体制，教会组织规章，文化教育各方面都推行了一系列措施，在很大程度上奠定了西欧封建社会的发展模式。这些施政的特征体现在了著名的《查理曼法令集》中，其实这些并非是真正意义上的法律，而是涉及各种民事、宗教、公共、国内事务的法令、裁决与指示的汇编。不过，在繁荣之下，帝国本身潜伏着查理曼个人无法克服的危机。庞大的帝国内存在着许多部族和部落，他们的文化和社会发展水平各不相同，各地区之间没有统一的经济基础，缺乏必要的经济文化联系。教俗封建领主在帝国扩张过程中，势力变得空前强大，经济上政治上的统治地位也大为巩固，他们已不再需要强大的王权，而成为它的反对者。查理曼在他的统治后期采取了不少措施，与各地封建领主争夺经济上政治上的控制权，但在当时自然经济占绝对优势的社会条件下，中央政权没有维护长期统一的社会经济基础和力量。

查理曼死后不久，帝国就出现了分裂。843年，根据《凡尔登和约》，他的三个孙子各自为王，帝国一分为三：秃头查理（Charles the Bald）统治西法兰克王国，也就是法国的雏形；路易统治了东法兰克王国，也就是以后的德国；东、西部之间的地区则成了以后的意大利，被最后一个孙子洛泰尔（Lothair）统治。法兰克人的语言也出现明显的分化，形成了法语、德语和其他西欧国家的民族语言。

在查理曼逝世半个世纪后，有关他的种种传说，先是在西法兰克，后是在东法兰克广泛流传开来。传说越来越多，使查理曼的形象逐渐神圣化，一些虚构的武功和捏造的神话，或如"萨克森人的使徒""耶路撒冷圣城的保卫者"的称号，被归到他的身上。到12世纪后，查理曼便完全变成一个圣徒。1165年，教皇亚历山大三世根据神圣罗马帝国皇帝腓特烈一世的示意，将查理尊称为"欧洲之父"（Pater Europae）。

第三，梅花K（见图5-7）——亚历山大大帝（Alexander the Great）。

图 5-7　梅花 K

亚历山大大帝是马其顿王国的国王，西方历史上四大军事统帅之首，伟大的征服者。

前356年，亚历山大出生在马其顿王国的行政首都佩拉。是马其顿国王腓力二世·奥古斯都（Philippe II Auguste）与伊庇鲁斯的奥林匹娅斯（Olympias）的儿子。亚历山大小的时候，腓力二世聘请了希腊哲学家亚里士多德做他和其他马其顿贵族子弟在米埃札的导师。他珍爱诗人荷马的诗歌《伊利亚特》，受到其中的英雄阿喀琉斯和传说人物赫拉克勒斯影响。

前340年，腓力二世（见图5-8）出战拜占庭城邦的时候，16岁的亚历山大代父统治马其顿，并率领部队镇压马其顿北部的起义，建立了一座以自己的名字命名的城市亚历山德鲁波利斯。

图5-8　腓力二世

前338年，由于腓力二世在拜占庭受挫，希腊城邦中产生了反马其顿的大叛乱，雅典和底比斯两大城邦结成了同盟，准备对抗腓力二世。腓力二世领导色萨利、伊庇鲁斯、埃托利亚、北福基斯、罗克里斯联军，与雅典、底比斯展开了一场决定希腊命运的战役——喀罗尼亚战役。这次战役中，亚历山大作为联军的左翼（一说右翼）总指挥，瞅准时机果断的突入联军的缝隙，全歼了底比斯圣队，并且从背后直接打击了敌人，使马其顿获得了极为关键的胜利。此年亚历山大才18岁，他的天才却展现无疑。

20岁的亚历山大被马其顿军队中的重臣安提帕特推举为新国王，称亚历山大三世。前336年秋，亚历山大在科林斯召开希腊同盟大会，除斯巴达外各邦皆有代表参加。会上任命亚历山大为反对波斯的联盟统帅，领导对波斯的复仇战争。在平定希腊的叛乱后，亚历山大并没有立即进攻波斯，他认为在进军之前，必须扫荡北部和西部，清除前进路上的障碍，以便在真正进军时，他的后方基地马其顿能得到安全保障。因此,亚历山大决定先征服在马其顿与多瑙河之间的野蛮部落。前335年,亚历山大亲自率军出征马其顿北部的色雷斯,为东征小亚细亚稳固北部防线,并报复前338年当地特里巴利部落对腓力二世部队的偷击和战利品的盗窃。在多瑙河打败特里巴利后,亚历山大进军并打败威胁马其顿西北的伊利里亚人。

与此同时,希腊各邦误传亚历山大在多瑙河战场上阵亡。底比斯把这一谣言看作新的机遇,首先起事,杀死留驻的马其顿官员,围攻驻扎在卫城卡德米亚的马其顿军。雅典和伯罗奔尼撒各邦都参加了反马其顿运动,但保持慎重态度。亚历山大闻讯后,迅速从伊利里亚赶回,只用14天便到达底比斯。底比斯抵抗失败,城市被彻底摧毁。亚历山大平分其国土给盟友,并把大部分底比斯邦民售为奴隶,只有神庙和诗人品达之家幸免。港口遭到马其顿人封锁的雅典随后也放弃抵抗,希腊各邦望风慑服,纷纷派使向亚历山大谢罪。不到2年内,亚历山大就稳固了他在希腊的地位。在科林斯召开的希腊同盟大会上,各邦重申拥立亚历山大为希腊盟主,支持他东征波斯。在亚历山大东征期间,希腊各邦反马其顿运动时有发生,但都没有成功。

希腊与波斯的敌对始于前6世纪,当时位于小亚细亚的自由希腊城邦沦陷于向西扩张的波斯王国。在爱奥尼亚叛乱和马拉松战役后。前481年,波斯国王薛西斯一世在第二次波希战争时试图占领整希腊。虽然薛西斯一世被打回波斯之后也再没有进攻希腊,但薛西斯一世在前480年火烧雅典卫城及其他被认为渎神的行为使得亚历山大时的希腊政界仍存在着报仇和反攻波斯的声音,这也成为腓力二世和亚历山大利用开战的借口。以父亲被波斯人刺杀和"解放小亚细亚希腊城邦"的口号,前334年,亚历山大以马其顿、希腊联军最高统帅的身份,出征小亚细亚。此次东侵实质上是为了满足马其顿贵族和希腊的奴隶主从战争中掠夺领土、财富和奴隶的欲望。希腊的一些奴隶主还指望通过战争把大批游民作为雇佣军打发走,藉以减轻城邦的经济和政治危机。

亚历山大自己带着由马其顿和其他希腊城邦组成的约30000至40000步兵和4000至5000骑兵、160艘战舰渡过了希里帕(今达达尼尔海峡)。虽然他的出征弥补了腓力二世遗留给他的债务,一个空了的国库使他只带了30天的补给。在小亚细亚亚历山大和小部分部队首先访问了特洛伊,与将军帕曼纽带领的其余部队会合,继续向波斯地方总督的要塞进军。附近的两个希腊城市已独立于波斯,不希望被"解放",而亚历山大的部队急需通过征服得到补给。

波斯的希腊雇佣军统帅、罗德斯的蒙农建议焚烧周边的田地，但由于波斯地方总督怜惜他们的财产，未被采纳。当时波斯边疆省份的3位总督，包括波斯国王大流士三世的附马，联兵4万人（其中2万波斯骑兵，2万希腊雇佣兵）在马尔马拉海南岸的格拉尼库斯河与亚历山大正面交战。这是亚历山大和波斯军队发生了第一次交锋。在格拉尼库斯河战役中，波斯军占据格拉尼库斯河右岸高地，严阵以待。亚历山大不顾军队长途跋涉的困难，亲率近卫部队"伙友骑兵"强行渡河，与波斯骑兵交战，亚历山大自己的头盔和帽缨也被其中一位波斯总督的战斧劈掉。随后，波斯军溃败，这一战役的胜利，为亚历山大打开了向小亚细亚进军的通道。

前331年春，亚历山大在埃及补充了自己的军队以后，北上向波斯腹地进发，经过巴勒斯坦、叙利亚，来到了美索不达米亚。在底格里斯河左岸的阿贝拉城附近的在高格米拉（Gaugamela）平原上，亚历山大统领40000步兵和7000骑兵，面对御驾亲征的大流士召集的波斯帝国各部族军队。波斯军首先发动攻势。大流士命令绑着锋利刀剑的战车全力冲扑过去，指望以数目众多、装备精良的战车一举击溃马其顿的方阵，但亚历山大事先向马其顿军队作了部署，当波斯战车进攻时让开一条通路，听任其穿越而过。疾驰而过的波斯战车没能给马其顿的密集方阵以多大危害，反而遭到预先埋伏好的马其顿弓箭手的迎头射击。主力战车兵的扑空使波斯队形混乱，失去自制。这时，亚历山大率领轻快的骑兵，向波斯军队的左翼猛冲过去。波斯军顿时阵势大乱，溃不成军。大流士带领残军逃往米底。

前330年，亚历山大继续向东推进，占领了巴比伦。为了笼络人心，像在埃及一样，亚历山大对巴比伦神祇也表示尊崇，特令修复主神马都克的庙宇。不久，他又侵占了波斯首都苏萨和波斯波利斯，深入到波斯帝国的腹地。亚历山大在此进行了惊人的掳掠，洗劫了苏萨和波斯波利斯的王宫，夺得无数金银和财宝。巨额的金银财宝被源源不断地送往马其顿或赏赐给将士。亚历山大借口报复波斯人过去对希腊圣地的"侮辱"，下令焚毁了波斯国王的王宫。

此后，亚历山大移兵北上，展开长途奔袭，占领了米底首府埃克巴坦那（Ecbatana，今伊朗哈马丹）。为了追踪大流士三世，他率军经过险峻的山岭和无水的荒漠，于前330年来到了帕提亚和巴克特里亚地区。这时，巴克特里亚总督贝苏斯（Bessus）拥兵自立，擒杀了大流士，自称波斯国王。不久，贝苏斯为共谋者所弃，被亚历山大擒获。他召开了有巴克特里亚贵族参加的审判大会，并以公诉人身份指控贝苏斯对自己的君主和亲戚大流士下毒手。他把自己打扮成波斯帝国政制的维护者，依照波斯习惯处贝苏斯以极刑。亚历山大找到大流士三世的尸体，按照国王礼仪将其安葬在波斯王室的坟墓中。大流士三世死后，波斯阿契美尼德王朝便告终结。亚历山大以其"合法继承人"自居。

亚历山大明白，仅靠马其顿人和希腊人的军事力量，是无法统治广袤的帝国疆土的。随着征战的胜利，统治地区的扩大，亚历山大在东方建立了许多要塞城市，并且都用亚历山大命名，派兵驻守。此外，他越来越多地沿袭波斯帝国及其各地的旧制，擢用东方的降臣，招募当地人补充军队。亚历山大采用了东方豪华阔绰的礼仪，头戴波斯王冠，身穿米底绛袍，并要他周围的臣民向他行匍伏礼，下跪磕头。这些做法，在马其顿的将领和士兵中引起了强烈的不满，不满情绪后来演变为反亚历山大的"阴谋"和哗变。亚历山大用极其严厉的手段惩办军中的反对者，甚至不惜诛杀一些战功卓著的老将和近臣。

在征服了整个波斯后，亚历山大本可以返回家园，重新筹划新领土的统治方法。但他征服的欲望并没有得到满足，前327年，亚历山大继续挥军越过开伯尔山口，进入南亚次大陆。进军到印度河以东的海达斯佩斯河，击溃了前来抗击的印度国王波拉斯的军队。因为钦佩波拉斯的勇敢，也为了赢得当地人的拥护，亚历山大战后义释被俘的波拉斯，仍然让他为王，得到了波拉斯本人的效忠。通过利用西北印度各邦统治者之间的矛盾，亚历山大软硬兼施，迅速占领了西北印度的广大地区。接着，亚历山大企图继续深入印度的心脏地带，但疲于长期紧张作战的士兵，由于对印度的气候不适应和军中瘟疫流行，开始拒绝前进，要求回家。他们举行集会，甚至哗变。这种情况迫使亚历山大决定只留下一部分人驻守战略要地，将大部分军队撤出印度。

亚历山大经过大规模的军事远征，在辽阔的土地上建立起一个前所未有的庞大帝国。它的版图西起希腊、马其顿，东到印度河流域，南临尼罗河第一瀑布，北至锡尔河。首都设在巴比伦。如何统治这样一个帝国，是亚历山大不得不加以解决的问题。从前326年开始，他已经把按马其顿军队样式装备的波斯人编入军队。回到巴比伦后，他曾建议马其顿士兵回国。后来，他的军队主要由东方人组成。

亚历山大从小就认为希腊民族代表了惟一真正的开化民族，而所有非希腊民族都是野蛮民族。这当然是在整个希腊世界流行的观点，甚至亚里士多德也有这种看法。但当亚历山大彻底打败波斯军队后，逐渐认识到波斯人不是野蛮人，他们与希腊人一样具有智慧和才能，一样值得尊敬。因此他产生了融帝国的两部分于一体的设想，把大量的波斯部队编入自己的部队，还在苏萨举行了一次盛大的

"东西方联合"宴会,鼓励马其顿人与亚洲女子结婚。

在巴比伦,亚历山大还积极准备继续进行远征,企图进一步征服地中海西部和南部地区,如迦太基和罗马。但在前323年6月初,亚历山大突然因发热而病倒。在他死后,他的将领们企图瓜分这个帝国,引发一些年轻军官对这种安排的不满,继而发生一连串的战争,在这场斗争中,亚历山大的母亲、妻子和孩子都横遭杀身之祸。前301年,由三位胜利者(即托勒密、塞琉古、安提柯一世)瓜分了亚历山大帝国的版图,开启了希腊化时代。

第四,方块K(见图5-9)——恺撒大帝(Caesar Augustus)。

图5-9 方块K

恺撒大帝是罗马共和国杰出的军事统帅,西方历史上四大军事统帅之一,也是罗马帝国的奠基者,虽然他没有登基称帝,仍是被后世认为是罗马帝国的无冕之皇,被称为凯撒大帝。

恺撒出身贵族,通过与庞培、克拉苏结成前三头同盟,征服高卢(法国),占领罗马,打败庞培,以及与元老院斡旋,一步步走向执政官、监察官、独裁官等职位,集军政大权于一身。也是因为恺撒的独裁统治,有称王的前兆,被元老院成员阴谋刺杀而死。

恺撒死后,他的甥外孙屋大维(被恺撒收为养子,并被指定为第一继承人)与安东尼、雷必达结成"后三头同盟",开创罗马帝国成为第一位帝国皇帝。

恺撒大帝是罗马共和国末期的政治家,他在恺撒阵亡后,成功地赢得了与其他领导人的斗争,最终统治了罗马帝国。他的统治是一个重要的历史转折点,标志着罗马共和国的终结和罗马帝国的开端。

恺撒大帝也是一位有才华的军事家,他对罗马帝国进行了大规模的改革,加强了中央集权,并扩大了帝国的版图。他的统治期间,罗马帝国的经济、文化和军事实力都得到了显著的提高。

恺撒大帝还是一位建筑家,他为罗马帝国建造了许多重要的建筑,包括殿宇、街道、公园等。他还是一位艺术家和文人,他的作品对罗马帝国的文化遗产产生了深远的影响。

第五,黑桃 Q(见图 5-10)——雅典娜(Athena)。

图 5-10　黑桃 Q

雅典娜是智慧女神和战争女神。雅典娜不仅仅拥有绝美的容颜,而且还富有勇武和智慧的双重力量。作为女战神,战争形态披坚执锐,一手执矛一手执盾,也是四张 Q 牌中唯一手持武器的一位。

第六,红桃 Q(见图 5-11)——朱迪斯(Judith)。

图 5-11　红桃 Q

朱迪斯是《圣经旧约》中的女英雄，在犹太民族遭遇敌军围困时，朱迪斯为了家乡挺身而出，带着女仆前往敌营，依靠美色成功刺杀敌军统帅，拯救了自己的国家，所以她是希伯来人民心中伟大的王后。

第七，梅花 Q（见图 5-12）——阿金妮（Argine）

图 5-12　梅花 Q

梅花 Q 女王是一位虚拟人物，是由女王（Regina）的单词经过字母移位而得到的，但是她的背后有一场残酷的战争，14 世纪英国的玫瑰战争（英格兰内战）。为了纪念这次战争，英格兰以玫瑰（这里玫瑰实际为欧洲古老蔷薇）为国花，并把皇室徽章改为红白相间的玫瑰。这位手握玫瑰的女王，象征着和平，是为了纪念这次战争创造的人物。

第八，方块 Q（图 5-1-13）——拉结（Rachel）

图 5-1-13　方块 Q

拉结是《圣经旧约》中的人物，是以色列先祖雅格的妻子，是一个勤劳、美丽又享有美好爱情的年轻女子。拉结在《圣经旧约》中所占的篇幅并不多，但却给人留下深刻的印象，在《圣经旧约》记录歌颂了她和雅各对爱情。

第九，黑桃 J（见图 5-14）——霍格尔（Ogier）

图 5-14　黑桃 J

霍格尔是丹麦第一位基督教国王的儿子，后来作为人质成为查理曼大帝的侍卫立下赫赫战功，在中世纪作品里经常作为查理曼的十二骑士之一出场。因为无意间杀死了查理曼大帝的儿子，逃回了丹麦，查理曼亲征丹麦，霍格尔抵抗了查理曼七年之久。在穆斯林军队再次入侵欧洲时，深明大义的霍格尔和查理曼和解，共同抵抗敌人，维护了十字架的荣耀，是丹麦人的英雄。

传说霍格尔持有传承自亚瑟王的骑士特里斯坦的圣剑卡提那（慈悲之剑），这把剑现在还是英国的王权象征之剑。

第十，红桃 J（见图 5-15）——拉海尔（La Hire）

图 5-15　红桃 J

拉海尔是法兰西国王查理七世的侍从，法国传奇女英雄圣女贞德的战友。在英格兰王国和法兰西王国之间的百年战争中，拉海尔是法兰西王国的军事指挥官，百年战争最后后，法兰西取得胜利，夺回被英格兰控制的领地，完成民族统一，更为日后在欧洲大陆扩张打下基础。

拉海尔是法国的英雄，他的名字更因与法国千古传颂的救星——圣女贞德相伴而不朽，在英国对奥尔良的包围中，法军在圣女贞德的指挥下赢得了重大胜利，从而扭转了整个战争的形势，而拉海尔正是追随圣女贞德的一名所向披靡的将领，在这次战役中扮演着重要角色。

第十一，梅花 J（见图 5-16）——兰斯洛特（Sir Lancelot Du Lac）

图 5-16　梅花 J

梅花 J 上面的人物是兰斯洛特，他是英国传说中的著名骑士，是《圣经》中最有名的骑士之一。他是圣劳伦斯骑士团的成员，是一位勇敢的战士和忠诚的保卫者，他在很多传说中都有着重要的角色。

兰斯洛特是传说中的人物，是不列颠伟大的国王亚瑟王领导的高贵骑士圆桌骑士中的传奇人物，勇敢强大且乐于助人。

兰斯洛特是圆桌骑士中的佼佼者，忠心而得力，深受亚瑟王信赖，也因此成为王后桂妮维亚（Guinevere）的侍卫。因为种种原因兰斯洛特与王后发生了恋情，一场柏拉图式的精神恋爱，很快他们之间的关系被所有的圆桌骑士知晓，其中一位告诉了亚瑟王，但是亚瑟王只是当做不知。亚瑟王虽然并没有去揭晓惩罚他们，兰斯洛特的行为却引起了很多骑士的不满，其中亚瑟王的侄子和私生子私自带领 13 名骑士潜入王后宫中逮住正在幽会的两人，兰斯洛特杀出重围，王后被逮捕带到亚瑟王面前。亚瑟王虽然不想惩罚王后,但是在骑士们的声讨下只得宣布将王后处以火刑。在刑场上,兰斯洛特又带人劫刑场救走王后,两人渡海逃往法兰西。

后来经过教皇的调解,兰斯洛特迫于骑士的荣誉,交还了王后,王后做了修女。但是另一位圆桌骑士高文,因为兄弟被兰斯洛特劫法场时杀死,挑拨并怂恿亚瑟王亲征法兰西。亚瑟王亲征时,留下管理国家的莫德雷德阴谋篡位,并要强娶王后。亚瑟王听闻后,又赶回不列颠征讨莫德雷德,在征讨前亚瑟王又对做了修女的王后桂妮维亚做出了邀请,在胜利后再次做他的王后,被感动的桂妮维亚同意了。但是,到最后亚瑟王却没有回来,在征讨中亚瑟王与莫德雷德同归于尽,圆桌骑士大部分战死,王国也土崩瓦解。亚瑟王死后,王后桂妮维亚决定一生都在修道院里忏悔,痴心的兰斯洛特回到旧地来见王后桂妮维亚时,王后拒绝了兰斯洛特,不肯见他,最后绝望的兰斯洛特做了修道士,两人至死再未见面。兰斯洛特和王后的爱情不仅伤害了亚瑟王,也导致了圆桌骑士的崩溃,最后所有人都是输家,亚瑟王的传说也就此终结。

兰斯洛特在英国文学和传说中有着深远的影响力,他是英国骑士文化中最有名的人物之一,被许多作者用作文学作品的主角或者是重要的配角。他的故事和形象一直流传到了现代。

第十二,方块 J(见图 5-17）——赫克托尔(Hector)

图 5-17　方块 J

赫克托尔是荷马史诗《伊利亚特》中的一个凡人英雄,是特洛伊的王子,特洛伊第一勇士,也是特洛伊战争中特洛伊方的统帅,被称为"特洛伊的城墙"。

特洛伊王子帕里斯（Paris）从希腊带回了人间里最漂亮的女人海伦（Helen）,

引发了长达十年的特洛伊战争。在所有人埋怨海伦的红颜祸水时,只有赫克托尔为她出面,因为他相信特洛伊的命运不在一个手无缚鸡之力的弱女子,这只是诸神的一场游戏,所以他总是站出来为海伦解围。

在与希腊对战的特洛伊战争中,赫克托尔的长矛所向披靡,带领特洛伊军数次击退希腊联军,在最后赫克托尔与希腊联军第一勇士阿喀琉斯(Achilles)决斗,阿喀琉斯的母亲是海洋女神忒提斯(Thetis),从小就将他浸泡在冥河中,使他全身刀枪不入。在决战前,阿喀琉斯的母亲还亲自亲自到火与锻造之神赫淮斯托斯(Hephaistos)那儿求了一副近乎完美的盔甲,决斗时阿喀琉斯又得到战神雅典娜的帮助,结局不用想,赫克托尔失败而死。特洛伊国王赎回赫克托尔的尸体后,特洛伊举国为赫克托尔哀悼,显示了他作为英雄的光辉。

随着时间的推移,扑克牌的玩法不断丰富和变化。现代的扑克牌玩法不仅有多种变种,还有许多专业的比赛和锦标赛。扑克牌已经成为了一种全球性的娱乐活动,吸引了无数人的参与。

第二节 英美习语中的英美文化

文化与生活息息相关,在一定程度上文化塑成各式生活,生活的方方面面都有文化的渗透与影响,这就有了独一无二的关国黑人音乐,望而观止的埃及金字塔,中国的道教文化等。文化是可以通过语言体现出来的。事实上,语言不仅是一种文化现象,而且是历史文化的活化石,是一种特殊的、综合性的文化凝聚体。语言在文化的建构、传承以及不同文化间的交流等方面,发挥着不可替代的作用;另一方面,不同的文化特点往往也会导致不同的语言特点。在使用语言进行沟通时,应了解对方语言中所渗透的文化,这就要求交流的双方具有文化意识。

那么,文化意识在语言中如何体现呢?对习语的使用就是文化意识的一种体现,各式各样的习语体现着生活的方方面面,比如在饮食文化中,习语"As American as apple pie"(美国特色),如果学习者了解到是欧洲殖民者将苹果派带到美国来,当时的本土印第安人并没有这一食物,而关国人喜爱吃苹果派也是他们刚从欧洲移居到美洲来以后就开始了,这就不难理解该习语的含义了。

语言是文化的载体,在人类文化传播过程中起着极其重要作用,人类的社会生活与文化传播须臾离不开语言,语言几乎无处不在。词汇是语言中最活跃的因素,习语则是词汇中最能反映出民族文化发展和变化的部分。习语是在人类劳动和生活中因长期使用而沉淀下来的，主要包括成语、歇后语、谚语、惯用语、典故及俚语等。从古代英语发展到现代英语，英语词汇得到了极大丰富，英语习语更是绚丽多彩，犹如一幅光彩夺目的画卷，渗透着浓厚的文化气息。因此，以英语习语为切入点，既可以了解英美国家的民俗文化特点，又可以进一步理解语言与文化之间的密切联系。

习语是将文化中的语言现象进行分类、整理及高度浓缩，是精炼化的语言，短短数词就能将一个国家、地区的某一文化特色展现出来。作为英语学习者，在学习英语习语的同时，必然要不断加强对英美文化的认识，并做到能从各式各样的英语习语中窥探一二。

一、英美习语中的宗教文化

宗教是人类思想的重要组成部分。不同宗教是不同文化的表现形式，反映出不同的文化特色和文化背景，体现了不同的文化传统，是人类社会文化的重要内容之一。语言反映文化，作为语言中的精华的习语当然更能折射出宗教这一文化现象的特征。

《圣经》是西方社会流传最广、影响最深、发行量最大、拥有读者最多的一本书，在世界文学史上也占有重要的地位。它渗透到英美社会生活各个方面，对英美文学也产生了重要影响，这一点在许多作品中得到了反映。在莎士比亚作品《哈姆莱特》（*Hamlet*）中，哈姆莱特挖苦国王大臣波洛涅斯（Polonius），称他为 Jephthah, judge of Israel，实际上是用《圣经》中的以色列牧师耶弗他（Jephthah）讽刺其卑乞的行为；英国诗人弥尔顿（John Milton）的三大巨著《失乐园》（*Paradise Lost*）、《复乐园》（*Paradise Regained*）和《力士参孙》（*Samson Agonistes*）都取材于《圣经》；浪漫主义诗人拜伦（George Gordon Baryon）的《该隐》（*Cain*），借该隐杀弟嘲笑上帝；美国作家梅尔维尔（Herman Melville）的名著《白鲸》（*Moby Dick*）中的主人公埃哈伯（Ahab），原型来自《旧约·列王记》中的以色列国王亚哈（Ahab），本书唯一生还的水手伊希梅尔（Ishmael）也是圣经的一个人物，意思是"漂泊者"。

20世纪的美国文学还常常借用基督受难的形象作为无辜人为大众受苦的象征手段。在海明威的《老人与海》中，老人最后回到茅棚的情节；福克纳把《八月之光》的主人公取名为裘·克里斯默斯（Joe Christmas）的首字母跟耶稣的相同，并使他在耶稣受难日星期五被人杀害，也体现了这一主题。

在西方许多国家，特别是在英美，人们信奉基督教，宗教对各民族的历史发展有着重大的影响，因此有些习语带有深厚的宗教色彩。英语中有不少与"God""Devil""Hell""Church"等有关的习语。如 God tempers the wind to the shorn lamb. 天怜受难人，体谅不幸的人；Man proposes, god disposes. 谋事在人，成事在天；God sends fortune to fools. 傻人有傻福；The devil knows many things because he is old 老马识途；Go to the hell 下地狱；as poor as a church 一贫如洗；The devil lurks behind the cross. 魔鬼常躲在十字架后面，等等。

英语中有不少与基督教有关的习语：go to the church（到教堂去），意思是"（去教堂）做礼拜；结婚"，因为西方的婚礼多在教堂举行；power of the keys（权利的钥匙）喻指"天国的钥匙；教皇的权利"；in the right church, but in the wrong pew（进对了教堂，但坐错了椅子）比喻总的来说是对的，但细节上不对。

英美人士大多信奉基督教，相信上帝，这也大量地表现在一些习语中。例如，Thank God. 谢天谢地（感谢上帝）、When God shuts one door, he opens another. 天无绝人之路、God helps those who help themselves. 自助者天助也。

在西方文化中，基督教统治了欧洲大陆将近两千年的时间，特别是在英美，人们信奉基督教，把基督教奉为经典，它反映了人们的喜怒哀乐、企求与理想。上帝被认为是完美的、全能的、全知的宇宙创造者和统治者。所以英语中与宗教有关的习语都是基本来自《圣经》。例如，not to know a man from Adam 就是指一无所知，而亚当就是上帝创造出的第一个人类；as poor as Job 就是指贫困的一无所有，Job 是圣经故事中的人物；the salt of the earth 就是指社会中的精英。jobs patience（极为耐心）、Judas kiss（犹大之吻）、as wise as Solomon（智慧超群）等。

二、英美习语中的民俗文化

（一）居住

人类的生活离不开住所。不同民族有不同的建筑风格，同一民族在不同时期也会有不同的居住习惯。居住民俗研究的对象主要是民间建筑，民间建筑的主要类型是房屋。房屋是由人类设计而成的，因此其建筑风格、建筑材料、建筑结构等都会深深地打上人类审美情趣及思想观念的烙印。房屋建筑不仅是人类的栖息之所，也是人类精神需求的集中反映。

英美国家传统民居的建筑材料主要有石头、砖、瓦、圆木、木材等。英语中的许多习语都与这些建筑材料息息相关（见表5-1）。

表5-1 居住文化英汉翻译

原文	翻译
a heart of stone	铁石心肠
stone by stone	一点一滴地
like talking to a brick wall	白费口舌
as cold as a stone	冰冷；冷得像石头一样
be stone deaf	全失聪；完全失聪了
like a brick/bricks	起劲地；劲头十足地

花园是英国传统民居中必不可少的一部分，大部分英国人居住在郊外，基本上是一房一户，他们在房子的前后方开出空地做花园，下班后喜欢在自家的花园里养花、种草、修剪草坪。美国的建筑法里也有规定，房前须有绿草、鲜花，并且必须修整花园，不能任杂草丛生、绿地荒芜。因此，英美国家的人们似乎对花园、草地有着特别的情感，这种情感也体现在英语习语中。如 Everything in the garden is lovely.（一切都是美好的、令人满意的）。

（二）饮食

民以食为天，人类的生存离不开饮食。在人类漫长的历史发展过程中，其饮食活动中形成了许多饮食文化。饮食是与食物分不开的，语言和食物也有着密不可分的联系，因此，饮食民俗中出现了无数含有食物词汇的习语。人类的饮食民俗、饮食文化在食物习语中也得到了很好的体现。

面包（bread）、黄油（butter）、果酱（jam）、奶酪（cheese）、布丁（pudding）、馅饼（pie）、土豆（potato）是英语国家人们的常用食品，围绕着这些主要食品产生了许多英语习语，辐射到生活的各个方面（见表5-2）。

表5-2 饮食文化英汉翻译

原文	翻译
earn one's bread	养家糊口
take the bread out of some-one's mouth	抢走某人的饭碗
beg one's bread	乞讨；乞食

续表

原文	翻译
one's daily bread	生计
money for jam	容易赚的钱；容易做的事
whole cheese	最重要的人物
in the pudding club	怀孕
live on wind pudding	生活毫无着落

（三）数字

从古希腊起，西方人就强调矛盾冲突和两极对立的二分法，他们认为"偶数隐含分裂"，认为不和谐才是美，因而英美国家的人们视偶数为不祥，视奇数为大吉（数字"13"除外）。此外，基督教文化也深深影响着英美国家人们对数字表示"吉、喜"或"不祥"的看法。基督教文化的宗教传统"三位一体(the trinity)（圣父、圣子、圣灵）"及圣经《旧约创世纪》中的"上帝在七天内创造世间万物"之说确定了数字"三"和"七"的神秘文化内涵。"三"和"七"这两位数字被大多数英美国家的人们视为"吉祥""神圣""幸运"的象征。这种情感在英语习语中就有所体现。譬如：

All good things go by threes.(一切好事以三为标准。)

This is the third time; I hope good luck lies in odd numbers.(这是第三次，我希望好运气在单数。)

Number three is always fortunate.(第三号一定运气好。)

The third time's the charm(第三次准灵。)

Keep a thing seven years and you will find a use for it.(东西保存时间长，终会派上好用场。)

Seven hours' sleep will make a clown forget his design(睡七小时的觉，小丑把花样都忘掉。)

数字民俗的重要内容还包括数字禁忌，对某些数字或日期的禁忌也是世界各民族的共有特征。英美国家中，数字"thirteen"是头号大忌，长期以来，英美民间流行着一句俗语："Thirteen is an unlucky number."

因此，在日常生活的各个方面，人们尽量避免使用这个数字。住宅的门牌、房间号、楼层尽可能不用"13",而改为"12B"之类。这种禁忌在英语习语"thirteen at table"中也可以看出来,英美国家的人们认为十三人中第一个从餐桌边站起来的人必将死去。数字"six"和日期"Friday"在英美等国家也是不受欢迎的数字,如 six penny 不值钱、six to one 相差悬殊、Black Friday 耶稣受难日(复活节前的星期),等等。

综上所述,在浩瀚无边的英语习语及民俗文化海洋里,以上例举的英语习语及其隐含的民俗文化只是"管中窥豹、略见一斑"。但是,从这些常见的英语习语及民俗文化中,广大英语学习者可以领略到语言与文化之间相依相存的密切关系,从而通过加深对英语民族文化的了解来提高跨文化的语言交际能力,从语言中学习文化,又从文化中习得语言。

英美文化中的习语璀璨如珠,同样中华文化中的习语亦是博大精深,作为英语学习者,对于中文习语的掌握已不是难事,那是因为其在中国传统文化的熏陶中学习中文习语,这些习语常人知其典故,熟记运用起来亦非难事。很多英语习语同中文习语都是有典故的,需究其根源。即可从英美文化中探究习语的来源及发展,亦可从英语习语中追索其中的文化内涵,二者相辅相成,密不可分。对比已有的汉语习语,根据所学习的翻译方法(比如直译,意译,音译,回译,加注法,对等译法等),来翻译和学习英美习语。俗语中很多简单词汇可以表达丰富的含义,就看学习者怎么去领会。习语就是人们在日常生活中得到的惯用或委婉的语句,是一种文化的累积,时光和地域的变迁都会使某些习语发生微妙甚至截然不同的变化。只有长时间的学习、研究和应用,才能真正理解好一门语言的内在及外在含义。

习语被涵盖在词汇内,它们折射着区域独有的历程,用于平常交流。识别习语来源、辨别它的出处、明晰引申出来的习语内涵,都可更好辨别出多样的文化深意。在各个时段中,习语都表现出了多重的文化关联。不可孤立解析习语,应把它们融汇至更广范畴的英美文化内,体会习语信息,体悟历史进展。

在各类词汇内,习语显出了多变的特性,蕴藏无限趣味。平日常用口语不可脱离这样的习语,其运用频次很高。习语有趣幽默,添加了沟通之中的色彩。详细而言,习语含有歇后语、谚语及多样的成语。英语之中的习语折射着文化凸显的语言作用,凝聚劳动智慧。习语被沿用,有着定式用法。作为特殊用语,它们也显示出独有的自身特性。

第一，词汇不可割裂。习语是完整的，它整合了词组及偏短的句子。习语中的各个成分紧密关联，不可予以分割。即便是两个词汇，彼此也含有不可替换的关联，若是分开运用，就缺失了本源的习语内涵。

第二，习语来自劳动。世界上的各类语言都是来源民间。在英语范畴内，习语与平日的劳动彼此关联更为紧密。田间的劳作者、猎手及水手、作坊伙计及主妇，都是习语创造者。英国四面环海，受地域影响，沿用的习语多关联着捕鱼及日常航行：而在崎岖山地中，人们依靠狩猎生存，则这类区域创造出来的习语，都不可脱离独有的狩猎氛围。

第三，密切关系民俗。习语有着明晰的民俗倾向，显示出民族性。英美文化之内，习语关乎独有的区域地理、经济、历史、风俗以及信仰、价值认知理念。这些要素彼此不可予以割裂，它们折射出区域范畴内的文化特性。各个区域居民，拥有着各异的视野，但累积得出来的经验却暗藏着近似性。习语的特性为：比喻意义近似，但是对象不同；或者对象近似，但是内涵不同。

第四，拥有习惯定式。习语被传承下来，并用于日常生活。生活中之细节蕴藏着多样的习语，它们拥有最广范畴的社会根基，拥有无限的生命活力。习语是定型的，拥有固定用法。与汉语近似，英语习语独有的结构也不可被替换，词汇不可改动。经过替换之后，习语的特性就已不复存在。

习语有着独有的民俗背景和独特的文化背景。它们产生于其中，而且深受其影响。与此同时，习语汇聚并传递着独有的文化，并折射出多彩的文明。延展至今，有些习语缺失了固有的历史背景，然而透过它们，仍能体悟出某些渐行渐远的潜在文明，体悟其蕴含的文化气息。由此可见，习语传递历史，紧密关联着文明。

习语来源于民间，它们的构成不可脱离哲学内涵、区域宗教内涵的延展。在英国中世纪，它们所涵盖的哲学内涵尤为明晰。例如：宗教用语之中，含有"极乐世界"这一惯用说法，它被表征为 seventh heaven。伊斯兰教觉得：天可分为七层，最上层住着天使及上帝。对于基督教徒，他们表达出来的"上帝"含有三重的位格，习语分为 father、son 以及 ghost。风俗折射出来的是区域独有的生活形态、平日之生活习性。在英文语言内，习语与百姓拥有着最为紧密的此类关系，构成日常词汇成分。例如：英美民众常常喜爱宠物狗，他们习惯养狗，把狗当成好朋友。由此创设出来的英文习语，含有如下内涵：幸运儿、聪明的人、爱屋及乌、顾及大局的人，这些习语都不可脱离 dog 这一单词。"凡人皆有得意日"，这类习语也被比拟为"dog"。这些习语常被说出，属于惯用语言。再如：赛马属于娱乐，是竞技的类别。但在演化之中,赛马可用来比拟高层某一年度内的竞选,添加政治色彩。在赛马程序中,赌马即可获取内在的更多信息,增添取胜概率。为此,传递过来的内部信息常波比拟为 straight 的,属于"直接"信息。

英语习语含有多层的内涵,包含地理及信仰、平日生活习性、独特民俗心态等内容。精准运用习语,可以添加英语运用之中的文化特色,识别文化差异。在漫长劳动中,人们创设了这样的习语,它密切衔接着细节生活,富有民众特性。因此,在学习习语时,可把它视为镜子,折射出英美特有的民俗及文化。

参考文献

[1] 毕佳、龙志超:《英国文化产业》,外语教学与研究出版社 2007 年版。
[2] 陈丹:《英美文化选读》,华中科技大学出版社 2017 年版。
[3] 王文俊:《美国现实主义文学与文化研究》,云南大学出版社 2020 年版。
[4] 吕爱红:《英美文化概况》,中国石油大学出版社 2012 年版。
[5] 钟素花:《英美文化阅读》,兵器工业出版社 2011 年版。
[6] 李强:《英国工业革命时期社会道德的文化研究》,云南大学出版社 2015 年版。
[7] 周仁成:《英美文学批评在现代中国的传播与变异》,四川大学出版社 2018 年版。
[8] 郑燕平:《英美文化知识教程》,中国矿业大学出版社 2008 年版。
[9] 董晓波:《英美历史文化概况》,对外经济贸易大学出版社 2015 年版。
[10] 贺相铸:《英国文化研究》,云南人民出版社 2016 年版。
[11] 张慧娟:《美国文化产业政策研究》,学苑出版社 2015 年版。
[12] 平洪、张国扬:《英语习语与英美文化》,外语教学与研究出版社 2000 年版。
[13] 来安方:《英美文化与国家概况》,复旦大学出版社 2008 年版。
[14] 薛岩、李鸥:《英美影视文学和文化研究》,吉林出版集团股份有限公司 2022 年版。
[15] 周建新:《英美文学与文化》,华南理工大学出版社 2019 年版。
[16] 刘月:《多元文化视野下的英美文学研究》,中国戏剧出版社 2022 年版。
[17] 苏焕莉:《文化研究视野中的英美文学》,四川大学出版社 2019 年版。
[18] 邢占廷:《英美语言文化背景知识》,河南大学出版社 2011 年版。
[19] 卢艳阳:《从文化差异看英美文学翻译的理论与实践》,电子科技大学出版社 2019 年版。
[20] 郭静:《跨文化视域下的英美文学研究》,吉林大学出版社 2020 年版。

[21]白晶光、翟云峰:《英美经济与文化》,黑龙江人民出版社 2006 年版。
[22]李剑霞、高婷、马渊:《英美文学中的环境主题和文化视野探索》,吉林人民出版社 2021 年版。
[23]朱振武:《英美文化与当代世界》,华东师范大学出版社 2016 年版。
[24]峻岭:《英美社会文化概论》,安徽大学出版社 2005 年版。
[25]张亮平、李鹏:《英美文化精粹》,华中科技大学出版社 2010 年版。
[26]单文波:《英美国家社会与文化》,清华大学出版社 2023 年版。
[27]卫景宜:《跨文化语境中的英美文学与翻译研究》,暨南大学出版社 2007 年版。
[28]刘英峰:《英美文化与文学探究》,郑州大学出版社 2019 年版。
[29]张小莉:《英美文化赏析与研读技巧》,延边大学出版社 2019 年版。
[30]白塔娜:《英美文化入门》,内蒙古人民出版社 2015 年版。
[31]胡绍辉、杨达平:《英美文化习俗欣赏》,新疆人民出版社 2003 年版。
[32]耿广利、龚国久:《英美文化实用教程》,郑州大学出版社 2010 年版。
[33]王成伟:《英美社会文化概论》,河南大学出版社 2020 年版。
[34]王霞:《文化视阈下英美文学与教学研究》,吉林大学出版社 2020 年版。
[35]张继芸:《英语教学中英美文化的导入》,《郑州航空工业管理学院学报(社会科学版)》2011 年第 5 期。
[36]任竞竞:《英美文化差异对英美文学教育技巧的实践应用》,《海外英语》2022 年第 5 期。
[37]陈洁:《英美文化细微差异引致文学语言迥异进阶研究》,《绥化学院学报》2022 年第 2 期。
[38]王延中:《美国文化的特性与悖论》,《山西师大学报(社会科学版)》2021 年第 4 期。
[39]李晓旭:《英美文化差异对英美文学评论的影响》,《品牌》2015 年第 3 期。
[40]张燕:《英国文化产业及其政府行为》,《阴山学刊》2021 年第 2 期。
[41]金衡山:《美国文化特征与"软实力"表现》,《四川大学学报(哲学社会科学版)》2020 年第 3 期。
[42]苏叶兰:《英美文化与中国文化的差异探微》,《企业经济》2003 年第 9 期。
[43]李浩然:《美国文化产业的发展经验及其启示》,《人民论坛》2020 年第 3 期。

[44] 王萍:《美国文化：美国迅速发展的重要因素》,《英语知识》2005 年第 8 期。

[45] 刘雯:《英美文化研究对传播学的影响》,《今传媒》2015 年第 11 期。

[46] 李龙霞:《跨文化视角下英美文学语言特点分析》,《中国民族博览》2023 年第 4 期。

[47] 朱学博:《跨文化视角下英美文学语言特点探讨》,《中国民族博览》2022 年第 24 期。

[48] 薛燕:《探析英美文学作品中的典故翻译策略》,《中国民族博览》2022 年第 23 期。

[49] 李栋梅:《跨文化视角下英美文学的影响因素与翻译策略》,《中国民族博览》2022 年第 23 期。

[50] 纪靓:《探讨英美文学的精神价值及现实意义》,《中国民族博览》2022 年第 23 期。

[51] 钱秀荣:《英美文学跨文化意识养成的意义研究》,《中国民族博览》2022 年第 23 期。

[52] 毋小妮:《英美文学翻译中的美学特点及价值分析》,《汉字文化》2022 年第 23 期。

[53] 王延:《新时期商品经济背景下的英美文学课教学现状及对策分析》,《赤峰学院学报（汉文哲学社会科学版）》2011 年第 5 期。

[54] 胡秀丽:《浅谈美英文化市场管理的经验及启示》,《四川省干部函授学院学报》2015 年第 4 期。

[55] 赵丽:《文化差异视角下的英美文学语言艺术分析》,《文化学刊》2021 年第 12 期。

[56] 吴薇:《跨文化视角下英美文学作品的语言特点》,《黑河学院学报》2021 年第 10 期。

[57] 王家玮:《基于跨文化交际视野下的英美文化教学改革》,《文化学刊》2021 年第 10 期。

[58] 吴小婧:《分析英美文化差异及其对英美文学评论的影响》,《文化学刊》2021 年第 10 期。

[59] 王可欣、涂宇琪、汪婧涵:《英语网络热词中的英美文化研究》,《今古文创》2021 年第 35 期。

[60]胡玉萍:《美国多元文化教育的理论困境与转向》,《北京行政学院学报》2012年第4期。

[61]韩祎、孙婧:《英美新闻报道折射英美文化研究》,《新闻战线》2015年第2期。

[62]张迎春:《英美文化对中国当代文学的影响方式研究》,《文化产业》2021年第10期。

[63]杨志伟:《多元文化背景下美国百老汇的发展探析》,《艺术评鉴》2020年第22期。

[64]戚田莉:《分析英美文化差异及其对英美文学评论的影响》,《青年文学家》2020年第32期。

[65]王婉如:《高职英语教学中英美文化的渗透作》,《作家天地》2020年第21期。

[66]张留梅:《英美文化差异对英美文学评论的影响探析》,《作家天地》2020年第17期。

[67]邹赞:《英国成人教育与英国文化研究》,《社会科学家》2012年第6期。

[68]孙新法:《市场经济条件下英美文化传播策略》,《农家参谋》2020年第14期。

[69]李婷雯:《小议英国文化对美国文化的影响》,《英语广场(学术研究)》2013年第9期。

[70]李云梅:《浅析新媒体环境下大学生英美文化认知的变化》,《校园英语》2019年第44期。

[71]韩海华:《英语广告语言中的英美文化心理》,《文化学刊》2019年第8期。

[72]王富兰、周庆礼、胡锴:《论"英国文化在英式英语上的体现"》,《改革与开放》2016年第11期。

[73]白银菊:《试论英美文化的差异对英美文学评论的影响》,《淮南职业技术学院学报》2018年第6期。

[74]刘芳:《试析英文电影在传播英美文化上的作用》,《传播力研究》2018年第28期。

[75]王伟:《文化差异对英美文学翻译的影响研究》,《佳木斯职业学院学报》2018年第6期。

[76]李领娣:《从前景到背景:美国文学中的英国形象透视》,《名作欣赏》2018年第17期。

[77]董月:《浅析英美文化在英语学习中的重要性研究》,《文化创新比较研究》2017年第16期。

[78] 余怡:《跨文化视域下英美电影翻译文化导入策略》,《中国电影报》2023 年 3 月 1 日第 11 版。

[79] 王晓真:《艺术与文化项目提升英国影响力》,《中国社会科学报》2019 年 8 月 16 日第 3 版。

[80] 李文云:《美国文化扎根市场》,《人民日报》2006 年 6 月 5 日第 7 版。

[81] Chambers A T. "Planned Landscapes and Leisure in Anglo-American Culture: A Critical Book Review Essay", *New York History Vol.2*, 2014.

[82] Min、Dai. "Influence of Anglo-American culture on college English teaching reform", *International Journal of Technology Management Vol.2*, 2014.

[83] 周国梁:《美国文化产业集群发展研究》,吉林大学 2010 年博士学位论文。

[84] 刘宗欣:《英国文化创意产业的文化外交功能探析》,北京外国语大学 2014 年硕士学位论文。

[85] 李纯一:《文化与阶级:早期英国文化研究初探》,复旦大学 2010 年硕士学位论文。

[86] 肖江文:《美国文化产业的发展分析及对我国的启示》,首都经济贸易大学 2013 年硕士学位论文。

[87] 吴德金:《美国文化产业发展研究》,吉林大学 2015 年博士学位论文。

[88] 孟宪怡:《新时代文化体制改革研究》,中共中央党校 2019 年博士学位论文。

[89] 许欣:《美国文化产业国际竞争力分析》,吉林大学 2021 年硕士学位论文。